课程与教学论新问题研究丛书

王本陆 主编

追寻理性共识
多元文化时代的价值观教学研究

贾彦琪 ◎ 著

海峡出版发行集团 | 福建教育出版社

图书在版编目（CIP）数据

追寻理性共识：多元文化时代的价值观教学研究/贾彦琪著. —福州：福建教育出版社，2023.4
（课程与教学论新问题研究丛书/王本陆主编）
ISBN 978-7-5334-9512-1

Ⅰ.①追… Ⅱ.①贾… Ⅲ.①思想政治教育—教学研究—中国 Ⅳ.①G64

中国版本图书馆 CIP 数据核字（2022）第 168286 号

课程与教学论新问题研究丛书
王本陆　主编

追寻理性共识：多元文化时代的价值观教学研究
贾彦琪　著

出版发行	福建教育出版社
	（福州市梦山路 27 号　邮编：350025　网址：www.fep.com.cn）
	编辑部电话：0591-83779615　83727542
	发行部电话：0591-83721876　87115073　010-62024258）
出 版 人	江金辉
印　　刷	福州报业鸿升印刷有限责任公司
	（福州市仓山区建新镇建新北路 151 号　邮编：350082）
开　　本	710 毫米×1000 毫米　1/16
印　　张	16.25
字　　数	249 千字
插　　页	1
版　　次	2023 年 4 月第 1 版　2023 年 4 月第 1 次印刷
书　　号	ISBN 978-7-5334-9512-1
定　　价	39.00 元

如发现本书印装质量问题，请向本社出版科（电话：0591-83726019）调换。

总　序

当前，我们正处在百年未有之大变局时代，进入了中国式现代化建设新时代。新时代是世界政治、经济、科技、文化和教育发生深刻变革，充满不确定性和诸多挑战的时代。如何在新时代直面挑战，把握机遇，实现高质量发展，是各行各业亟待探索的重大课题。课程与教学论作为我国教育科学研究的重要组成部分，在新时代必须与时俱进，在研究新现象、新问题的过程中，拓展视野、提升水平，努力促进学科发展与繁荣，为中华民族伟大复兴做出应有贡献。

在新时代，我国课程与教学论学科面临诸多新问题，如核心素养培育机制问题、课程育人功能优化问题、课程结构与内容现代化问题、课程资源数字化问题、价值教学理论与实践问题、发展性教学原理与策略问题、教学优质化与教学创新问题、教学人道化与教学伦理问题、教学智能化与教学技术问题等。这些新问题涉及课程与教学的价值诉求、本体认识和策略谋划，其实质是关于我国课程与教学体系优化升级的整体探寻。整体破解新时代我国课程与教学体系优化升级的难题，是一项长期而艰巨的任务，需要齐心协力、分工合作、勇毅前行。令人振奋的是，近年来，大家面对新时代的新挑战，已经开展了丰富多彩的实践探索并取得了不少成就，如学校课程特色化与多样化，选课走班、分层教学，教学内容结构化与大单元教学，通过深度学习发展高阶能力，线上线下混合教学，组织开展跨学科实践活动，优化作业设计，改进教学评价，等等。实践变革为课程与教学理论创新提供了新动力，提出了新要求，课程与教学论必须加强理论创新，在充分反映实践变革新进展的基础上,揭示我国课程与教学体系优化升级的价值选择、基本原理和行动策略,进而引领新时代课程与教学实践的自觉探索。正是基于这种认识,我们组织几位中青年学者编写了"课程与教学论新问题研究丛书",希望抛砖引玉,在课程与教学理论创新上做些力所能及的尝试。

这套丛书的第一辑由四本专著组成,分别是任海宾的《教学伦理冲突论》、曹周天的《学习道德论》、贾彦琪的《追寻理性共识:多元文化时代的价值观教学研究》和邓素文的《课程知识价值观研究》。这四本专著各有各的问题针对性,内容结构和论证逻辑也各具特色;同时,它们又体现了鲜明的共性特征,具体可以用"新"与"理"两个字来概括。所谓"新",主要体现为问题新和观点新。四本书的研究内容涉及三个课程与教学论研究的细分领域:课程与教学伦理研究、价值教学研究和课程知识价值观研究。从问题类型上看,这三个细分领域又都可以归为课程与教学价值问题研究这个大类别。相对于课程与教学本体问题、策略问题研究来说,课程与教学价值问题的研究是相对薄弱的。从学科发展的战略层面看,大力加强课程与教学价值问题研究,补强这一短板,意义重大。尤其是在当前这种大变革时代,课程与教学价值领域充满了矛盾斗争和激烈博弈,更需要澄清分歧、辨析学理、凝聚共识。四本专著问题高度聚焦,时代感强,勇于创新,值得肯定。所谓"理",主要体现为理论性和学理性强。四本书核心概念界定精细,理论基础扎实,理论主张明确,注重历史与逻辑的统一、事实与事理的结合,内容层层递进、逻辑清晰,较好地彰显了理论研究的学术魅力,具有较高学术价值。

《教学伦理冲突论》和《学习道德论》从不同视角分别探讨了课程与教学伦理问题。课程与教学伦理研究是课程与教学论学科的新兴领域。从世界范围看,这一研究领域大体形成于二十世纪七八十年代。我国课程与教学伦理研究起步稍晚于国外,大致是在二十世纪末、二十一世纪初,周建平、胡斌武、王凯、戴双翔等学者均比较深入地研究过教学伦理问题。综合来看,教学伦理研究主要有有三个核心议题,即教学伦理属性的认识、教学伦理规范的建构和教学伦理境界的提升。其中,关于教学伦理属性的认识,强调教学是一种德性生活的观点是比较流行的。从应然层面看,强调教学合乎德行是必要和有意义的,是必须坚守的教学信念;但是,从实然层面看,教学并不是天然合乎德性的，更不是道德真空，它反而充满了伦理矛盾和道德冲突。强调教学是充满矛盾斗争的道德实践，这是关于教学伦理属性的一种新认识，可以称之为教学伦理冲突观。《教学伦理冲突论》明确提出和论证了教学伦理冲突观，基于教学活动充满伦理矛盾斗争这一核心命题和德性伦理这一核心价值立场，借鉴哲学、社会学、管理学的冲突理论，深入探讨了教学伦理冲突的实质、功能、类型、过程、影响因素与解决策略等问题，系统建构了教学伦理冲突理论，深化了关于教学伦理属性及其矛盾运动规律的学理认识，体现了理论创新的勇气，为建构教学伦理研究的中国话语做出了积极贡献。难能可贵的是，教学伦理冲突论在揭示教学伦理冲突实质与规律的基础上，致力于"教学至善"的达致，突显了教学伦理研究作为实践理性探索的真谛。

长期以来，教育伦理学研究习惯于用伦理学视角来审视和规范教育现象，主要从教育者（教师、教育管理者、教育研究者）的视角来观察教育伦理问题并提出针对教育者或教育机构的伦理规范，形成了教育伦理问题的伦理学解答范式。这对于深入认识教育的伦理属性，推动教育伦理规范的建构与完善，发挥了重要作用。但是，随着研究的不断深入，人们发现，诸多教育伦理矛盾的破解，离不开人（包括教育者、学习者、管理者和家长等）的观念与行为改变，而促进人观念和行为改变，恰恰是教育学的特长和优势，于是，在教育伦理学研究中，便形成了以巧妙运用教育规律和教育智慧来破解教育伦理难题为主要特征的教育伦理问题的教育学解答范式。在这一新范式中，学生由教育伦理生活的旁观者变成了实践者，成为教育伦理实践的重要主体。学生的学习生活，充满了伦理矛盾，遵循着伦理规范，因而，有必要从教育伦理学角度展开专门研究。《学习道德论》专门就学生学习问题开展教育伦理学审视，把学习道德问题纳入到课程与教学伦理的研究议题之中，可谓是一项开创性的探索。这项研究的开创性主要表现在两个方面：一方面是建构了分析学生学习道德问题的基本框架，即从学习动机、学习过程、学习关系三个层面来把握学生学习活动中的伦理矛盾，建构学习伦理规范；另一方面是提出和论证了"学以成人"的理论，发出了"做有操守的学习者"的倡导，并探讨了学习伦理建设的路径。"学以成人"理论强调学习过程是学生真实的道德生活和道德成长过程，而学习伦理建设将促进学习者道德发展，较好地揭示了教学的教育性机理。

《追寻理性共识：多元文化时代的价值观教学研究》是近年来关于价值教学问题研究的一项高水平成果。教学肩负人类文明传承的神圣使命。从教学内容角度看，文明传承可以大体区分为三个方面：知识—经验传承、方法—技能传承、价值—规范传承。其中，知识—经验传承主要解决"是什么"这一大问题，即关于物质世界与人类生活的存在状态与运动规律的科学认识和经验积淀；方法—技能传承主要解决"如何做"这一大问题，即掌握关于认识与改造世界的技术路线、有效策略与行为方式；价值—规范传承主要解决"为什么"这一大问题，即掌握关于社会活动与个人生活的目标追求、是非标准和行为准则。基于文明传承的类别区分，学校教学活动也可以相应地区分为知识教学、技能教学和价值教学等不同类型。自然，在常规的教学活动中，知识、技能和价值规范往往是同时存在、水乳交融的，很少有纯粹的知识教学、技能教学和价值教学；但是，从教学目标的主要指向和教学内容的构成重点来看，做此区分又是必要的。知识教学、技能教学和价值教学的原理、过程与方法存在很大差异，不宜混为一谈。其中，价值教学作为最复杂、最微妙的教学论问题，可谓是教学理论王冠上的明珠。当前，国际政治风云变幻，人类社会面临着诸多重大的价值冲突和矛盾斗争，价值教学如何发挥关键作用，更好地凝聚价值共识，为人类命运共同体建设保驾护航？这是摆在我国教学论研究者面前的现实难题。《追寻理性共识：多元文化时代的价值观教学研究》一书，为破解这一难题做了可贵尝试。作者针对多元文化时代价值观教学的现实遭遇，反思了西方价值观教学的不同范式，基于教学论学科立场，大胆借鉴哲学、政治学的经典理论，创造性地提出了以追寻理性共识为核心追求的价值观教学理论。这一理论围绕价值观教学的三个核心问题开展了学理探索并得出了富有启发的结论：第一，在多元文化时代，可否达成价值共识？美国伦理学家罗尔斯曾经提出"重叠共识"的主张，强调多种价值观所具有的共同内容成分；而理性共识的主张，则强调通过理智审思而形成共同意见，即基于所有学习者共同的价值成长过程而形成新的价值选择。这一目标并不易达致，需要复杂而精妙的教学设计。第二，如何在教学内容层面科学地打开价值观，使其真正可教可学？为此，作者建构了价值观教学的"三层次五元素"内容加工模型，即以价值情境为基底层，以价值关系、价值理据和价值规范为延伸层，以价值原则（价值观）为最终层，从问题情境中把握价值关系，探讨处理价值关系的不同价值逻辑和具体规则，进而提炼形成价值主张。这样，原本高度抽象的价值观，通过具体化、情境化、问题化、结构化，就转变成了可触摸、好理解的教学内容。第三，如何建构价值观教学的基本流程，形成稳定有效的教学模式？作者认为，完整的价值观教学需要经历价值识别、价值感知、价值理解、价值认同和价值实践等不同阶段，而价值理解是价值观教学的中心环节。教师在促进理性共识达成过程中发挥着重要作用，需要加强自我修炼、克服诸多实践阻抗。可以说，作者关于价值观教学诸问题的探讨，对于我国价值教学理论的系统建构，对于中小学价值教学实践的改革创新，都具有重要的示范引领意义。

知识价值观问题是课程论研究的经典问题，《课程知识价值观研究》对这个老问题进行了新思考。在课程内容的选择上，斯宾塞提出了"什么知识最有价值"的问题，阿普尔提出了"谁的知识最有价值"的问题，这两个问题构成了长期以来课程论学科知识价值观探讨的核心主题。在《课程知识价值观研究》一书中，作者认为这两个提问代表了客观主义和相对主义两种不同的知识价值观，它们有积极意义，也需要认真反思。作者提出了课程知识价值探讨的新视角即"什么兴趣指向的知识最有价值"，主张建立一个基于学生兴趣的课程知识生态体系，强调课程知识的选择、组织与呈现都应基于学生的兴趣、遵循学生兴趣发展的规律。应该说，作者基于兴趣论立场对课程知识价值观的反思与建构，富有启发性和现实性。人类教育实践的历史表明，课程内容选择从来是各方利益博弈的焦点，是多种力量制衡的产物。因而，单纯强调某一方的需要，都不足以真正解决问题，只有兼具本体价值、社会价值和个人发展价值的知识，才是最有价值的知识。而且，不管多有价值的知识，都需要以学生喜闻乐见的形式呈现出来，成为学生感知、操作、加工、应用的对象，才能真正发挥其作用。这说明，课程论关于知识价值问题的讨论，不能单纯停留于价值大小的静态比较，还应有机融入价值实现的动态条件。换言之，只有能在教学中真正实现其价值的知识，才是最有价值的知识。这或许就是知识兴趣价值观的真谛和意义所在。

自然，学无止境，这套丛书也存在一些局限和不足，相关论点和论述并非定论，还有很多充实完善的空间。课程与教学价值问题的研究，更是一个需要长期耕耘的学术领地，真诚地期待这些探索能引起更多研究者的关注，期待未来出现更多精彩的高水平研究成果。

王本陆

2023 年 2 月 8 日

（王本陆：北京师范大学教育学部研究员，课程与教学论专业博士生导师，中国教育学会教育学分会副理事长暨教学论学术委员会理事长，中国伦理学会教育伦理学专业委员会副理事长）

前　言

　　价值观作为一种持久稳定的观念系统，集中表达了人们对于是非、善恶、美丑等评判标准的认识，它既是个体思想和行为发生的主导因素，也关系着社会共同体的存续。学校自诞生之日起，便承担着引导年轻一代形成积极价值观念和完善价值体系的责任。而价值观教学作为一项直接探讨价值问题及其处理规范的教育实践活动，在价值传承的自觉性、系统性和深刻性方面均有着其他学校教育途径难以比拟的优势，长期发挥着独特作用并得到了广泛关注。当前，随着多元文化格局的确立，以往那种基于确定性秩序的教学传统已失去了延续的可能，价值观教学也面临着各种新的挑战，甚至遭受着合理性与有效性的双重质疑。为了回应这些重大时代挑战，需要对当代价值观教学的价值定位及其实践路径等问题进行更为深入的探讨，进一步完善和发展价值观教学理论。

　　基于上述考虑，本书立足于多元文化时代价值观教学的现实遭遇，站在教学论的学科立场上，围绕多元文化时代价值观教学的价值定位及其实践路径这一问题，提出了"追寻理性共识是当代价值观教学的核心追求"这一富有时代特点的理论主张，为当代价值观教学的实践优化提供了重要依据。

　　这一理论主张的提出主要源于对西方价值观教学理论与实践的反思。面对多元文化的挑战，西方主要形成了两种不同的应对路径：（1）崇尚个体理性，强调价值探究过程；（2）重塑社会共识，强调价值教学结果。这两种价值观教学理论主张与实践模式，各具特色，但都不足以应对多元文化时代的挑战。当代价值观教学应致力于促进学生形成关于价值问题的理性共识，努力寻求"理性"与"共识"的有机融合。所谓"理性共识"，指的就是一种基于理智审思而形成的一致性意见，其主要指向公共性问题的解决，表现为个体见识与集体智慧的融通，且有着层次与程度的内部区分。"理性共识"既不同于来自外部强制的"虚假共识",也超越了耽于情绪感受的"表浅共识",更与不计结果性质的"消极共识"相分离,是一种源于理性、经由理性且成于理性的共识状态。以"理性共识"作为价值观教学的核心追求,不仅有助于个体精神世界的构筑,以及社会和谐秩序的稳固,还有利于明确价值观教学作为一种教育途径的不可替代性及其功能的有限性,帮助我们更为辩证地看待其存在的当代危机。而且,就人类社会生活以及教学内部组织的特点来看,"理性共识"也完全具备实现的可能,可以将其作为当代价值观教学发展的理想选择。

为了更好地促进理性共识的达成,本书以教学认识论为理论基础,结合价值认识的特殊属性,借鉴哲学、政治学有关理性共识达成的经典学说,从教学内容加工、教学活动建构以及教师角色定位三个方面探讨当代价值观教学的实践路径问题,并提出相应的实践优化设想。

首先,建构价值观教学内容加工的"三层次五元素"结构模型,并阐释其应用要点。理性共识的形成需要以教学认识对象的充分打开为前提,需要借助认识对象自身的结构,从其表层逐步深入到内部,进而获得细致而准确的理解。为此,本书依据价值观的本体结构,以及主体价值学习的意识展开过程,建构了由价值情境、价值关系、价值理据、价值规范以及价值原则组成的"三层次五元素"模型。其中价值情境居于"基底层",是学生价值认识的起点和具体素材;价值关系、价值理据和价值规范居于"延伸层",是追寻理性共识的线索和分析框架;至于价值原则则居于"最终层",是我们期望学生最终获得的稳定思维模式和基本价值观念,需要经过长期的教学影响和反复的自我体悟方能成型。在对价值观教学内容进行加工处理时,可以根据这一模型,按照剖析原始素材中的价值元素、确定价值观教学内容的加工重点,以及设计价值观教学内容的逻辑关联三个要点,将抽象概括的价值观念转化为学生可以具体操作的教学认识对象,使其真正融入学生内在的精神世界。

其次,明确价值理解是当代价值观教学活动建构的中心环节,并围绕这一环节设计教学方法路线。价值观教学涉及价值识别、价值感知、价值理解、价值认同和价值实践等基本环节,而价值理解意味着主体对于价值问题的深层追问,表现为不同主体间的视域融合,在很大程度上决定着理性共识达成的效率和品质，是多元文化时代下价值观教学的主导活动和中心环节。在设计价值观教学活动时，需要突出"对话—理解—共识"的方法路线，并依循整体协同、主体参与以及多向互动的活动构建原则进行统筹规划，以使学生在多样的主体活动中，形成符合理性的基本共识。

最后，确立教师应有的角色定位，并对其角色践履问题进行分析。为确保理性共识的构建，应当摒弃教师作为价值权威者与价值中立者的极端主张，树立起教师作为价值引领者的角色观念，科学发挥其主导作用，并通过创造良好的实践环境、给予恰当的教育支持，以及激发持续的自我修炼等方式，克服因意向迷失、角色焦虑、支持缺位等因素对当前教师角色践履造成的实践阻抗，使教师真正成为学生价值成长道路上的坚强后盾。

目　录

第一章　导论 …………………………………………………………… 1
　　第一节　问题的提出 ………………………………………………… 3
　　第二节　核心概念界定 …………………………………………… 10
　　第三节　研究的基本思路 ………………………………………… 21

第二章　多元文化时代价值观教学的境遇转变与应对路径 ……… 31
　　第一节　多元文化时代价值观教学的现实境遇 ………………… 33
　　第二节　多元文化时代价值观教学的应对路径 ………………… 47

第三章　理性共识：多元文化时代价值观教学的理想追求 ……… 63
　　第一节　价值观教学中理性共识概念的确立与辨析 …………… 65
　　第二节　追寻理性共识是当代价值观教学的合理选择 ………… 87

第四章　要素与结构：价值观教学内容加工的基本线索 ………… 103
　　第一节　价值观教学内容的结构化与理性共识的构建 ………… 105
　　第二节　基于"三层次五元素"的价值观教学内容加工要点 ……… 126

第五章　对话与理解：价值观教学活动构建的核心指向 …………143
第一节　价值学习的完整过程与理性共识达成的主导活动 ………… 145
第二节　指向理性共识的价值观教学活动构建原则 ……………… 167

第六章　价值引领者：教师在价值观教学中的角色定位 ………… 179
第一节　多元文化时代价值观教学教师的角色定位探析 ………… 181
第二节　多元文化时代价值观教学教师的角色践履问题 ………… 200

结　语 …………………………………………………………… 217

参考文献 ………………………………………………………… 221

第一章 导论

"每个意图自我保存的群体,决不会放弃向其年轻的成员传授与其规范一致的特定的价值观态度",[①] 自学校诞生之日起,价值观教学就在事实上承担着价值教化的重要任务。然而,随着多元文化时代的到来,价值领域中的差异与冲突变得愈益明显和频繁,价值观教学曾经赖以生存的确定性秩序也早已不复存在,此时若仍旧不加反思地延续原有的教学传统,只会使价值观教学遭受更多的质疑与批判,加剧其所面临的时代危机。由是观之,如何在多元文化盛行的特殊时代背景下,找到恰当的发展路径,确证自身存在的合理性,提升实践的有效性,无疑是当代价值观教学研究不可回避的关键问题。为此,本书尝试以价值观教学的价值定位为切入点,结合多元文化时代的特定要求,以及价值观教学的自身规律,探讨和建构符合当前时代特征的价值观教学理论,为其实践开展提供更富针对性的指导,以确保其应有作用的发挥。

---

① [德]布雷钦卡著,彭正梅、张坤译:《信仰、道德和教育:规范哲学的考察》,华东师范大学出版社 2008 年版,第 143 页。

第一节　问题的提出

价值观作为一种持久稳定的观念系统，集中表达了人们对于是非、善恶、美丑等评判标准的认识，它既是个体思想和行为发生的主导因素，也关系着社会共同体的存续。20 世纪中后期以来，伴随着经济发展、社会转型以及技术更新，功利主义泛滥、价值观念混乱以及科学教育异化等一系列负面问题愈益凸显，价值观教育问题得到了人们的热切关注。作为价值观教育实现的重要途径，价值观教学在价值观传承的自觉性、系统性和深刻性方面具有区别于其他一般化教育途径的特殊优势。然而，由于时代境遇的转变，以及研究认识的不足，价值观教学存在的合理性与实施的有效性却遭到了不同程度的质疑，陷入了发展困境之中，亟待关注与破解。

一、价值观教育得到了世界各国的普遍关注

"就人的存在属性而言，其成长与发展的一个重要维度就是价值性成长"，即个体对生存其中的社会基本价值的认同与践行，[①] 教育作为一项促进人之成长的活动，引领个体价值观的形成与发展，是其不可推卸的责任。尤其是在 20 世纪中后期，多元文化格局已基本确立，各种新兴和域外价值观纷至沓来、交替登场，年轻一代的精神世界俨然成了诸神纷争的战场，他们崇尚自由、张扬个性、追求当下的状态，看似洒脱美好，实则暗示着价值信念的虚空与摇摆，正如研究者指出的那样："一些青少年对是与非、善与恶、美与丑的界限越来越模糊，丧失了道德价值与信念，处于无信仰、无理想、无价值感的

---

① 宋兵波：《价值教育者：教师在价值教育中的角色与使命》，《教育科学研究》2013 年第 2 期。

无根状态，走向道德相对主义。"① 在这一背景下，年轻一代的价值观培养问题得到了世界各国越来越多的关注，价值观教育也逐渐从道德教育或公民教育中独立出来，成为一个专门的研究领域。

20 世纪 60 年代，美国南伊利诺伊大学教育学院教授路易斯·拉思斯（Louis E. Raths）、梅里尔·哈明（Merrill Harmin）和马萨诸塞州大学教育学院教授悉尼·西蒙（Sidney B. Simon）合作完成了《价值与教学：课堂中的价值教育》（Values and Teaching：Working with values in the classroom）一书，标志着价值澄清学派的诞生，也正式拉开了价值观教育教学研究的序幕。在此之后，世界各国纷纷以各种方式参与到价值观教育的实践及其研究之中。加拿大作为第一个推行多元文化政策的国家，构建了以不列颠哥伦比亚大学价值观教育与研究学会为主阵地的逻辑推理价值观教育理论；澳大利亚则从教育评估与测量的角度，发布了"澳大利亚学校价值观教育框架"（the National Framework for Value Education），为价值观教育的实施提供了相对科学的依据；瑞典建立了青少年价值观教育的三级管理机制，以便对价值观教育进行层层落实。除此之外，国际组织也对价值观教育给予了充分关注：20 世纪 90 年代，在联合国教科文组织（UNESCO）的支持下，英国教育研究者莫尼卡·泰勒（Monica J. Tayloy）对欧洲共 26 个国家的价值观教育实施情况进行了调查和总结；印度博乐门古默丽思世界精神大学（BKWSU）则发起了由 70 多个国家共同参与的"生活价值观教育计划"（Value Education in Life Project）。这些项目有力地推动了价值观教育在世界范围内的普遍实行和相互借鉴。可以说，20 世纪 60 年代以来，价值观教育的重要性已经获得了一致肯定，逐渐成为了世界各国共同关注的焦点。

当前，我国正经历着由价值观传统断裂带来的阵痛。一些调查结果显示，相较于 20 世纪 80 年代，当前青少年的价值观普遍带有明显的个人中心取向和物质至上倾向，不利于其自身和社会的长远发展。为了改变这一情况，国家愈发重视在教育改革过程中加强对学生价值信念和道德品格的培养。比如，为纠正课堂教学仅仅关注知识掌握、应付考试的功利主义倾向，新一轮基础

---

① 刘济良著：《价值观教育》，教育科学出版社 2007 年版，第 19 页。

教育课程改革就明确提出了将价值观作为教学目标的一个重要维度的要求。此后，在全面深化教育领域综合改革的进程中，我国则不断重申培养学生正确社会态度、价值标准和道德责任的重要意义，2012年颁布的中共十八大报告还首次在政策层面将"立德树人"确立为教育的根本任务，特别强调了社会主义核心价值观教育的重要意义。这些无不体现了当前我国对于学生价值观培育的重视。总而言之，面对信仰危机、意义失落、价值迷茫的社会现实，价值传承的使命显然已不能再简单地交予传统、风俗和习惯等自然力量，而是更多需要教育力量的自觉介入，价值观的教授问题与之前任何时代相比都更加引人注目。

二、价值观教学是价值观教育实现的重要途径

价值观教育是一个内涵非常广泛的概念，根据实施主体的不同，至少可以分为家庭价值观教育、社会价值观教育和学校价值观教育三种类型。在这三者之中，与家庭教育的隐秘性和社会教育的泛在性相比，学校教育对个体价值观形成的影响显然更为明确、集中，且富有计划性，再加上其关涉的学生群体大多处于价值观形成和稳定的关键期，因此，人们在谈及价值观教育时通常习惯将其置于学校教育这一特定语境之中。而在学校教育的诸多途径中，教学显然是最不容忽视的一环，有学者曾粗略地统计过，"人们从小学直至高中毕业，在课堂中经历的体验长达14000个课时"，[①] 因此，作为学校教育的核心以及学生发展的主阵地，教学无疑应当承担起引导学生价值成长的使命。

教学活动对于价值引领使命，以及价值传承任务的践履，具体可以通过以下两种方式实现。一是依托课堂教学自身的教育性追求，即在教授知识的过程中，让学生体悟蕴含于其中的价值因素，实现学科知识教学与道德教育间的彼此融通。二是组织学生围绕着某些价值问题及其处理规范进行分析和探讨的专门性活动，即直接以价值观作为文化传承对象的价值观教学。准确

---

① [日]佐藤学著，钟启泉译：《课程与教师》，教育科学出版社2003年版，第103页。

来说，前者更宜看作是"教学中的价值观教育"，而后者才是真正意义上的"价值观教学"，也就是本书聚焦的研究对象。关于教学体系内部的类型划分，布卢姆（Benjamin Bloom）早在其教育目标分类系统中就提出了认知领域、情感领域和动作技能领域的分类方式；我国学者孟宪承同样从学习结果入手，将教学分为了技能教学、知识教学和理想教学三大类别，其中技能教学包括对某种行为技能的塑造，如说话、写字、舞蹈、歌唱、球类运动等，知识教学涉及各种事物和文字符号的认识与记忆，而理想教学则侧重于对道德、艺术等内容的价值感觉和情绪反应，并最终指向"品性""操行"的养成。[①] 还有研究者则直接根据教学内容的差异，将教学系统中的社会经验分为了知识、技能和社会规范三大要素，并对其形成规律和教学要点分别进行了论述。[②] 虽然与知识、技能相比，第三类教学形态的命名方式尚存有出入，指涉范围也相对模糊，但对照价值观的相关定义便可发现，情感、理想，或者社会规范在很大程度上就是价值观的不同表现形态，实际上都可以算作价值观的范畴。因此，我们完全可以采用"价值观"来统合与知识、技能平行的第三类教学活动。之所以将"教学中的价值观教育"与"价值观教学"加以区分，是因为就功能而言，价值观教学作为直接以价值问题及其处理规范为核心内容的专门性教学活动，与教学交往过程中的价值观感染，教学事件处理中的价值观引导，以及学科知识教学中的价值观渗透等方式相比，在学生价值观的养成与完善方面能够施加更为直接、显在和系统的影响。其作用就好比聚光镜和净化器一般，可以引导学生将思维的重心聚焦到价值问题之上，帮助学生将生活中获取的零星价值体悟转化为富有结构的观念体系，同时摒弃那些在不经意间沾染的消极和负面价值指示，最终使学生丰富的价值经历上升为系统而理智的价值见识，并在此过程中更好地促进其价值理性的生成。

综上可见，与"教学中的价值观教育"那种潜移默化的影响相比，"价值观教学"作用于学生价值成长的方式更偏向于一种显在的集中用力，而从二

[①] 孟宪承主编：《新中华教育史·西洋古代教育》，华东师范大学出版社2010年版，第93—94页。

[②] 冯忠良、冯姬著：《教学新论——结构化与定向化教学心理学原理》，北京师范大学出版社2011年版，第121—233页。

者的关系上看，价值观教学既是对一般性价值观教育的补充，还可起到整合各种教育影响的作用。因此，在当前这个文化多元、价值多样、意义迷乱的时代，"价值观教学"作为一项以促进学生价值观的形成与完善为首要目标的专门性教学活动，无疑应当得到特别关注。

三、多元文化时代的价值观教学问题亟待破解

当今时代多元分殊、价值并立的文化图景，一方面引发了人们对于价值观教育的普遍关注，掀起了一股价值观教育研究与实践的热潮，另一方面，也侵蚀着价值观教育原有的存在根基，致使人们对于这一自觉的价值传承方式产生了诸多质疑。而这些质疑，虽然往往是指向整个价值观教育的，但细加观察便可发现，人们通常不会对潜移默化的间接教育影响大加批驳，真正令其反感的更多还是致力于给予学生系统和显在指导的"直接之教"。而按照杜威（John Dewey）的理解，"直接"总是和"教学"相互关联的，在其德育理论中，一直存在着"直接道德教学"（Direct Moral Instruction）与"间接道德教育"（Indirect Moral Education）的路径分别。因此，人们对于"直接之教"的批判，自然也就演变成了对于价值观教学这一专门化路径的不满。[①] 综合来看，目前对于价值观教学的批评主要集中在以下两个方面。

一方面是对价值观教学合理性的质疑。首先，尚有人认为价值观教学，乃至整个学校价值观教育都没有存在的必要。在其看来，价值观与科学知识不同，可以从日常生活中自然而然地获得，各种现实事例都告诉我们，即使没有"教"的刻意行为，也并不妨碍人们价值观的形成与发展，毕竟社会上从不乏未曾接受过学校教育，却有着高尚品格之人。他们进而表示，价值观作为一种生活智慧与人生体会，没必要进行专门而系统的指导和教授，所谓的价值观教学不过只是多此一举。其次，还有一些人则对价值观教学的可能性发起了挑战。认为价值观作为一种主体意识，具有强烈的个体性与非理性特征，并不具备普遍传达的基础，是可学而不可教的。赖尔（Gilbert Ryle）

---

① 注：由于对于价值观教育的研究本身就是从道德教育、公民教育中分化出来的，因此，上述有关道德教学问题的判断，也可以迁移到价值观教育教学领域中。

就曾指出,如果我们从"教"的日常语义出发,将其视为一种潜移默化的影响,那么美德无疑是可教的,但是如果从"教"的严格意义上看,即刻意地树立某种榜样对学生进行影响,那么美德就是不可教的。① 赖尔在这句话中所要表达的意思就是对于价值观这类内容而言,"间接之教"可以达成,"直接之教"却无法成立。关于这一问题,德国著名教育学家雅斯贝尔斯(Karl Theodor Jaspers)在其《什么是教育》一书中则作出了更为清晰的说明。为了更好地分析教育问题,雅斯贝尔斯根据性质的差异,将知识分为现行知识与原初知识两大类,前者主要指数学、天文学和医学等客观知识领域的知识内容和相关技巧,后者则指有关人的存在本源和根本处境的哲学,并表示这两类知识的可教性实现路径是截然不同的,其中现行知识可以采取简单而直接的方式传递给学生,而原初知识却无法直接传递,只能在交往和对话中,通过暗示、象征的体验方式使其变为可以感知的内容进行间接传达,② 而我们所关注的价值观便可以归入原初知识的范畴。沿此思路,直接以价值观为作用对象的价值观教学自然难以成立。

另一方面则是对价值观教学有效性的否定。首先,从理论推论上看,杜威就曾对"直接道德教学"的效果进行过集中反思,认为"无需讨论所谓的直接的道德教学(或更好的关于道德的教学)的局限性或价值,我们或许可以得出这样的盖棺之论:如果把借助于教育的道德成长的全部领域考虑在内,直接的道德教学的影响即使在最好的情况下,在数量上相对而言也是比较少、在影响上则比较轻微"。③ 不仅如此,"事实上,直接的道德教学只有在少数统治多数的社会群体中才有效果。之所以有效,不是由于教学本身,而是由于整个政权加强这种教学,教学不过是一件小事情"。④ 其次,从实验论证上看,

---

① [英] 吉尔伯特·赖尔著,刘建荣译:《心的概念》,上海译文出版社1988年版,第154—159页。
② [德] 雅斯贝尔斯著,邹进译:《什么是教育》,生活·读书·新知三联书店1991年版,第17—21页。
③ [美] 约翰·杜威著,王承绪等译:《道德教育原理》,浙江教育出版社2003年版,第9页。
④ [美] 约翰·杜威著,王承绪译:《民主主义与教育》,人民教育出版社1990年版,第371页。

心理学家麦克奎尔（McGuire）曾明确表示"个体如何获得或改变某些态度或价值观？大量的数据说明仅凭言语说教是不起作用的。大多数成人都认识到重复使用'对他人友善''学会欣赏美妙的音乐'或'小心驾驶'这样的格言没有效果。即使是动之以情、晓之以理的言语说教通常也有同样差的效果"，[1]这对于主要诉诸言语活动而进行意义构建的价值观教学无疑是一种沉重的打击。最后，从实践反馈上看，国外学者雅各布（Philip E. Jacob）早在20世纪50年代就尖锐地指出，"几乎没有证据表明学生在学院的经历使他们的价值观、信念或个性产生了明显变化"。[2] 进入21世纪后，一项对瑞典和土耳其小学教师的深度访谈则显示，大多数教师认为自己在价值观教育方面缺乏开发多样化素材的能力，组织的活动几乎没什么效果，而且主要停留在认知层面，仅能使学生掌握一些信息，却难以影响到他们的情感领域，[3] 这使其虽然可以准确地说出某些价值观念，但却难以产生真正的认同。与之类似，在笔者的调查过程中，也有教师坦言："我自己其实也不太清楚如何去教价值观，如果有这方面的教学任务，通常会采取说教的方式，虽然并不愿意承认，但我感觉这就是在'灌输'，学生也不太买账，从他们游离的目光中，我能感觉到这一点。"[4] 这些理论推演、实验发现以及实践考察的结果，皆反映出了价值观教学的低效性问题，难免让人对其生出失望之情。

上述对于价值观教学合理性与有效性的质疑，当然并非为多元文化时代所独有，但却只有在这个时代才真正成为需要我们深思与回应的"问题"，构成了价值观教学在当今时代的存在性危机。对此，我们首先应当坚信，虽然人们可以直接从日常交往与生活见闻中产生一些对于价值问题的认识，但是真正高尚的价值观念以及深刻的价值理解，却必须要通过系统学习和理性审视而把握。而且，一些未经过学校系统教育便成为了品行高尚之人的个例，

---

[1] ［美］R. M. 加涅著，王小明等译：《教学设计原理》，华东师范大学出版社2007年版，第85页。

[2] 转引自［美］克拉斯沃尔等编，施良方、张云高译：《教育目标分类学：第二分册 情感领域》，华东师范大学出版社1989年版，第19页。

[3] Y Şahinkayasi, Özge Kelleci. Elementary School Teachers' Views on Value Education [J]. Procedia-Social and Behavioral Science，2013，93：116—120.

[4] 资料出自：研究者对北京市海淀区某小学语文教师的访谈记录。

也不能代表社会的普遍情况,现代西方品格教育的代表托马斯·里克纳(Thomas Lickona)就曾反问道:"假如学生从来不学习对这些复杂问题深思的话,我们怎么期望公民在碰到生活中的较深奥的道德问题时,能作出合理判断呢?"① 从这个角度上看,在价值多元已成为生活常态的当前背景下,仅仅诉诸潜移默化、偶然为之的日常影响显然并不足以帮助学生应对价值混乱、意义失落的棘手现实,因此,"集中用力"且"有理有据"的教学干预可谓十分必要。此外,需要明确的是,存有功能局限性并不等于缺乏存在合理性,实际上,就连对直接道德教学极其不满的杜威,也没有完全推翻这一途径的意图,"如何用正确的道德教学来代替错误的道德教学"才是他真正想要解决的问题。② 与之类似,面对价值观教学经受的诸多质疑以及现存的发展问题,我们也应当努力探寻可能的优化方向与改进路径,而不是武断地对其避而不谈,甚至弃之不顾。为此,剖析多元文化时代价值观教学的现实境遇,明确价值观教学在当今时代的价值定位,提出符合时代要求的价值观教学理论主张,并基于此规划相应的实践路径,以冲破当前价值观教学发展的困局,充分发挥其在学生价值成长方面的独特担当,便是本研究需要系统解决的问题。

第二节　核心概念界定

黑格尔(G. W. F. Hegel)曾经说过:"熟悉的东西所以不是真正知道了的东西,正因为它是熟知的。"③ 价值观也好,教学也罢,对于人们而言似乎都并不陌生,但科学研究中的概念使用与日常生活中的概念指向大多有所出

---

① [美]托马斯·里克纳著,刘冰、董晓航、邓海平译:《美式课堂:品质教育学校方略》,海南出版社2001年版,第256页。
② [美]约翰·杜威著,王承绪等译:《道德教育原理》,浙江教育出版社2003年版,第277页。
③ [德]黑格尔著,贺麟、王玖兴译:《精神现象学》(上卷),商务印书馆1997年版,第22—23页。

入，而这两类概念的混淆，则极易使研究陷入各自言说、虚假对话的尴尬局面。为此，在研究开展之前，有必要对其中关涉的核心概念作出细致探讨和明确规定。

一、价值观

价值观既是多门学科共同关注的内容，同时也存在着许多相近概念，需要结合教育教学领域的特点对其加以进一步厘清，以便获得价值观教学关涉对象的准确内涵。

（一）价值观概念的多学科审视

透过不同的学科视角，往往会对价值观概念产生不同的理解。其中较早对价值观问题进行集中探讨的当属哲学领域。需要说明的是，该研究领域的价值观与我们日常言说的价值观存在一定差异，在哲学领域，价值观是关于价值的根本看法，价值观念则是关于某类事物的意义或者价值状况的看法，[①]二者是一般与特殊、概括与具体的关系。但为了迎合日常的言语习惯，很多研究者并不主张对其进行严格区分，往往直接将价值观当作价值观念加以运用，[②] 出于便利考虑，本研究也采取这一概念界说倾向。对于价值观念，哲学领域主要是从主客体之间的价值关系来作出分析的，比如，杜齐才就认为，价值观是"实际存在和可能存在的主客体之间的价值关系，主体的价值创造活动及其结果的性质和意义在人的意识中的反映，以及由此而形成的比较确定的心理和行为取向或心理和行为定式"。[③] 王玉樑也指出，价值观是由客观存在的价值、价值关系以及价值活动，反映到主体头脑中形成的价值意识，在价值心理反复作用下形成的相对稳定而明确的观念模式。[④] 这些概念充分展

[①] 袁贵仁：《价值观念与价值认识——兼论价值真理概念的科学性》，《人文杂志》1987年第3期。
[②] 黄凯锋著：《当代中国价值观研究新取向》，学林出版社2007年版，第2页。
[③] 杜齐才著：《价值与价值观》，广东人民出版社1987年版，第102页。
[④] 王玉樑著：《价值哲学新探》，陕西人民出版社1993年版，第412页。

现了价值观念是事物与人之间的意义或价值关系在人脑中的意识反映这一本质属性。

除了哲学领域以外，心理学领域关于价值观的研究成果也颇为丰富，据统计，截止到 2016 年 5 月，在我国引用量超过 100 次的 13 项价值观研究成果中，仅心理学就占了 9 篇之多，可以说是继哲学之后，在价值观研究方面影响力较大的一个学科。与哲学视角不同，心理学更加关注价值观的心理结构，功能和测量，特别看重个体的行为表现。对此，有研究者曾明确表示："从心理学视野来看，价值观概念的界定往往与个体的行为紧密相连，不完全是一个形而上的哲学命题。"[1] 相关研究者在界定价值观这一概念时，均表现出了上述倾向，布赖特怀特（Valerie A. Briithwaite）和斯科特（William A. Scott）就将价值观视为深植人心的准则，这些准则决定着个人未来的行为方式，并为其过去的行为提供解释。罗克奇（M. Rokeach）则将价值观定位为一种持久性的信念，具有评价性和规范性功能，表现为"个人或社会对某种行为模式或某种存在的终极状态的偏好状态"，[2] 特别强调了价值观对于主体行为的动力意义，并按照目的价值和工具价值的划分，以及大量访谈结果编制了价值观问卷，旨在借助主体外显的行为表现测查其内在的价值观念。可见，在心理学领域，价值观概而言之就是一种多层次的心理倾向系统，表现着对于某种行为的偏好，是可以通过内在的行为认识和外在的行为表现加以测量的。

此外，人类学、伦理学也都对价值观进行了相关探讨，其中人类学一般从文化表达的角度对价值观加以分析，如指出"价值观是个人或一个特定群体的、有关可欲事物明确或隐含的观念，这种观念会影响个人和团体的期望、行动目的或行为方式。是用以比较不同文化差异下，个人或社会成员面对不

---

[1] Schwartz, S. H. & Bilsky, W.. Toward a Psychology Structure of Human Values [J]. Journal of Personality on Social Psychology, 1987 (53): 556—562.

[2] Rokeach, M.. Beliefs, Attitude and Values: A Theory of organization and change [M]. San Francisco: Jossey Bass, 1976: 5.

同问题情境并加以解决时，所倾向的行为模式与生活目标的偏好"。[①]而伦理学则更多从行为正当性的角度对价值观作出解释，其关注的价值观一般具有特指意涵，即那些对人之行为具有约束性和规范性的道德价值观念。

上述学科对于价值观的认识虽然各有侧重，但也有几点是共通的。首先，就本质而言，价值观是一种人类特有的精神状态和信念系统；其次，就状态而言，与一般的看法和观点相比，价值观具有较强的稳定性与持久性；再次，就构成而言，价值观具有认知、情感和意向三种成分；最后，就功能而言，价值观决定着人的思想和态度，并对人的行为起着指导和规约作用。

而教育学领域对于价值观的理解在满足上述共同特质的基础上，更加强调从文化传承的角度进行分析，关注的是学校应当向学生传递何种价值观念。比如，英国学者尼尔·赫克斯（Neil Hawkes）就认为，"价值观是决定我们思想、行为的一些基本原则、基本信念及生活的立场和标准，是我们行为总的指导原则"，[②]并将合作、幸福、责任感、率直、自由、和谐等12项基本价值原则纳入学校教育体系当中。还有研究者进一步界定了价值观在教育语境中的性质，认为："价值教育是把人们选择的原则、信念转变为个体价值观的教育活动。所以，价值教育中的价值指的是一些原则性知识、规范性知识。"[③]可见，一方面，就关注范围而言，教育学领域对于价值观的认识更接近于伦理学的观点，倾向于将其限定为社会、人类公认和共享的价值原则，如公正、公平、仁爱、宽容等。另一方面，就界定层面而言，由于教育学关注的并不是价值观本身为何的问题，而是价值观如何内化，并促进学生成长的问题，因此，其主要还是在教学客体的层面指称价值观，即将价值观作为一种需要学生加以内化的内容，而不是个体的心理倾向或意识状态。

[①] Kluckhohn，C..Values and Value-Orientation in the Theory of Action：An Exploration in Definition and Clas-sification [C] //T. Parsons &. E. Shills. Towards a General Theory of Action. Cambridge，MA：Harvard University Press，1951：388—433.

[②] Neil Hawkes. How to Inspire and Develop Positive Values in Your Classroom [M]. Abbeygate House，East Road，Cambridge，2003：7.

[③] 魏宏聚：《价值教育在课堂——英美两国有关教学中实施价值教育研究的述评》，《外国教育研究》2012年第3期。

（二）价值观的相近概念辨析

价值观作为一种伞式概念，[①] 其涵盖范围非常之广，这就使其难免与其他概念相混同，辨明其与相近概念的异同，有利于我们进一步明确价值观所指。

第一，价值观与道德。价值观与道德可以说是一对相互交叉的概念，在各类研究，尤其是与教育相关的研究中，二者混用的情况更是非常普遍，但是，这两个概念实际上还是存在差异的。首先，就内容领域构成而言，道德价值观只是价值观的一个组成部分。我们说任何观念的形成都源于需要，对于价值观而言，这种需要既可以是个体的，也可以是群体的，而道德则更多建基于其中的社会需要。对此，佩里（Perry, R. B.）就将价值观分为了认知的、道德的、经济的、政治的、审美的和宗教的六大类，与道德相比，价值观不仅涉及正当与否，"有用""适当""偏好"也都可作为其评价依据。其次，从内在结构来看，道德侧重于行动，而价值观则偏向于动机。按照词源学追溯，"道"与"德"二字最初是分开使用的，其中"道"指行为应当遵守的原则，"德"则侧重于实现这些原则的行为实践。时至今日，人们在界定道德品质的时候，仍倾向于将其分为两部分，一为动机部分，二为行为部分。[②] 而价值观指向的主要是"道"，即认识和动机部分，也正是因为这样，品格教育的代表者里克纳在论述价值观与品格的关系时才会直言："价值观要成为美德需要时间的磨练——纯粹的智力认知要升华为认知、体会与行为之个人习惯，以着重发挥其作用。"[③] 由此看来，价值观与道德之间并不是从属关系。而是一种交叉关系。从内容上看，道德价值观只是价值观的部分内容，价值观教育的涵盖范围要广于道德教育；而从结构来看，价值观更多指向观念层面，蕴含着人的行为倾向，而道德则更多强调人最终的行为表现。从这个角

[①] Thornberg, R. & Oguz, E.. Moral and Citizenship Educational Goals in Values Education: A Cross-cultural Study of Swedish and Turkish Student Teachers' Preferences[J]. Teaching and Teacher Education, 2016 (55): 110—121.

[②] 冯忠良、冯姬著：《教学新论——结构与定向化教学心理学原理》，北京师范大学出版社2011年版，第206页。

[③] ［美］托马斯·里克纳著，刘冰、董晓航、邓海平译：《美式课堂：品质教育学校方略》，海南出版社2001年版，第59页。

度上看，我们也可以说价值观是道德的精神内核。

第二，价值观与态度。在界定价值观的概念时，美国学者拉思斯就指出，所谓价值观就是个体所引以为豪的信念、态度或感觉，它需要被公开确认，是在未经劝说的情况下，对可供选择之事物的慎思而来，并反复出现在行为中。① 在其看来，价值观就是一种态度，将二者并列使用的情况还有许多，如布卢姆在其《教育目标分类学》情感领域分册中就经常将态度和价值观两个词语联用，加涅（Robert Mills Gagné）在其《学习的条件与教学论》中也将态度作为与言语信息、智慧技能、认知策略和动作技能并列的学习和教学结果，而我国则在新一轮课程改革之中，则明确将情感、态度、价值观作为教学目标的重要维度，可见，就现实情况而言，价值观与态度确实有被视为同一概念的倾向。但细究起来，价值观作为评价坐标系中概括程度最高的意识状态，②"对心理、思想、态度和行为起着指导和调节作用，使内化过程中的要素围绕在价值观的周围"，③ 因此，价值观可以说是高度概括化的态度。简而言之，如果说态度更多与情感相关，具有偶然性和情境性，那么，价值观则含有更多的理性成分，具有持久性与一般性，也就是说，只有经过反复确认的态度才能称为价值观。

第三，价值观与规范。规范也是与价值观十分相近的一个概念，价值哲学的创始人威廉·文德尔班（Wilhelm Windelband）曾表明："价值是哲学为世界立法的'规范'，价值就是'意味着'，就是具有意义；我们就是借助于这种意义，才能构造出科学知识和文化的对象，即客观世界。"④ 由此便可以看出价值观与规范的密切联系，尤其是在教育教学领域中，社会规范在其中更是占据着重要地位，我国心理学家冯忠良在其《教学新论——结构与定向化教学心理学原理》一书中就特别探讨了指向社会规范内化的教学活动。那

---

① Raths, L. E., Harmin, M. and Simon, S. B.. Values and Teaching: Working with Values in the Classroom [M]. Columbus, OH: Charles E. Merrill, 1996: 28.

② 吴倬：《关于价值观与价值观教育问题的若干理论思考》，《思想政治教育研究》2009年第3期。

③ 邱吉著：《道德内化论》，民族出版社2004年版，第120—121页。

④ ［苏］巴克拉捷著，涂纪亮等译：《近代德国资产阶级哲学史纲要》，中国社会科学出版社1980年版，第257页。

么，价值观和规范究竟存在怎样的差异呢？"在伦理学著作中，对于规范一般区分为规范本身与制定规范的思想原则。这是两个不同层次的经验，前者常称为规范，后者则通常被认为是价值观（values），即关于行为的意义作用的思想原则。"① 换言之，价值观是规范背后蕴含的思想意识，而规范则是价值观的外在表现形态。也正是因为二者具备这种表里关系，我们才可以透过规范体悟并形成某种价值观念。

综合上述内容可以认为，所谓价值观就是个体或群体对于是非、善恶、美丑等价值关系进行判断和选择的、相对稳定的标准系统，它主要来源于一定的生活体验与社会实践，是情感和态度高度概括化的结果，在主体的思想倾向与行为选择方面发挥着主导作用。基于人类文化传承与个体精神成长的职责考量，教育教学领域涉及的价值观特指人类及社会群体围绕着公共价值问题形成的公认社会规范和共享价值原则，是学生价值认识的作用对象。

二、价值观教学

价值观教学的实践自原始社会末期就在自觉不自觉地进行着，但直到进入现代社会，尤其是20世纪中后期以后，"价值观"与"教学"才愈加频繁地被联合使用，出现了"价值观教学"的提法。然而，综合现有研究来看，人们对"价值观教学"概念的运用尚不够规范，更多只是将其简单地等同为价值观教育的课堂展现，这种界定方式实际上仅仅作了空间上的限制，却忽视了更为重要的东西，即价值观教学作为一种教学活动的特殊性。为此，在重新界定价值观教学概念时，应当明确它首先是一种教学，然后才是关于价值观的教学，要将对教学本质特定的把握作为概念建构的基础和起点。

（一）教学的内涵及关键特征

"教学"是教育科学研究的核心概念，任何有关教学问题的探讨，都要建立在对于这一概念的理解之上。"教学"概念存在广义与狭义之分，其中"广

---

① 冯忠良、冯姬著：《教学新论——结构与定向化教学心理学原理》，北京师范大学出版社2011年版，第205页。

义的教学是指教的人指导学的人以一定的文化为对象进行学习的活动。狭义的教学就是学校教学,是专指学校中教师引导学生一起进行的,以特定文化为对象的教与学的统一活动"。[1] 到了近代,随着教育体系的不断分化,"教学"已经从广泛的教育概念中分化出来,因此,当前我们所说的教学通常就是特指狭义层面的教学。

与广义层面的教学,或者说是一般的教育活动相比,狭义层面的教学具有以下几个关键特征。首先,学生的学习是在教师有意识的指导下发生的。经验告诉我们,即使没有教师的"教",学生的"学"也可以发生。比如当儿童观察成人的修理行为,或者是随意翻开一本书籍时,都可以从中学到一些东西,但这类自发性行为,只能算作"自学",而不是真正意义上的教学。在教学语境下,学生的学习一定包含着教师的意图和努力,是在教师指导和影响下进行的,但凡可以称之为"教学"的活动,必定都是"教师教,学生学的统一活动"。[2] 其次,教师的教与学生的学是围绕着特定内容进行的。教师对于学生学习活动的引发,并不能凭空实现,而需要借助特定的教学内容,这些教学内容凝聚了教师的教学意图,是学生发展的重要资源。[3] 就已有的教学研究而言,我们通常习惯于将这些教学内容,或者说是教学认识客体,笼统地称之为"知识",但若对其进行更为细致的研究,还可以将这些内容按照不同的性质特点,进一步分为事实性知识、方法性知识和价值性知识等不同类别,关于此,上文已作了相应说明。从教学的判定标准和划分依据来看,是否基于特定的内容展开,可以作为其同师生交往、教育管理和校园活动等一般性教育活动相互区分的关键,而基于何种内容展开,则是划分不同教学样态的重要依据。最后,教学过程就教学规律和伦理道德而言是可以接受的。教学是各种教育实现方式中自觉性最高的一种方式,为了实现学生在知识、能力和人格素养方面的全面发展,教学必须基于一定的科学原理进行有效设计,且需要符合一定的价值规范,恶意的教唆和非道德的灌输显然都不能归

---

[1] 黄甫全、王本陆主编:《现代教学论》,教育科学出版社1998年版,第4页。
[2] 王策三著:《教学论稿》,人民教育出版社2005年版,第87页。
[3] 赫斯特、彼特斯:《教学》,瞿葆奎主编:《教育学文集:教学(上)》,人民教育出版社1988年版,第69页。

入教学活动的范畴。

（二）价值观教学的概念分析

价值观教学作为一项相对独立、专门化的教学活动，既具备教学的一般特征，与其他教育途径相区分，同时还包含着与知识、技能教学相别异的独特之处，而将两者结合，便可以获得对价值观教学概念的理解。

首先，从目标上来看，价值观教学是以促进学生价值观形成与完善为重点的。虽然教学自产生之日起便承担着传递思想文化的责任，赫尔巴特也早在19世纪就明确提出了"教学具有教育性"的观点，表明了学生的价值养成与教学之间的密切联系，但显然并不是所有教学实践都可以被称之为价值观教学。这是因为在教学担负的多方面职能中，总有主次之分，总要在知识获取、技能提高和信念养成之间进行一定的先后排序。在这之中，只有那些无论是教学内容的组织，还是教学环节的展开都紧紧围绕着促进学生价值观形成和完善这一目标而进行的，可以从教学过程中清楚看到教师价值引领意图的教学，才是真正意义上的价值观教学。比如，为了更好地与学生的现实生活相联系，进行相应的价值渗透，一些教师在讲授概率问题时会尝试将这一知识点同商家的投机行为相联系，由此引出盈利手段正当性的问题，但这显然并不是这堂课的核心目标，教师组织这次教学的目的主要还是教会学生概率计算的相关知识和方法，因此，也就不能算作是价值观教学。

其次，从内容上看，价值观教学是以价值问题及其处理规范为核心的。对于价值观教学的关涉范围，正如有研究者指出的那样，它"确实是一个与知识、真理问题很不相同的领域"，[①] 价值观并不聚焦于描述客观事实和探求客观规律，而是主体的情感、意志和选择，关注的是主体在行动时应当遵循的价值原则，以及对是非、善恶、好坏等作出判断的价值标准。所谓价值问题主要聚焦于关于"应当是什么"的意义追问，而处理规范则侧重于关于"应当怎么做"的原则探讨，二者相互关联，共同构成了价值观教学的内容领域。这里之所以强调以价值问题及其处理规范为内容，不仅是为了与事实问

[①] 李德顺著：《价值论：一种主体性的研究》，中国人民大学出版社2013年版，第21页。

题相区分，同时也是为了突出"价值观教学"与"教学中的价值观教育"之间的差别。具体而言，在教学中除了显在的价值问题及其处理规范之外，还有一些依附在学科知识当中的潜在价值元素，"例如物理教材中，许多物理定律就是以科学家本人的名字命名的，如果教师能够向学生讲述科学家不屈不挠、追求真理的事迹，对学生肯定是有激励作用的"，[1] 这类内容当然可以起到价值引导的作用，但由于就其本身而言，并不属于价值领域的问题，因此，围绕着这类价值元素展开的教学可以算作是"教学中的价值观教育"，却不能称之为严格意义上的"价值观教学"。

最后，从过程上看，价值观教学是以学生的价值认识活动为主导的。价值认识是人类认识的一种特殊形式，"它以客观存在的价值关系为对象，是对主体与客体之间的价值关系，即客观事物对于人和人类的意义的反映"，[2] 主要表现为价值认知与价值评价，并与价值实践活动共同构成了价值观形成的两大基本途径。将价值观教学过程定位为一种价值认识，不仅体现了价值观形成的规律，同时也符合教学的本质特征，因为我们说教学就其本质而言，"主要是一个认识过程，即主体对客体的能动反映过程"。[3] 尽管与一般的科学文化知识相比，价值观具有更为强烈的实践意味，但作为人类文化传承的重要途径，价值认识在价值观教学过程中同样具备主导性，我们必须承认学校和课堂作为一个简化和净化之后的空间，不可能为学生提供大量的真实实践机会。也就是说，在教学中虽然也有"'物质性改造'这种本质意义上的实践活动"，但"毕竟是少量的、非主要的；而且，它们是在认识指导下进行的，有的甚至是作为认识的环节展开的"，[4] 价值观教学的过程主要还是一个特殊的价值认识过程，而这也是其作为一种教学活动的本质使然。

有了上述三点定位，就可以将价值观教学与课堂教学中的价值观教育，如教学交往中的价值感染、教学事件中的价值引导、教学环境中的价值浸润

---

[1] 梁允胜主编：《美丽的德育在课堂——中学阶段欣赏型德育教学模式研究》，安徽教育出版社2006年版，第12页。
[2] 袁贵仁：《价值观念与价值认识——兼论价值真理概念的科学性》，《人文杂志》1987年第3期。
[3] 王策三主编：《教学认识论》（修订本），北京师范大学出版社2002年版，第4页。
[4] 王策三主编：《教学认识论》（修订本），北京师范大学出版社2002年版，第22页。

和教学过程中零散的价值渗透，以及客观知识教学较好地区分开来了。一般而言，按照价值观教学中价值问题排布的集中程度，可以将其分为主线式价值观教学和主题式价值观教学两大类。（其概念体系可以用图1-1加以简要概括）其中，主线式价值观教学是指专门围绕价值现象和价值问题，以及价值观养成而进行的系统教学活动，其涉及的内容具有较强的连续性，具体表现为纵向上的逐层深化，以及横向上的不断扩展。像西方的宗教课程，我国小学阶段的道德与法治课程，中学的思想政治课程，以及高校的伦理课程就是这一类型价值观教学的典型代表。主题式价值观教学则是指那些从整体上看，并不专门指向学生的价值提升，但其中的部分课时或者单元主要是围绕着价值现象和价值问题展开的教学活动。与主线式价值观教学相比，主题式教学并不具备较强的逻辑性和层次性，其涉及的价值观更多表现为一种局部式的点状分布，一些人文学科，以及跨学科课程的教学中就常包含这类价值观教学活动，比如，在语文课程中就经常存在"热爱祖国""保护自然"等带有明显价值指向，含有明确价值问题的主题单元。

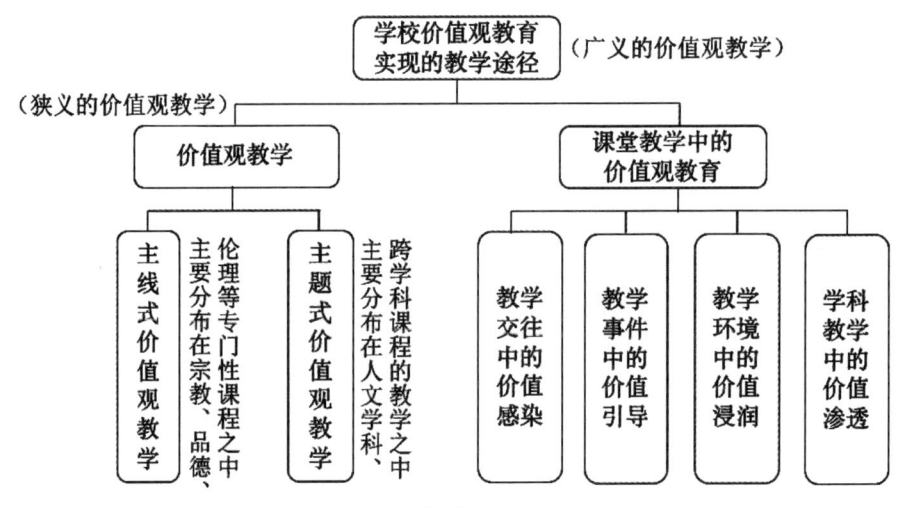

图1-1 价值观教学概念体系示意图

通过上述分析可以认为，严格意义上，或者说是狭义上的价值观教学就是指以促进学生价值观形成与完善为宗旨，以价值问题及其处理规范的理解为核心，以价值认识活动为主要成分的课堂教学活动，且主要由主线式价值观教学和主题式价值观教学两种实现形式构成。作为一种相对独立的教学形态，价值观教学可以有目的、有计划地引导学生形成符合人类社会基本价值取向的观念体系，并在此过程中，不断提升学生的价值识别、选择与创造能力，激发其价值认同感及行为倾向，进而帮助学生获得一种文明的生活状态。

第三节 研究的基本思路

在问题的提出部分，我们已经明确了多元文化时代的价值观教学及其发展困境亟待关注和破解，提出问题最终还是为了解决问题，这里就对研究的基本主张与总体思路作一探讨。

一、核心主张的探寻

教学的价值追求决定了教学活动的基本样态，研究多元文化时代的价值观教学，首要就要确定其基本的价值追求，明确其发展方向，而这也就构成了本研究的核心主张。在核心主张的探寻方面，我们主要依据两条线索：一是历史的线索，即从多元文化时代价值观教学实践的应对路径之中提取经验启示，找到未来发展的理想方向；二是哲学的线索，即从哲学、政治学领域的相关研究进展之中获得思路启发，辅助我们更好地理解和规划价值观教学实践的应然路径。

首先，在价值观教学的探索历程方面，通过对20世纪60年代以来，西方价值观教育教学理论构建与实践变革的系统考察，我们发现西方应对多元文化挑战主要遵循着两条思路：一种是诉诸个体理性的提升，认为只要个体具备了足够的价值理性,能够进行独立的价值思考,并据此作出合理的价值判断和价值选择,便可以游刃有余地面对多元文化时代中纷杂的价值干扰和频繁的价值冲突。另一种则是寄托于社会共识的重塑,在其看来,即使在多元文化社会,人们依然需要建立起一种必要的价值共识来充实自身的精神家园,以结束"诸神之争"的混乱局面。这两种思路都在某种程度上抓住了多元文化时代困局产生的因由,但也皆因失之片面,在实践中暴露出了各种问题。有鉴于此,越来越多的研究者认为应当超越以往的二元对立式思路,在个体理性培养与社会共识塑造之间寻求恰当的平衡点,用理性规约共识,以共识引导理性,通过对话与商谈的方式,在尊重与包容的交往中,实现理性与共识的有机融通。

其次,在哲学、政治学等其他领域的研究启示方面,罗尔斯、哈贝马斯等人均明确提出过"理性共识"的概念,将"理性"与"共识"两个概念正式关联起来。"按照哈贝马斯的自由主义的公共领域的模式,所有的相关人都是作为平等的参与者而参与商谈的,他们仅仅用理由来说服人。而在这种商谈中,人们所得到的共同结论就具有了理性共识的特征。"[1] 这就是说,所谓理性共识,简而言之就是主体基于自身理性,通过反复商谈,而在公共领域范围内所达成的一种共同认识。"理性共识"提法的出现,一方面表明了当代思想家已经突破了个体理性的狭隘视界,开始尝试在主体间的关系当中对理性作出更为全面的解读,另一方面,也意味着人们对于共识的现代意义有了更为深刻的认识,明确了理性在共识达成中不可或缺的意义,像尼古拉斯·雷舍尔(Nicholas Rescher)就提示我们注意:"希望通过共识实现良好的社会秩序存在诸多问题,其中就包括如果共识不是通过理性的认识,而是通过诸如宣传、洗脑之类的方式达到,则可能产生像纳粹德国那样的社会,这样的社会即使能被称为是秩序良好,也并不是可欲的。"[2] 以上观念无不反映出了多元文化时代建构理性共识的积极意义,这就在某种程度上佐证了价值观教学以理性共识为理想追求的适切性。除此之外,当代思想家还提出了不少

---

[1] 王晓升:《强意识形态、弱意识形态与理性共识——从哈贝马斯公共领域理论看意识形态斗争策略》,《学术研究》2011年第4期。

[2] 朱玲琳:《社会共识论》,华中科技大学博士学位论文,2016年。

具体的理性共识构建方式，如罗尔斯（John Bordley Rawls）提出的"重叠共识"，哈贝马斯（Jürgen Habermas）主张的"对话商谈"，乃至伽达默尔（Hans-Georg Gadamer）的"视域融合"等，都可以作为价值观教学研究的有益借鉴，以此来提升价值观教学实践中理性共识构建的效率和品质，尤其是后两者更是被广泛运用于当前的教育教学研究当中，发挥着实践指导作用。

综合对于以上两条线索的考察与分析结果，本研究提出了以追寻理性共识作为价值观教学时代追求和价值定位的核心主张。

二、研究立场的选取

对于价值观教学这项极具实践性的研究而言，确定了核心主张只是解决问题的第一步，在此基础上对实践路径加以规划同样十分重要。那么，我们应当基于怎样的立场去分析和破解这一问题呢？我们认为最关键的就是要站稳和找准教学立场，这一点在核心概念界定部分也有所谈及。具体而言，随着学校价值观教育研究的推进，课堂教学这一途径已经得到了人们越来越多的关注。然而，从现有的研究成果上看，相关探讨主要还是集中在"教学中的价值观教育"这一层面上，关注的更多是课堂教学中进行价值观教育何以可能、如何开展，以及在人文社科、自然科学等不同类型课程中实施价值观教育的差异这类问题，[1] 而对于"价值观教学"这一层面的疑难，包括如何将价值观转化为学生的认识对象，如何组织活动帮助学生进行价值建构，以及如何发挥教师之于学生价值学习的应有作用等实质性问题却少有触及。正像有研究者指出的那样，学生思想品德的教育与培养问题一直以来都没有被看作是教学论研究的重要范畴，[2] 学生的价值观培养问题也同样缺少基于教学论学科立场的审思。诚然，将视线范围聚焦在课堂教学这一特定场域之内，有利于转变当前课堂教学中只重科学知识讲授，而不顾人文价值熏陶的情况，

---

[1] 石中英：《关于当前我国中小学价值教育几个问题的思考》，《人民教育》2010年第8期。

[2] 石鸥：《面对德育论的教学论——再论教育学边界：边界何在？》，《湖南师范大学社会科学学报》1999年第6期。

我们从不否认"教学中的价值观教育"这一层面研究的重要意义，但是我们也必须承认，由于这类研究贯彻的仍然是相对宏观和一般化的教育研究思维，并未建立起真正的教学论思考路径，因此，即便有了空间的转化，也不能凸显教学作为一项专门性活动在整个学校价值观教育中的特殊担当，更无法解决当前教师对于"价值观如何教"的现实困惑，致使"教学的教育性"命题往往只具备理论意义，而缺少实现路径，可以说是理想性有余，而实践感匮乏。这就提示我们在未来的研究过程中，需要回到教学活动本身，更多站在教学论的立场上，从教学的特定规律出发，对真正意义上的"价值观教学"作更为深入的探讨，以弥补当前研究的内容缺失。

那么，究竟什么是教学立场？我们又该坚持怎样的教学立场呢？在教育和教学统合未分之时，"人类从生命孕育和养育的现象中认识教育，从年长者向年幼者进行经验传递的现象中认识教学"，"这里也没有什么学科边界，教育就是教学、教学就是教育，它们是一体融合的关系"。① 但是随着社会的进步以及人类认识水平的提高，教育与教学之间，以及教学系统内部均表现出了日益精细的发展趋势。此时，"人们已经不满足于笼统不分和混淆不清的状况，要求区分不同的质的规定性"，② 这便有了教学立场和教育立场的分化。对于教学质的规定性，研究者们作出了诸多探讨，像特殊认识说、认识发展说、认识实践说、教学交往说等都是有关教学本质的典型概括。"这些不同的教学本质观，分别从不同维度揭示了教学的基本矛盾和基本特征，深化和丰富了教学概念的内涵"，③ 而在这些观点当中，我们认为特殊认识说，或者说是教学认识论，作为我国教学论学术发展历程中最初形成，也是最富影响力的理论主张，④ 最能体现教学区别于一般教育活动的特有属性与规律。这是因为，在教学当中，缩小个体经验与人类总体文明之间的差距，解决知与不知的矛盾总是具有根本意义的。因此，教学实践说虽然突出了活动、过程和变

---

① 杨启亮：《教学的教育性与教育的教学性》，《教育研究》2008年第10期。
② 王策三著：《教学论稿》，人民教育出版社2005年版，第84页。
③ 王本陆：《教学基本理论研究四十年的进展与成就》，《教育学报》2018年第3期。
④ 王鉴：《论中国特色的教学论学派》，《华中师范大学学报（人文社会科学版）》2011年第1期。

化在教学中的重要性，是对传统教学解释的一种深化，但是"我们无法解释这种理论框架里与教育相比较的教学特殊性，找不到教育中的教学"，同样的，将交往理念引入到教学当中，强调主体关系的民主、平等、尊重、宽容无疑具有时代进步性，是对教学本体理解的一种拓展，"但是它依然没法满足'教育中的教学'的限定性，这种理论中的教学替换为教育同样恰当"。① 相对而言，只有教学认识论才充分抓住了教学活动的本质特征，找到了教育中的教学领地。在其看来，"教学活动从本质上说是学生独特的个体认识活动，即在教师领导下学生认识选择加工过了的人类文明精华成果从而获得身心发展的活动"。② 在此基础上，明确提出了教学过程具有间接性、领导性与教育性三大特点，一方面明确了教学作为一种认识活动的本质属性，另一方面又将其与人类一般的认识活动区分开来，"使得教学论得以摆脱对教学活动的经验性描述以及'哲学替代性'对'特殊认识'的笼统说明"，③ 从而对教学活动的本质及教学过程的运行机制作出了更为清晰的说明，也为教学研究的开展提供了基本的理论框架。

价值观教学的研究若想充分显现出自身的教学立场，自然也应当以教学认识论为指导。这时，有人可能会疑惑，认为教学认识论是关于科学知识教学的学说，偏重"智"的一端，不能用于价值观的培育。但实际上，教学认识论是一种极具概括性和包容性的理论学说。一方面，教学认识中的"认识"并不同于心理学意义上的认知，它不仅关乎人的思维活动，同样也"包含着人的社会情感、价值取向、兴趣指向的认识，是人的全部身心投入其中的活动"。④ 另一方面，教学认识的方式也是多样的，从教学任务的角度上，可以大致分为"以传授—接受为主的事实型认识、以示范—练习为主的方法型认识和以体验—认同为主的价值型认识"。⑤ 很显然，价值观教学中的认识方式

---

① 杨启亮：《教学的教育性与教育的教学性》，《教育研究》2008 年第 10 期。
② 王本陆：《教学认识论三题》，《教育研究》2001 年第 11 期。
③ 郭华：《"教学认识论"在中国的确立及其贡献》，《山西大学学报（哲学社会科学版）》2015 年第 4 期。
④ 郭华：《"教学认识论"在中国的确立及其贡献》，《山西大学学报（哲学社会科学版）》2015 年第 4 期。
⑤ 王本陆：《教学认识论三题》，《教育研究》2001 年第 11 期。

就主要表现为一种价值认识,体验、理解和认同在其中占据着至关重要的位置,是其区分于其他两类认识方式的突出特点,但是这种区别不过是一种差异偏向的问题,并不影响我们对于价值观教学本质的理解。按照教学认识论的相关观点,价值观教学究其根本还是一种特殊的学生认识活动。

综上可知,以教学认识论作为价值观教学的理论基础,既是适宜的,也是必须的。说其适宜,是因为该理论作为一种教学哲学的探讨,具有较强的解释力与包容性,且更能体现我国的教学传统,可以用以解释价值观教学的相关问题;说其必须,是因为只有运用该理论才能真正揭示出价值观教学作为一种专门性教学活动的本质特征和实现规律,并成功勾勒出多元文化时代价值观教学核心追求的实践路线,为教师的教学实践提供切实有效的指导。

三、研究框架的确立

为了回应和破解多元文化时代价值观教学的发展问题,本研究至少需要完成两大关键任务。一方面,基于价值观教学的现实遭遇,确定其合理的价值定位。价值观教学作为一项社会实践活动,其开展情况必然会受到社会因素的深刻影响,价值观教学的地位状态、内容构成以及最终效果都与其所处的社会环境密不可分。伴随着现代社会政治文化状态由一元向多元的转化,价值观教学的生存境遇也发生了诸多变化,传统的价值观教学理念与方式显然已难以为继。面对这一情况,价值观教学应当何去何从,便成了我们无法回避的关键问题。对此,西方国家已经给出了一些不同的思路,通过对相关理念和实践情况的梳理,我们认为在多元文化时代,培养学生主体理性思考、自主判断的能力,以及引导他们树立起经过历史沉淀,为社会所共享的价值共识具有同等重要的地位,而且,当前的价值观教学实践也逐渐呈现出了理性与共识融合的趋势,因此,可以将"理性共识"作为价值观教学在多元文化时代的理想追求。这部分内容主要体现在本书的第二、三两章,其中第二章首先对社会文化由一元走向多元的整体情况进行了简要说明,然后聚焦到价值观教学领域,从教学地位、教学内容、主体状态以及效果表现等方面,对多元文化时代价值观教学所面临的境遇变化进行了系统分析,最后对西方教育界的应对方式进行了梳理与反思,由此提出了价值观教学在多元文化时代的应有定位,为整个研究的开展定下了基调。而第三章则沿着已确定的发展路向,深入探讨了价值观教学中的"理性共识"概念,明晰了理性共识的基本特点,以及同虚假共识、表浅共识和消极共识之间的区别,并从合目的性与合规律性两个维度出发,对以构建"理性共识"作为价值观教学时代追求这一主张的合理性进行了全面阐释,进而从学理探讨的层面上再次确认了多元文化时代下价值观的理想追求。

另一方面,基于价值观教学的价值定位,规划其具体的教学实践路径。明确价值观教学的时代定位只是解决问题的第一步,对于这一价值追求的落实也同样重要。这就需要我们深入价值观教学系统内部,就其现实的操作问题作出分析。为了实现这一目标,我们首先应当明确教学系统的具体构成,确定达成理性共识这一价值观教学时代诉求需要分别予以探讨的环节机制。就教学的静态结构而言,一直存在三要素说、四要素说、五要素说、六要素说、七要素说和三三构成说等多种观点,争论不断,但正如弗·鲍良克(V. Poljak)在其《教学论》一书中指出的那样:"教师、学生、教学内容是教学的三个最基本的要素,它被称为教学论的三角形,无论失去其中哪一个,都不成其为教学。"[①] 教学认识论正是抓住了这三个基本要素,对其相互关系进行了深入分析,进而勾勒出了教学促进学生发展的实现路径。具体而言,在教学认识论看来,学生并不是径直地作用于教学内容,教师也不是单纯地面对学生主体,它们之间并非两相隔离的线性关系,而是彼此交互的立体关系,构成了一种相互融通的"三体结构"(如图 1-2 所示)。教学认识论构建的"三体结构"首先明确了教师、学生与教学内容三个要素之间是相互联系的;其次,在这一结构中,学生主体作用于教学内容的认识活动,或者说是对象性活动,是整个教学过程的中心环节,其他一切要素间的交互活动都需要围绕着这一中心环节进行;最后,在三个要素当中,教师居于更高的层次,当然这绝不是说教师主宰、支配着学生的活动,而是意味着教师需要对学生作用于教学内容的认识活动进行必要引导,在教学过程中发挥着领导作用,所

---

① [南斯拉夫] 弗·鲍良克著,叶澜译:《教学论》,福建人民出版社 1984 年版,第 17 页。

谓"教师主导，学生主体"便是这个意思。

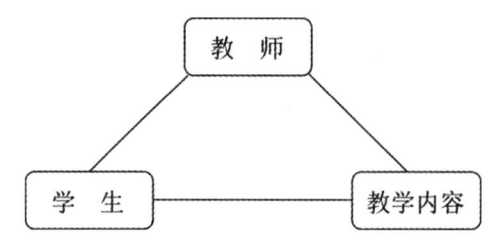

图 1-2　教学活动的"三体结构"示意图

依照上述教学结构，若想实现构建理性共识这一多元文化时代下价值观教学的核心定位，就需要从教师、学生和教学内容这三个要素的相互关系着手，完成以下三项基本工作：一是将笼统抽象的价值观念转化为可以为学生理性所把握的价值认识对象，并通过内容的组织和安排，引导学生达成理性共识；二是构建学生与价值认识对象相互作用的主体活动，促使其在参与和交流的过程中获得理性共识；三是明确教师的角色定位，探寻其价值引领作用的实现方式，以确保师生交往过程中理性共识的生成效果。不难看出，这三项工作实际上也就是教师与教学内容、学生与教学内容以及教师与学生这三对关系在价值观教学中的具体体现，按照教学认识论的相关主张，还可以将上述内容进一步转化为在价值观教学中如何改造教学客体，如何构建学生主体活动，以及如何发挥教师主导作用这三个问题，本书的第四、五、六章将围绕上述关键问题展开。

第一章 导论

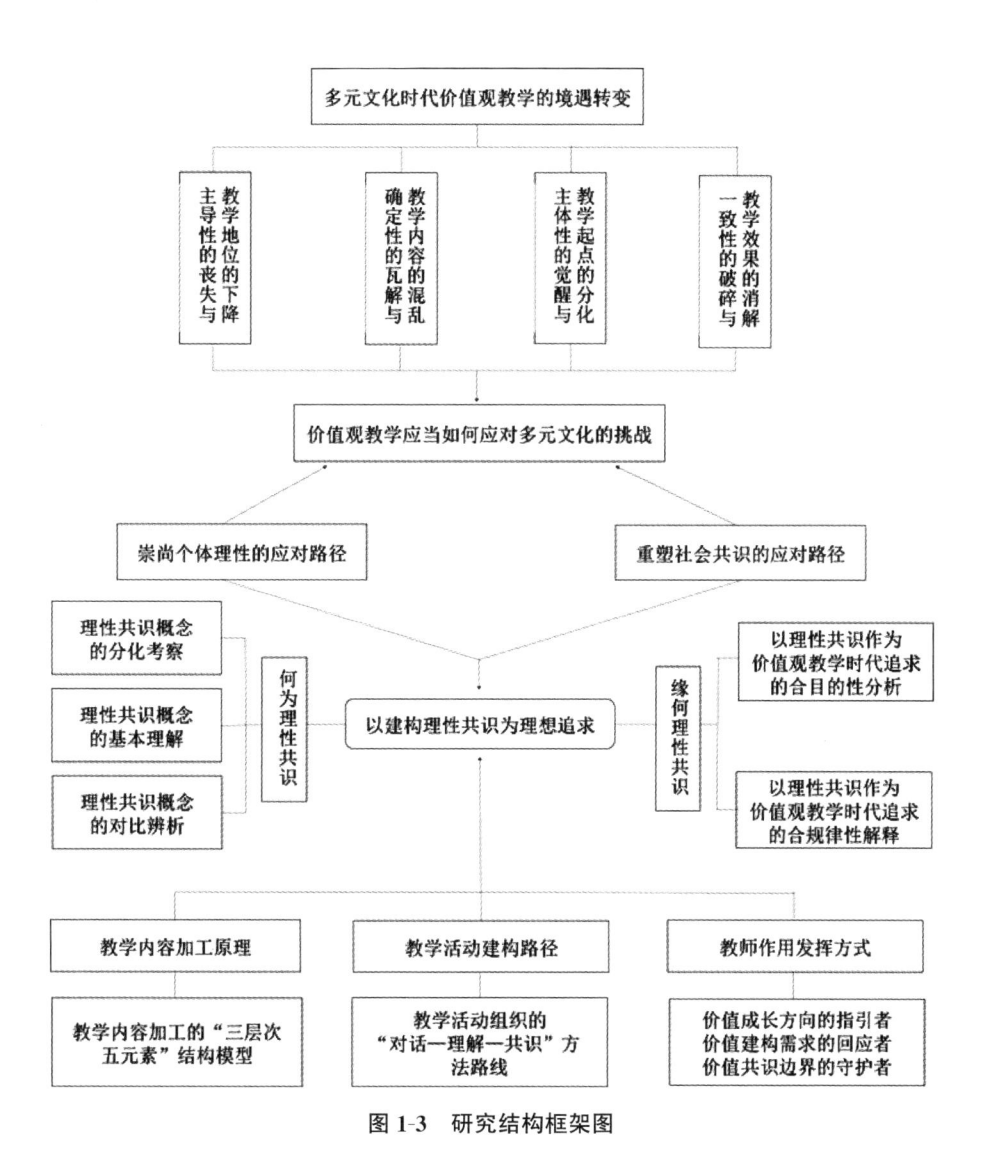

```
                    多元文化时代价值观教学的境遇转变
        ┌──────────────┬──────────────┬──────────────┐
   教学主导性的        教学内容确定性        教学起点主体性        教学效果一致性
   丧失与下降          的瓦解与混乱          的觉醒与分化          的破碎与消解
        └──────────────┴──────────────┴──────────────┘
                              │
                 价值观教学应当如何应对多元文化的挑战
                    ┌─────────────────────────┐
           崇尚个体理性的应对路径              重塑社会共识的应对路径

   ┌──────────────┐                                        ┌──────────────────┐
   │理性共识概念的│                                        │以理性共识作为价值│
   │分化考察      │  ┌──────┐                    ┌──────┐ │观教学时代追求的合│
   ├──────────────┤  │何为理│                    │缘何理│ │目的性分析        │
   │理性共识概念的│  │性共识│  以建构理性共识为  │性共识│ ├──────────────────┤
   │基本理解      │  │      │    理想追求        │      │ │以理性共识作为价值│
   ├──────────────┤  └──────┘                    └──────┘ │观教学时代追求的合│
   │理性共识概念的│                                        │规律性解释        │
   │对比辨析      │                                        └──────────────────┘
   └──────────────┘
                              │
        ┌──────────────┬──────────────┬──────────────┐
    教学内容加工原理      教学活动建构路径      教师作用发挥方式
    ┌──────────────┐    ┌──────────────┐    ┌──────────────┐
    │教学内容加工的│    │教学活动组织的│    │价值成长方向的│
    │"三层次五元素"│    │"对话—理解—  │    │指引者        │
    │结构模型      │    │共识"方法路线 │    │价值建构需求的│
    │              │    │              │    │回应者        │
    │              │    │              │    │价值共识边界的│
    │              │    │              │    │守护者        │
    └──────────────┘    └──────────────┘    └──────────────┘
```

图 1-3　研究结构框架图

29

第二章 多元文化时代价值观教学的境遇转变与应对路径

多元文化时代的到来，引发了人们价值生活的深刻变革，同时也对价值观教学的开展提出了诸多新的挑战。此时我们不禁要问，如果说在一元文化时期，价值观教学的任务就是准确地传递既定价值观念，确保价值教化的高效性，那么在绝对性价值体系业已崩塌的多元文化时代，价值观教学又该凭借什么而存在，以及应当秉持怎样的价值追求？面对这些追问，我们似乎不能再像原来那般作出清晰而笃定的回答。正如研究者指出的那样："在这种缺乏基础性确认的状态中，价值观教育常常面对'被淹没'的危险，不能坚信可以凭借自己的'有力'行动，改变自身的处境，有效影响周围的世界，从而陷入一种'无用感'和'焦虑感'的无力状况。"[1] 而为了在多元文化时代重新获得自身存在的根基，同时更好地帮助学生克服多元文化带来的种种价值困境，提升其精神生活的质量，发挥价值观教学在个体成长过程中的应有作用，研究者们分别基于各自的立场作出了诸多有益的探索，通过对这些探索经验的成败分析，我们便可以进一步确定价值观教学在多元文化时代的价值定位及其实践路径。

---

[1] 王葎著：《价值观教育的合法性》，北京师范大学出版社2009年版，第11页。

第一节　多元文化时代价值观教学的现实境遇

价值观教学的发展与其所处的社会、政治、文化情况密切相关，对于价值观教学问题的探讨必须置于特定的历史语境中才有意义。在古代，或者说是"一元文化"时期，价值世界尚未发生明显分化，主体的价值理性也尚未觉醒，因此，以传授权威性价值观念为主旨的价值观教学活动便具备了天然的合理性，人们很少会对其关涉的内容、使用的方法以及产生的效果等问题予以质疑，价值观教学便这样按部就班地进行着。然而，多元文化时代的到来却打破了这一稳固局面，价值冲突的加剧、价值相对的凸显，极大地改变了价值观教学的现实境遇，并对其实践提出了诸多新的要求，构成了价值观教学存在与发展的当代语境，这是当前价值观教学合理建构需要特别考虑的背景条件。

一、多元文化时代的到来与价值生活状态的更新

"多元文化"伴随着社会现代化的脚步走进了人们的生活，成为一个当前很常用和时髦的词汇，但是使用并不意味着理解，多元文化时代究竟有怎样的特点，其对人们的价值生活又带来了哪些影响，对于我们探索发生在这一背景之下的各种社会实践活动可谓至关重要，有必要首先对此作一简略考察。

（一）一元文化解体与多元文化诞生

在东西方的文化发展史上，均客观地存在着一元文化统领的特殊时期，在这一时期，"受教育者所受教育基本上仅局限于一个民族的文化，具有单一的民族和文化属性，或虽有多个民族，但其文化在本质上仍是一元的、单一

的，即统一的文化价值观念。"① 对于"一元文化"的概念与事实，我们要辩证地加以认识。首先我们必须要承认就社会文化的实然状态而言，即使在文化最为封闭和单薄的原始社会，人们的认识也不可能完全一致，那种认为某个社会或历史时期只包含纯然一种文化体系和价值主张的看法显然是片面和武断的。但同时我们也应当清楚地意识到，在奴隶制社会和封建社会时期，一方面，受制于当时有限的交通运输条件和文化传播渠道，各民族和各地区之间极少、也极难进行有效的文化沟通与交流，因此，往往只能固守于自己的文化传统，进而自然地产生了以地域为基础的文化隔绝。另一方面，受制于当时特定的社会政治制度，为了维护和巩固自身的既得利益，统治阶级必然要对被统治阶级进行严格的思想控制，这就决定了仅有一种思想文化可以为社会所广泛认可，获得法定权威，成为"肯定的文化"。这是从社会的客观条件上看，另外，就人的主观精神状态而言，受当时教育普及程度的制约，普通人民群众既无心，也无力进行文化反思与价值探索，一般都会自愿地接受外部社会所期望其形成的思想文化。由此可见，我们说存在一元文化时期，显然并不是表示当时的社会上只有一种文化体系，而是说即使那时存在多种文化样态，它们之间也不是平等的共在或互竞关系，而是其中必有一种凌驾于诸种体系之上的"特权文化"，作为人们精神的主宰。换言之，"无论是古代同质化社会还是现代异质化社会，都存在着歧见和差异，但在古代同质化社会的多元差异被意识形态所遮蔽和整合，没有充分显现出来"。② 像我国古代以"仁""义"为核心的儒家文化，以及欧洲中世纪崇尚"信""望""爱"的基督教神学，无疑都具备这样的特征，是当时占据绝对主导地位的一元文化。

然而，自15世纪末16世纪初开始，西方资本主义原始积累范围不断扩张，世界性的人口流动和移民浪潮此起彼伏，各民族间的文化交流和输出日益频繁，"民族的片面性和局限性日益成为不可能，于是由许多民族和地方的

---

① 王学风著：《多元文化社会的学校德育研究——以新加坡为个案》，广东人民出版社2005年版，第17页。

② 王文东著：《当代中国发展语境中的正义共识研究》，人民出版社2010年版，第100页。

文学形成了一种世界的文学"。① 此处马克思（Karl Heinrich Marx）所言的"文学"指的并不是狭义上的文学作品，而是广泛意义上的文化思想。随之，一场以崇尚理性、弘扬人性、解放思想为宗旨的启蒙运动在17世纪的欧洲集中爆发，更是对当时的宗教文化统治给予了沉重打击。而我国也被动卷入了西方殖民主义的浪潮之中，西方的哲学思想和价值观念随着他们的坚船利炮长驱直入，中西方文化产生了激烈的碰撞，从最开始的"中体西用"，到后来新文化运动对西方民主与科学的全方位学习，引起了中国传统价值观念的深刻变革，西方自由主义的伦理道德标准，追求国家独立富强与个性自由解放相结合的价值观念愈加深入人心，统治了中国2000余年的封建礼教岌岌可危。至此，一元文化的统治在世界范围内愈加难以为继，多元文化的时代早已呼之欲出。当然，由于"文化"作为根植于社会政治、民众思想中的深层力量，其改变并不是一朝一夕便可完成的，多元文化格局也是伴随着社会现代化进程而逐步确立的，在西方，一般将20世纪60年代视为文化由"一元"到"多元"转变正式完成的标志。之所以将这一时间点作为分界线，是因为在此之前，美国、澳大利亚，以及加拿大等移民国家，还幻想着通过"强同化"政策的推行，彻底取消异族和异国文化间的差异与冲突，在民众心中树立起一种共同的文化体系。然而，就在20世纪60年代，"这种同化政策遭到了少数文化群体的质疑和反抗，他们批判主流文化自我中心主义"。为此，各个国家只能采取相对宽容的文化政策，"于是，'熔炉'被'色拉拼盘''马赛克''交响乐''碎布块拼成的背面'等具有多元主义色彩的比喻所代替"。②"强同化"政策的失败，不仅为文化多元化扫清了障碍，极大推动了其演化进程，同时也意味着任何想要扭转多元文化，逆趋势而行的尝试都必然无济于事。而今，随着全球化、信息化进程的加速，各个国家和地区之间的文化交流更是空前频繁，正如托夫勒（Alvin Toffler）指出的那样，在当前"要想将

---

① ［德］马克思、恩格斯著，中共中央马克思恩格斯列宁斯大林著作编译局编译：《马克思恩格斯全集》（第1卷），人民出版社1995年版，第276页。
② 石芳：《论多元文化背景下的核心价值观教育》，北京师范大学博士学位论文，2012年。

某一特定的信息限制在国界之内或将其拒之于外已经变得更加困难了",[①] 社会的文化多元化又向着更为深广的方向加速前行,多元文化显然已经成为了当今时代的代名词。

与一元文化时期最大的区别在于,多元文化时代的社会不仅现实存在着多种思想观念,而且这些文化的差异性也更富深层意义。"多元"与"多样"不同,它指向的不单单是文化表征方面的差异,更多反映的还是文化内核方面的区别,比如,空间维度的东西方文化,时间维度的传统、现代和后现代文化等,显然就分属于截然不同的文化体系。换言之,"这里的'元'表示的是一种基本的影响因素,同数学中的'x元x次方程'一样",代表着"最终导致结果变化的自变量",[②] 按照哲学上的理解,"'多样'是指美好生活的差异性,'多元'是指互有差异的美好生活不可能在同一层面上统一为最美好的生活"。[③] "多元"的这种异质性也表明,其必然会强调文化的平等性,因为只有确保各个文化体系之间不再设有高低优劣的等级,每一种文化都具备被承认和选择的权利,才可能出现真正的差异,所谓"多元共存"正是这个意思。多元文化时代的出现,可以说是社会现代化的必然结果,是人类社会发展进步的重要表现,正如有研究者指出的那样:"从历史上看,现代化不仅仅是生产方式的转变或工艺技术的进步,它是一个民族在其历史变迁过程中文明结构的重新塑造,是包括经济、社会、政治、文化诸层面在内的全方位转型。"[④] 多元文化的出现,一方面,将人们从思想的压迫中彻底解放出来,拓展了人们的思维和视野,使人们开始自觉反思生活的价值,思考自身的发展,极大地丰富了人们的精神世界,另一方面,也为各种文化的生存创造了自由空间,促成了社会精神文明领域的"百花齐放""百家争鸣",为社会的持续发展增添了新的生机与活力,其积极意义是显而易见的。但与此同时,多元互竞的

[①] [美]阿尔温·托夫勒著,刘红等译:《权利的转移》,中共中央党校出版社1991年版,第32页。

[②] 杜时忠、卢旭著:《多元化背景下的德育课程建设》,江苏教育出版社2009年版,第9页。

[③] 严开宏著:《价值多元与道德教育》,福建教育出版社2016年版,第42页。

[④] 刘燕楠、王坤庆:《多元文化背景下我国价值教育的路向选择》,《教育研究与实验》2016年第6期。

文化状态，也不可避免地造成了传统的断裂、文化的混杂，各种物欲和享乐主义趁势而入，将人们推入了虚无与焦虑的渊薮。对于这一问题，《生于80年代初：迷惘的一代》一文曾有过生动描述，该书表示20世纪80年代初期的人们"的确很不快乐，郁郁不得志，找不到方向感，有力使不出。这种郁闷是沉重的，好像一把钝刀插入胸口，让人透不过气来，不会因为刀刃锋利而即刻死亡，可总处于一种痛苦中更让人无法自拔"。① 可见，当我们欣喜于多元文化时代的各种繁华景象时，也必须审慎地看待其可能引发的负面影响，并做出积极应对。

（二）多元文化时代的价值生活状态

对于文化与生活的关系，摩尔根（Lewis Henry Morgan）曾明确指出，在人类社会发展进程中的"每一阶段都包括一种不同的文化，并代表一种特定的生活方式"，② 当社会文化由"一元"走向"多元"时，人们的生活状态自然会产生诸多变化，而价值观作为文化的核心要素，建立在其基础之上的价值生活无疑也会受到深刻影响。文化的"多元并存"在价值生活领域就意味着"不同的价值观念、不同善的生活方式是平等的"，"人们可以在不违反法律和触犯他人自由和利益的前提下，自由地选择、追求不同的价值观和善的生活方式"，③ 而不一定非要坚守某种政治权力或宗教权力规定的那种价值体系。在多元文化时代，摆脱了"单一文化"的压制，人们终于赢得了决定自己价值生活的话语权，成为价值生活的真实主体。在个体充分享受价值判断与价值选择的权利后，其价值生活主要产生了两大变化。

一是价值冲突的加剧。"所谓价值冲突，即是价值观念的冲突，是指不同的价值认识与价值评价之间的矛盾和斗争。"④ 价值冲突并不是多元文化社会

---

① 转引自姚建军、赵宁宁：《价值观念多元背景下的社会整合探析》，《科学社会主义》2013年第6期。

② [美]摩尔根著，杨东莼等译：《古代社会》（上册），商务印书馆1983年版，第9页。

③ 余维武著：《冲突与和谐：价值多元背景下的西方德育改革》，江苏教育出版社2009年版，第17页。

④ 杨发：《论价值冲突》，《理论探索》1995年第4期。

才有的独特现象，我国古代的义利之辩、理欲之争、群己权衡，西方历史上道德与幸福的矛盾、利己主义与利他主义的分歧，都是价值冲突的典型表现，但是这些冲突并不是当时社会的主流，其影响范围也十分有限，而且人们往往最终都可以从一元文化中找到明确的解决方案。像我国先秦时期的孟子就意识到了各种价值原则和主张存在潜在冲突，并认为可以通过"权"与"弃"的方式加以解决，所谓"权"指的就是在具体情境中的价值排序，其针对的主要是儒家学说内部的原则冲突，而"弃"指向的则是儒学之外的价值体系，所谓"辟邪说，诛杨墨"便是这个意思。可见，在一元文化时代并不存在什么实质上的难以调和的价值冲突问题。而到了多元文化社会，价值冲突则变成了人们生活的常态，不但发生的频率大幅增加，而且显现的类型也更为多样。具体而言，人们当前生活中的价值冲突至少可以分为三类：一是不同价值理念之间的冲突。比如，究竟是去参加自由法国军队，为自己的国家尽忠，还是留在年迈的母亲身边，承担起尽孝的责任，体现的就是不同价值理念的矛盾。这类冲突一般都很难得出一个"两全"的选择。二是不同价值排序之间的冲突。比如，在社会发展的决策方面，究竟是应当以效率优先，还是应当以公平为首，便是这类冲突的体现。与前者不同的是，虽然价值排序中的两种选择也是相互矛盾的，满足其中一方必定会损害另外一方，但其最终指向的目标却相对一致，因此，也更容易得出调和方案。三是社会价值导向与个人价值取向之间的冲突。这可以说是多元社会所独有的价值冲突形式，因为在"一元文化"时期，人们必须要无条件地服从社会主导价值的规约，二者根本不存在冲突的余地。社会价值与个人选择冲突的出现，一方面彰显了主体在其价值生活规划上的自由空间，使得人们可以依据自身的需求去创造属于自己的各种可能生活；而另一方面，价值冲突的蔓延也会将主体置于选择的困境之中，催生人们在价值生活上的焦虑与无措。对此，曾有研究者做过一项调查，结果显示当前青年人正面对着十大伦理问题，其中很多都与价值冲突密切关联。比如，"金钱万能？金钱万恶？""当善良不能引出好结果时，为什么不能作恶？""面对'利'和'义'我该拒绝谁？"等，[1] 这些在一元文化时期或许很容易回答的问题，到了今天却令人左右为难。可见，随着

---

[1] 易连云著：《重建学校精神家园》，教育科学出版社 2003 年版，第 4 页。

价值选择权利的获取，价值冲突状况的增多，人们的价值生活也变得愈发复杂，需要主体拥有足够的价值理性和决断能力去破解这些价值难题。

二是价值相对的凸显。多元文化的出现赋予了各种价值主张以同等地位，直接引发了最高价值的自行贬黜。对此，韦伯曾以"诸神之争"喻指价值观念领域的这一颠覆性变化，在他看来那种只有一个上帝的世界图景已不复存在，当下的人们正处于众神的统治之下，至于究竟侍奉哪个神祇，则变成了个人自由决定的事务。实际上，自西方政教分离的努力开始，宗教领域的价值相对现象就已初现端倪。比如，在19世纪末的法国，立法者就明确要求将宗教驱逐出学校教育的领地，认为"没有一个特定的教会是法国的灵魂，传播这种灵魂的教学应该独立于每一个特定的教会"，"信仰的领域是个人的事，是自由的、可变的"，[①]进而主张将宗教完全交由家庭和个人负责。这一举措虽然将人们的思想从中世纪的束缚中解脱出来，但绝对性的丧失，也不可避免地带来了信仰的失落。"20世纪80年代初的一项调查表明，在欧洲已经有20%的人口不信仰任何宗教。只有少数人经常到教堂去做弥撒，完全信奉摩西十诫的人已经不到总人口的25%。"[②]虽然与宗教问题相比，学校从未放弃过道德教育的责任，但道德领域本身就包含着各种不同的价值主张，而失去了宗教神圣性的加持，善恶、正邪等道德判断在某种程度上也就失去了最终的根据，变得愈加相对化和随意化。正如查尔斯·泰勒（Charles Taylor）所言："在现代文化与价值观多元社会中，由于不再委质于一种类似于基督教的神圣的结构和与此相关的一套道德学说或意识形态，人们由此获得了自由。但是，与此同时，人们也失去了在一种与他人共享的意义或道德的视野之中的自我认同。人在道德上面完全是自我决定和自我选择的，自我成为现代社会的中心。人们几乎不承认外在的道德要求和对他人严肃的义务承诺。"[③]个人拥有了道德问题的最终裁定权，似乎只要出于自愿与本心，那么一切便都

[①] ［美］E. P. 克伯雷选编，任宝祥、任钟印主译：《外国教育史料》，华中师范大学出版社1991年版，第562、565页。

[②] ［法］让·斯托策尔著，陆象淦译：《当代欧洲人的价值观念》，社会科学文献出版社1988年版，第9页。

[③] 转引自余维武著：《冲突与和谐：价值多元背景下的西方德育改革》，江苏教育出版社2009年版，第19页。

是正确的，都是可以的。在此背景下，学校的道德教育也不再热衷于传授一套普遍的真理和价值，"美德袋"的传统教育模式逐渐消失在人们的视野中，"学生所能做的最好的事就是形成令自己满意的观点，对一个问题形成他们自己的感觉，阐明他们自己的'波动起伏的精神力量点'"。① 道德领域的相对使得道德虚无问题愈演愈烈，政治领域的以权谋私、贪污腐败，经济领域的见利忘义、蒙骗欺诈，生活领域的骄奢淫逸、人情冷漠等现象与日俱增，道德的沦落在多元文化社会似乎已经成为了不争的事实。可见，从宗教领域，一直到道德领域，随着价值相对化态势的不断扩展，其负面影响也渐次浮出水面，在这样的价值生活中，人们俨然变成了飘摇不定的"思想的芦苇"，在享受着精神自由之轻盈，品味着主宰幸福之喜悦的同时，也被抛入了一个充满不确定性的世界之中，烦恼与困惑接踵而至。

总而言之，多元文化社会中人们价值生活的上述变化，就像硬币有两面性，一方面给予了人们巨大的选择自由，赋予了人们描绘幸福多种可能的机会，全面而彻底地确证了人的主体性，但与此同时，"诸神纷争"的价值境遇，也让人们陷入了选择的矛盾与虚空的慌乱之中。对于这一状况，曾有研究者不无忧虑地感慨道："巨大的选择自由、对爱之对象的抓取和放手以及投入和放弃之间的频繁转换，不可避免地导致了不稳定的人格、微弱的人际关系、自我怀疑，自我疏离与认同危机。"② 不难想见，人们的价值生活在多元文化的笼罩之下，显得既绚丽又脆弱，也许上一刻还精彩纷呈，下一刻便会轰然倾塌。至于如何在此背景下重塑和巩固人们价值生活的根基，便是当代学校价值观教育教学不可回避的关键问题。

二、多元文化时代价值观教学的境遇转变

美国教育人类学家斯宾德勒（George Spindler）曾表明，"教育对文化的

---

① ［美］凯文·瑞安、卡伦·博林著，苏静译：《在学校中培养品德：将德育引入生活的实践策略》，教育科学出版社 2010 年版，第 35 页。

② Alvin Toffler. Future Shock [M]. Random House Publishing Group, 1984: 264.

传递常常被文化中的种种分歧和矛盾弄得复杂化"。① 多元文化时代的到来，打破了一元统领的僵化格局，促进了社会文化领域的繁荣发展，实现了主体精神世界的全面解放，同时也从教学地位、教学内容、教学组织和教学效果等方面，对价值观教学的现实境遇进行了全方位重构，以上转变无疑都需要价值观教学予以恰当的回应。

（一）主导性的丧失与教学地位的下降

在一元文化统领的封建社会，为了更好地满足阶级统治和城邦稳定的需要，价值观教学被赋予了相当高的地位。我国封建社会的学校就将"使人认识人伦道德规范，形成坚定的道德信念和掌握修己治人之道"，② 即"教人成人"作为教学的核心目标。在这一目标的指引下，当时学校的"教"与"学"绝大部分都是围绕着仁爱、忠顺、孝悌、谦恭等价值观念进行的，至于那些与客观真理相关的天文、地理、数学、医学等自然科学知识则常被视为"小人之学"，而长期居于教学体系的边缘位置。同样的，对于西方世界而言，苏格拉底等哲人先贤的教学也主要是围绕着勇敢、正义、节制、智慧等美德而进行的，其目的就在于"引导人生的审视与探究"，实现将"智慧之爱转换为人生美德"，③ 进而把培养人的德行置于教学的中心位置。此时，价值观教学在整个学校教学中可谓居于主导地位，其他方面的教学在很大程度上都是为价值观教学服务的。对此，有研究者曾表示，古代西方虽然也关注科学知识的教学，数学、天文等皆为学生需要研习的重要内容，但"知识的传授既不在于知识的技术化，也不在于使之商品化，而在于加深对'善即美德'的理解与深化，知识的习得只是获得美德的方式"。④ 这一方面使得价值观教学可以如其所是地进行着，没有人会对其合理性产生质疑，另一方面，占据着教学活动的统领地位，也能确保价值观教学收到更好的效果。

---

① George Spindler. Education and Culture Process: Anthropological Approaches [M]. Waveland Press，1987：297.
② 侯怀银著：《德育传统的当代价值》，湖北教育出版社 1996 年版，第 131 页。
③ 刘铁芳：《古典人文教育——教育的走向与现代教育的反思（上）》，《教育理论与实践》1998 年第 4 期。
④ 邹诗鹏著：《生存论研究》，上海人民出版社 2005 年版，第 108 页。

然而，随着社会现代化进程的不断推进，学校的教学图景也产生了巨大变化。工业革命之后，社会发展越来越依赖于技术的进步，生产效能取代了人文修养，走到了社会前台，人们对劳动者的认识能力和科学素养也提出了更高的要求，"为竞争性的世界经济市场培训有知识、有效率和有技能的工作者"逐渐成为了学校教育的首要任务，① 科学知识教学的地位获得了显著提高。与此同时，对于科学技术的片面推崇，也使得文与道、知与行等传统联系日渐衰微，价值观教学地位随之急剧下降，不可避免地陷入了边缘化危机之中。针对这一现象，卡斯尔（E. B. Castle）不无忧虑地感慨道："古希腊人认为他们须创造的最伟大的艺术品是人……今天，我们却不问怎样使一个孩子成为一个完整的人；而是问我们应当教他们什么技术，使他成为只关心生产物质财富世界中的一颗光滑耐用的齿轮牙。"② 但不管怎样，科学知识教学取代价值观教学，占据了学校教学主导地位这一现实在当今社会已成定局，也就是说，为学生提供"安身"的知识成为了学校教学的重点，而那些曾经被仰目以视的"立命之学"则变成了可有可无的附加之物。不仅如此，"霸权十足的科学知识，无不要挟一切人文学科向科学知识靠拢，披上科学的'外套'，贴上科学的标签"。③ 在此背景下，价值观教学过程也开始遵循客观知识教学的逻辑，大多从概念和理论出发，注重文本形式的测试考核，有些教师在上课时甚至直接套用知识教学的方式。比如，仿照语文课给学生讲重点词语、句子，引导学生分析段落大意，概括中心思想这样的教学流程，价值观教学科学知识化的倾向愈发明显。这种将自身伪装成科学知识教学的做法，表面上似乎可以借助科学的威望，为价值观教学谋得一席之地，但事实上却掩盖了其自身的固有特点，限制了其应有功能的发挥，反而只会进一步损害价值观教学存在的必要性，这不仅无益于其边缘化危机的破解，还会将其推入更为棘手的合理性困境之中。因此，如何在主导性丧失的现实情况下，继

---

① Jo Gairns, Denis Lawton and Roy Gardner. Values, Culture and Education [M]. Kogan Page Limited, 2001: 2.

② [英]伊丽莎白·劳伦斯著，纪晓林译：《现代教育的起源和发展》，北京语言学院出版社1992年版，序言。

③ 葛全胜：《学校道德教育的知识变革》，《教育科学研究》2006年第11期。

续保有自身的独特魅力，坚守自身的神圣使命，同时也适应自身地位下降而衍生出的诸多变化，便成了价值观教学在当今时代必须要思考的重要问题。

（二）确定性的瓦解与教学内容的混乱

一元文化时期的价值观教学内容十分明确，学校根本不必为了教什么价值观和教谁的价值观这类问题而苦恼。比如，在儒家价值体系一家独大的背景下，传授"三纲五常"的价值规范就是学校的核心任务。正如明代儒者金善描绘的那般："学校之教无他，其性则仁义礼智也，其伦则君臣、父子、夫妇、兄弟也，其书则《易》《书》《诗》《礼》《乐》《春秋》也，其道则尧、舜、禹、汤、文、武、周公、孔子之相传也，其学则颜、曾、思、孟、周、程、朱、张之授受以相讲明者也。千载而下，为师者则资此以为教，为弟子者则资此以为学，固未有舍此而可以为教学者也。"[1] 同样的，西方中世纪价值观教学的内容也具有高度一致性，那时人们将"基督神学"奉为圭臬，确信上帝就是"绝对的善"，在"神性"的包裹下，《十二铜表法》《圣经》成了学校价值观教学的权威文本，学生进入学校学习的第一句话便是"耶稣十字架是我的光荣"。也就是说，在一元文化社会中，总是存在着一套具有先验合理性的价值体系，它可以免于任何人的质疑，值得并需要我们去努力追寻，而价值观教学的内容只要围绕着这一确定价值体系展开即可，因此，当时的教授内容可以说是既明确又系统。

然而，到了多元文化社会，"一切固定的古老的关系以及与之相适应的素被尊崇的观念和见解已被消除了，一切新形式的关系等不到固定下来就陈旧了。一切等级的和固定的东西都烟消云散了，一切神圣的东西都被亵渎了"。[2] 再没有什么是绝对的，我们也无法找到这样一个确定的价值观教学内容体系供学生去学习，教学内容的选择与组织失去了明确的方向指引，似乎无论在学校中教授何种价值观，都会引起人们的不满。马克斯·韦伯（Max Weber）就曾明确表示，坚持何种价值信念，执著于何种价值追求，都是"属于自己"

---

[1] 高时良主编：《明代教育论著选》，人民教育出版社1990年版，第65页。
[2] ［德］马克思、恩格斯著，中共中央马克思恩格斯列宁斯大林著作编译局编译：《马克思恩格斯选集》（第1卷），人民出版社1966年版，第242页。

的领域，在这个领域中，个体拥有完全的"自治权"，不应该由教师在讲台上指手画脚，提出指导意见，并认为"真正的教师，只能要求自己做到知识上的诚实……而对于文化价值问题，则不可以在讲台上，以或明或暗的方式，将任何态度强加给学生"。① 在这种情况下，究竟该不该教价值观，该教什么样的价值观一时间令教师手足无措。虽然说价值秩序坍塌的后果，已经使人们深刻意识到了完全放弃学校教学在价值领域的主导权是非常危险的，自20世纪八九十年代开始，世界各国就在不断强调价值引领的重要性，并对学校所要传承的价值观内容作出了相对明确的规定。但这种确定性早已不同于一元文化时代的确定性，它们并不是全部从属于某一个成熟的价值体系，彼此之间的联系还是相对模糊和松散的，这就使得多元文化背景下的价值观教学很难拥有一个全面而清晰的内容体系，而将这些零散又混沌的内容条理化，进而帮助学生完成自身价值体系的构建，则是当前价值观教学必须要承担起来的艰巨任务。

（三）主体性的觉醒与教学起点的分化

所谓价值多元不仅表现在社会文化的实然状态上，更是个体精神世界的一种反映，随着"上帝已死"的宣判，以及人类认识水平的不断提高，人的本质力量得到了充分的释放与展现，"在主体价值形成和变化的'多元方程式'中，自主选择的价值变量越来越多，权重也越来越大"，② 主客观条件的双重变化，使个体的人真正成为了其价值领域的主宰。而当人们不再满足于遵循外部设定的价值生活轨迹，而是开始基于自己的生活经历去探寻价值成长路径之时，其价值生活必然会产生不同程度的分化，学生价值认识的起点也变得迥然相异。

事实上，不论是在一元文化时期，还是在多元文化时代，人们的价值生活和理解都不可能完全一致，像我国古代就特别注重学生在价值成长方面的

---

① ［德］马克斯·韦伯著，冯克利译：《学术与政治》，生活·读书·新知三联书店1998年版，第42页。
② 杜时忠、卢旭著：《多元化背景下的德育课程建设》，江苏教育出版社2009年版，第10页。

差异，强调价值观教学的因材施教，其中最为经典的事例当属孔子对于"问仁""问孝"的不同回答。但是稍加分析便可发现，一元文化时期价值生活的分化更多表现为层次上的差异，而不是体系上的分别，自然就不会产生本质上的价值冲突，也不会对教学的方向造成实质性干扰。但在当前背景下，情况就变得异常复杂了，因为学生价值生活的差异不仅表现在层次上，更表现在类型上，如何兼顾学生不同的心理起点就成为了摆在价值观教学面前的一大难题。对此，韦伯曾描绘过这样一个课堂教学情境，生动地表达了多元化时代个体价值选择和价值生活分化给教学带来的麻烦："我只想问一句'在讲授教会形式和国家形式或宗教史的课程上，如何让一名虔诚的天主教徒和一名共济会信徒得出同样的价值判断呢？'这样的问题是不会有答案的。"[①] 至此，主体价值选择的多元化与价值观教学指向一致性之间的矛盾，变得愈加难以调和。设想一下，在以"基督神学"为统领的西方中世纪时期，若要让学生认可并相信"助人为乐"的价值追求，我们只需理清这一价值观念与基督教核心精神的关系，比如在"助人为乐"与"原罪说"之间建立联系，让学生清楚帮助别人，为社会做贡献，就是为自己赎罪，学生就会对"助人为乐"这一观念表示认同，但在多元文化时代，人们进行价值判断与选择的依据往往各不相同，有的人秉承着幸福论的观点，有的人坚持着美德论的主张，有的人倾向于功利论的谋划，甚至还有人立足于个人主义的视野。在这样的情况下，如何去说明某个道理，如何在尊重主体性的同时实现"殊途同归"的目标，践履价值观教学的使命，显然变得异常棘手。

（四）一致性的破碎与教学效果的消解

与客观知识和特定技能的学习不同，价值学习具有较强的时空广延性，它不仅发生在课堂教学之内，更存在于广阔的生活空间之中，也就是说，学生价值观的形成不仅取决于价值观教学的开展情况，同时也和其所处的家庭、社会环境密切相关，因此，只有各种力量协同配合，才能确保价值观教学取得理想的效果。在文化相对单一的历史时期，社会上盛行的"一元价值观、

---

① ［德］马克斯·韦伯著，冯克利译：《学术与政治》，生活·读书·新知三联书店1998年版，第38页。

整体价值观、神圣价值观和精神价值观使整个社会的价值观保持着高度统一甚至同一的状态,这一价值观统一和同一状态又得到了高度集权的政治体系、高度集中的计划经济体制和高度控制的单位社会体制的切实保障和强化",①学校传授给学生的观念同外部环境中流行的思想是基本一致的,所以,当时学校价值教化的效果也非常显著。但在当今社会,随着信息化与全球化的不断推进,尤其是网络的广泛普及,各种价值观跨过国家的界限,越过学校的围墙,纷至沓来,这些观念"常常以更为具体、形象、生动并与自身利益相关的方式纷纷浸入到青少年那苍白,但充满渴求的心灵之中"。② 此时,一方面是学校仍然保持着高尚的坚守,努力地告诉学生那些历经考验的伟大传统和基本规范,试图在驳杂的社会观念之中为学生提供"应该如何"的正确指引,"而另一方面社会生活却不断以事实,多半是消极事实,潜移默化地影响着学生的价值观"。③ 那些曾经被视为庸俗和消极的价值观念,如寻求安逸的享乐主义,投机取巧的物质主义,以及功名为先的功利主义等主张,在多元文化时代都可以"正大光明"的方式出现在学生面前。现实中就有不少家长"在'实用理性'的指引下,向子女灌输追求个人利益最大化庸俗处世哲学,如'人不为己,天诛地灭'等,使孩子形成不择手段追求个人功利而忽视甚至漠视社会规则的扭曲三观"。④

可见,随着一元文化的解体,各个领域中的价值主张也丧失了原有的一致性,逐渐走向分化,甚至对立,正如威廉·戴蒙(William Damon)所言,"那种和谐一致性在美国社会里绝大部分是特例而不是常规",⑤ 而多元文化社会中学生价值观的三大来源空间,即家庭、学校和社会间一致性的破碎,显

---

① 廖小平:《价值观的分化、整合与核心价值体系建设》,《道德与文明》2013 年第 4 期。

② 陈正良著:《冲突与整合:德育环境的系统构建》,中国社会科学出版社 2005 年版,第 23 页。

③ 石海兵著:《青年价值观教育研究》,安徽人民出版社 2007 年版,第 78 页。

④ 段升阳、刘丙元:《从个人私利到社会责任:家庭教育社会职能的实现》,《中国教育学刊》2018 年第 9 期。

⑤ [美] A. 威尔森著,湘学译:《美国道德教育危机的教训》,《国外社会科学》2000 年第 2 期。

然并不利于价值观教学预期目标的实现和理想效果的达成。就目前状况而言，社会上，包括家庭中流行的一些价值观念，正在以表浅而片面的"现实说服力"一步步抵消掉学校价值观教学应有的积极影响。而且，与学校的价值观教学的影响相比，外部环境的作用力度无疑更为持久，作用方式也更为隐蔽，正如有研究者指出的那样："从某种意义上说，价值观不外是生活环境的反映，是从周围环境得到的感受和印象的结晶，不管个人的意识和意志如何，也不管个人的愿望如何，在一定的社会历史条件下，一个人具体的生活环境形成着他的价值观。"① 这就是说，即便学生没有相应的学习准备状态，没有进行自觉的探索，也可以从环境的暗示中获得或多或少的价值影响。因此，如何在价值驳杂且难以调控的社会中，继续履行自己的使命，发挥自己的影响力，助力于学生的价值成长，同样构成了价值观教学在多元文化社会面临的时代挑战。

第二节 多元文化时代价值观教学的应对路径

多元文化的时代境遇变化为价值观教学带来了生存危机，面对上述危机，西方各国纷纷基于不同的理论视角，探寻可行的应对路径。首先需要说明的是，这里虽然聚焦于西方，但并不表示其他国家对此毫无作为，只是因为西方在相关的理论探索和实践革新上更富先驱性，且形成了较为完善的流派体系，堪称其他各国仿效的模板，故而，透过西方的探索便可以大致看到多元文化时代价值观教学的整体进展。对于这些不同的应对方式，研究者们按照其应对思路的差异，分出了不同类型，其中绝对主义与相对主义的路线是较为常见的一种分类方式，但是本研究认为，教学活动归根结底还是为了促进学生的发展，通过给予学生何种力量以促进其价值成长，在价值观教学问题

---

① 刘永芳：《价值观形成与发展的条件、过程、规律初探》，《山东师大学报（社会科学版）》1998年第1期。

的探讨中显然更富根本意义，而绝对与相对的价值状态则更多带有理念表象的意味。为此，我们可以按照价值观教学期望学生获得的不同价值成长力量，将西方的实践探索大致归结为两条路径：一是诉之于个体理性，强调价值探索过程的应对路径；二是寄托于社会共识，关注价值传承结果的应对路径。这两种倾向在多元文化时代价值观教学探索史上皆留下了浓墨重彩的一笔，然而，随着实践的深化，上述两条路径也分别在不同程度上暴露了自身固有的弊端。此时，人们愈加深刻地意识到，以上任何一条路径都不足以应对多元文化时代提出的挑战，唯有寻求二者的融合，实现理性与共识的沟通与制约，或者更为确切地说，就是以"理性共识"作为价值观教学的时代追求，才能确保其应有作用的发挥。

一、崇尚个体理性：着眼于过程的价值观教学应对路径

进入 20 世纪以来，随着人类文化学以及后现代哲学思想的勃兴，相对主义走到了理论前台，成为了一种足以左右哲学、文化学和伦理学研究走向的重要思潮，有研究者甚至直接将 20 世纪称为"相对主义的时代"。相对主义是一种非常复杂的理论体系，其内部包含着各种不同的流派分支，如按照对象可以分为个人相对主义和文化相对主义，按照领域可以分为文化相对主义、伦理相对主义和元伦理相对主义等各种不同类型，但无论是哪种相对主义流派，其核心主张总是十分一致的，即强调"存在着许许多多永恒不变的有关权利与善的原则，它们相互冲突而又没有一个能证明自己比别的更加优越"。[①] 具体到价值问题领域，相对主义特别突出了价值观念与价值选择的主观性，认为由于人的需要千差万别，基于此形成的价值观念以及人们作出的价值判断必然也同样千差万别。像对于正义战争、公费医疗等极具争议性的问题，支持的理由和反对的声音都不在少数，正如民谚"公说公有理，婆说婆有理"所描绘的那样，每个人从不同的立场出发就会得出不同的结论。因此，价值判断本身并没有绝对的真假、正误之分，它仅仅是相对于一定的文化或个人

---

① [美] 列奥·施特劳斯著，彭刚译：《自然权利与历史》，生活·读书·新知三联书店 2003 年版，第 38 页。

选择才是有意义的。既然并不存在一套为人们所公认的价值指导体系,那么,面对多元文化的干扰,就只能依靠个体理性的抉择了。

受这一理论倾向的影响,价值澄清学派于20世纪六七十年代应运而生,率先集中探讨了价值观教学应对多元文化挑战的可能路径。在价值澄清学派看来,一方面,社会中丰富多样且不断变换的价值现实,提示我们并不存在一套放之四海而皆准的确切价值观念来供学生学习,另一方面,价值本身就是个人经验的产物,每个人的价值选择来源于其特定的生活经历,并不能相互替代,即便是古代的先贤圣人也无法成为他人价值的裁决者。因此,多元文化时代价值观教学的目标并不适合定位于"正确"价值观念的传授上,其关键还是要充分调动学生自身的理性力量,使他们能够从亲历的生活与内在的感受出发,在经过包括价值评价和抉择在内的一系列价值思考之后,厘清并形成自己珍视的价值体系。价值澄清学派的这一定位完全符合其相对主义的理论基础,即"只要你在理智上是诚实的,不论你做出何种选择,你在道德上与别人都是平等的",① 你的选择就是无可置疑的。由这一目标出发,价值澄清学派非常注重对学生价值观获得过程的研究,正如他们在书中言明的那般,与学生最终获得了"勤俭"这一观念的结果相比,价值澄清更关注学生究竟是"不假思索地从其父亲那儿得到有关勤俭的思想",还是"她之所以勤俭,只是由于她周围的人都甚为勤俭",以及"她是否自由地、谨慎地选择勤俭"等过程性问题。② 显然,在价值澄清学派那里,对于价值观教学而言,学生从动机到抉择再到确立和相信某种价值观的具体过程,远比其最终究竟形成了怎样的价值观念更为重要。对此,拉思斯还做过一个形象的比喻,他说:"有些人在旅行时,往往对他们下榻的各个旅馆更感兴趣,而对沿途所获得的经验不甚关心,而另有一些人感兴趣的不是旅馆,而是沿途的路线。我们对价值的探讨更像后一群人。"③

---

① [美]列奥·施特劳斯著,彭刚译:《自然权利与历史》,生活·读书·新知三联书店2003年版,第46—50页。
② [美]路易斯·拉思斯著,谭松贤译:《价值与教学》,浙江教育出版社2003年版,第7页。
③ [美]路易斯·拉思斯著,谭松贤译:《价值与教学》,浙江教育出版社2003年版,第36页。

在教学实施过程中，由于缺乏具体而确切的学习内容，价值澄清学派并不主张开设专门的价值观教育课程，而是倾向于采取非正式场合谈话的方式，或者伴随着各科教学而开展活动，且教师所选内容均应源于学生的实际生活。在方法的运用上，价值澄清学派"反对道德说教，也反对教师在价值观教育中运用奖惩制度，对儿童进行价值诱导"，[1] 主张通过组织学生围绕现实问题进行小组讨论和自我分析，帮助他们不断澄清自己的思想，并找到其珍视的价值观念。而在教师的角色定位上，价值澄清学派认为教师所要做的主要包括"帮助学生检视正在讨论的问题中，各种可能的做法和结果"，"说明自省选择的价值标准，以及这种经过自选的价值标准，对个人生活影响的重要性"等。[2] 此外，在与学生的沟通中教师务必坚守价值中立的立场，不可直接或间接地暗示学生什么才是理想的价值选择，即便要表露自己的价值倾向，也要明确地告知学生这只是教师个人的选择，以免学生在盲目状态下接受这一观念。由是观之，可以将成功的价值澄清方法分解为以下四个要素：一是选择一个负载价值或道德的主题，这个主题既可以由学生来选择，也可以由教师来确定，如友谊、健康、毒品等就是价值澄清学派非常关心的价值主题；二是由教师详细介绍所选的主题，以帮助学生充分而全面地理解将要探讨的内容；三是教师务必保证参与者所发表的意见都能得到同等的尊重，为讨论营造一种和谐而安全的心理氛围；四是教师在活动过程中应当鼓励学生使用价值澄清的基本步骤，即自由选择、从多种可能选择中进行选择、审慎地选择、珍视与珍爱、依据选择行动和不断反复，以提升学生价值技能运用的熟练程度，从程序方面引导学生更好地展现自己的理性。

价值澄清学派以学生的个人生活为基点，以尊重学生在价值选择上的主体性为前提，以提升学生对价值问题的敏感度以及培养学生综合的价值评判能力为旨归，一改以往注重记诵、遵从的价值观教学样态，详细地回答了在各种价值难分伯仲的情况下，价值观教学应当如何帮助学生获得价值成长的

---

[1] 冯建军著：《差异与共生：多元文化下学生生活方式与价值观教育》，四川教育出版社 2010 年版，第 246 页。

[2] 黄建一著：《我国国民小学价值教学之研究》，复文图书出版社 1991 年版，第 92 页。

问题，可以说是一种充分反映了价值多元时代特征的教学尝试，在20世纪60年代可谓风靡一时，一度成为了当时价值观教学之主流。然而，正如杜威所指出的那样："一种标榜以自由观念为基础的教育哲学，也可能变成像它所曾反对的传统教育那样的武断，这种说法并不过分。任何理论和实践，如不以批判性地检验自身的根本原则为基础，那就是武断的。"① 因此，价值澄清学派对于价值相对理论贯彻的"彻底性"非但没有使其收到预期的效果，反而有些适得其反的意味。对此，有研究者曾表示，在一段时间后，"并没有证据证明价值澄清对学生的价值观有系统的、明显的影响，也没有证据证明它能影响人的自尊、自我概念、个人调节、人际关系和冒险行为等"，② 甚至还进一步加剧了列维-施特劳斯（Claude Levi-Strauss）所担忧的"现代性危机"，在这一危机下，人们"再也不知道他想要什么——他再也不相信自己能够知道什么是好的，什么是坏的；什么是对的，什么是错的"，③ 由此造成了更为严重的价值混乱与道德失落后果。

有鉴于此，到了20世纪70年代，研究者认为虽然价值澄清学派看到了多元文化时代个体价值判断的重要意义，但个体的理性并不是自其诞生之日起便纯然完美的，而是要经历一个逐步发展成熟的过程，如果无视这一点，那么无论怎样推崇个体理性在应对价值抉择中的意义，都无益于问题的解决。对此，柯尔伯格（Lawrence Kohlberg）从古希腊哲学家苏格拉底以来的理性主义哲学出发，认为尊重主体的价值选择，并不能推出价值相对的必然结果，就像"我们尊重作为一个个人的艾希曼（Eichmann）的权利，但不必因此将他们的价值观看作同自由和公正的价值具有同等的说服力。这在逻辑上不仅是不必要的，而且是不可能的"，④ 那种认为诉诸个体理性，就要完全抛弃普

---

① ［美］约翰·杜威著，姜文闵译：《我们怎样思维·经验与教育》，人民教育出版社1991年版，第252页。

② Lockwood, A. L.. The Effect of Value Clarification and Moral Development Curricula on School-age Subject: A Critical Review of Recent Research [J]. Review of Educational Research, 1978, 48 (3): 325—364.

③ 贺照田主编：《西方现代性的曲折与展开》，吉林人民出版社2002年版，第86页。

④ ［美］柯尔伯格著，魏贤超等译：《道德教育的哲学》，浙江教育出版社2000年版，第59页。

遍认识的观点显然是片面的。即使是在文化多元社会，价值领域也依然存有普遍性可言，人的理性只有在这一普遍性原则的指导下才能真正被看作是"理性的"。只不过在柯尔伯格看来，这种普遍性主要体现在原则层面，而非规则层面，此两者在日常生活中看似一致，但在哲学领域却是完全不同的概念，其中规则就是指特定情境下个体的行为准则，比如"不应通奸"就是人们在一夫一妻制这种特定情境下提出的行为要求，而原则则代表着绝对责任，是潜藏在各种具体准则背后的更为根本和上位的正当性依据，由于"它不受特定文化内容的限制，既超越、又包容了特定的社会法则，因此是普遍适用的"。① 所以，尽管柯尔伯格也倡导普遍性，但他关注的仅仅是那些我们期望所有人可以将其运用于所有情境中的选择方式，而不涉及对实质性内容的认可，这与传统"美德袋"教学中的价值清单是截然不同的。至于可以堪当终极指导的普遍性原则，柯尔伯格最终选定了"公正"，这一方面是源于罗尔斯新自由主义的启发，另一方面，将人类利益的原则或公正原则作为最基本的价值原则在那时也得到了众多哲学家的赞同。

在具体的实现过程上，柯尔伯格依据公正原则构建了个体道德认知发展的"三水平六阶段"模式，以有机体和环境的相互作用为出发点，试图将个体道德推理能力以及道德原则的普遍性与社会多元价值观念的具体性统一起来。② 首先，在教学目的方面，虽然我们确实无法在多元文化社会直接向学生传授某种特定的价值主张，但是可以换一个角度，将"教学的目的限定为一种开放讨论的过程，这种过程旨在刺激儿童在他的发展中朝向下一步前进"。③ 其次，在教学的内容方面，柯尔伯格作为一名纯粹的形式主义者，同价值澄清学派一样，他也反对开设专门的课程对学生进行道德以及价值观方面的教育或教学，不仅因为在当前我们无法找到一套令所有人都满意的观念体系，同时也是因为就以往"美德袋"教育的实践情况来看，学生似乎真的没有从

---

① ［美］柯尔伯格著，魏贤超等译：《道德教育的哲学》，浙江教育出版社2000年版，第4页。

② 冯建军：《差异与共生：多元文化下学生生活方式与价值观教育》，四川教育出版社2010年版，第249页。

③ ［美］柯尔伯格著，魏贤超等译：《道德教育的哲学》，浙江教育出版社2000年版，第88页。

中获得多少助益，因此，将促进学生道德发展和价值成长的任务整合到各个学科中去才是更好的选择。除此之外，柯尔伯格还特别强调教学的结构性，表示道德教育要遵循儿童心理发展的特点，按照由幼稚到成熟，由粗略到精细的顺序去安排学生的学习内容。再次，在教学的方法方面，道德认知发展阶段理论也特别强调讨论法的运用，但就具体的设计而言则与价值澄清学派有所别异。第一，从讨论的内容上看，柯尔伯格选用的大多为道德两难故事，这些故事既可以是真实的，也可以是虚构的，关键在于要包含令人进退两难、缺少完美处置方案的道德困境。第二，从讨论的目的上看，其最终目的是要促进学生道德认知能力向着更高一层的提升，而不是使其习得某种特定的价值观念或者某种价值探究流程。第三，从讨论的要点上看，一是要基于学生当前的道德发展水平，二是要通过提问唤起学生的价值冲突，三是要使学生切实参与到道德决策的过程中来。第四，从讨论的程序上看，可分为呈现价值或道德两难问题、陈述一个假设的见解、推理检验和反思个人的见解四个环节。这一方法由于同苏格拉底的"产婆术"非常类似，也被称为"新苏格拉底法"，只不过后者具备更为坚实的科学基础。最后，在教师方面，虽然柯尔伯格也表示，"为了教育，教师必须相信，某些道德价值是合理的，不管学生是否接受"，[①] 和价值澄清学派要求教师完全的价值中立形成了鲜明对比，但他同时也承认在多元文化背景下，传达一套确定无疑的价值体系总是困难和危险的，教师更为明智的做法还是努力推动学生的道德推理能力向着更高水平发展，逐步提升其道德认知的阶序，为此，他们应当去"了解儿童道德发展的阶段"，去分析"引起真正的道德冲突和对待问题情形上的意见不一"，并设法"向儿童揭示他自己所属阶段之上的那个阶段的道德思维方式"，[②] 以此来提升学生的理性认识能力。

可见，在一元文化向多元文化过渡的最初阶段，研究者们普遍认为既然

[①] Kohlberg, L. & Turiel, E. . Moral Development and Moral Education [M]. G. S. Lesser (Ed). Psychology and Education Practice. Glenview, IL: Scott, Foresman & Company, 1971: 420.

[②] [美] 柯尔伯格著，魏贤超等译：《道德教育的哲学》，浙江教育出版社2000年版，第44页。

无法再确切地告诉学生应当遵守何种价值观，或者说是谁的价值观，那么诉诸学生个体理性的抉择，将着眼点放在对其价值探索过程的关注以及价值理性能力的培养上显然更为明智。

二、重塑社会共识：致力于结果的价值观教学应对路径

着眼于过程的价值观教学推崇个体理性，通过尊重学生的理智选择，培养学生的理性判断能力来定位价值观教学的核心追求，为我们提供了一种应对多元文化挑战的思路，然而，由于这一思路过分强调个体价值成长的形式维度，而忽视了实质性价值观念对于学生发展的引领作用，因此，并不能很好地将学生导向一种积极而幸福的价值生活。英国道德哲学家彼特斯（Peters，R.S.）曾批评道："在道德教育的方法中有一种抽象的非现实的倾向，这种倾向只重视道德的理性形式的发展而认为它的内容无足轻重，并把它仅仅作为'美德袋'打发掉。"[1] 而多元文化的危机，并非个体理性缺失的结果，而是由于我们"扼杀了道德共识，剥夺了道德和伦理标准，使我们缺乏权威"，"缺乏共同期望的结果作为支撑和整体期待"。[2] 基于上述考虑，人们又开始从社会共识那里寻觅良方，一些研究者还提出了"整合的多元文化主义""一体化的多元文化主义"等理念，以便在社会主流价值观与多元文化主义之间寻求调和。[3] 此时，对于大多数研究者而言，应对多元挑战最为有效的方式当属重塑社会共识，即人们对社会基本价值的普遍性认识，以避免思想纷争、意义失落、道德失范等问题可能带来的社会分裂。

在这一背景下，确立并重构社会共识可以说成为了 20 世纪 80 年代起，价值观教育教学活动的主要任务。20 世纪 90 年代，英国学校课程评估局（SCAA）前主席泰德（Tate）发表了一篇名为《课程中的道德和精神层面》

---

[1] Peters, R.S.. Moral Development and Moral Learning [J]. Monist, 1974 (4): 541-567.

[2] 黄伟民著，殷鹏译：《社会学中的多元文化主义和民族多元主义——碎片化理论回顾与评述》，《广西民族大学学报（哲学社会科学版）》2015 年第 2 期。

[3] 胡玉萍：《西方多元文化主义价值困境及实践特征》，《中共中央党校学报》2018 年第 2 期。

的文章，明确表示道德真理是真实存在的，这些内容具有普遍适用性，构成了社会的核心价值观（Common Values），应该传授给儿童。所谓核心价值观就是指在社会价值体系中居于统治地位的那种观念体系，作为社会价值体系的"主心骨"，核心价值观"代表着社会观念体系的基本特征，体现着国家意志和社会价值系统的基本价值取向"，[1] 在核心价值观之外，还存在着各种一般性的价值观，所以说多元与核心之间并不是绝对对立的关系，那些认为社会是多元的，便不存在共同价值观的观点，显然是错误的。

致力于向年轻一代传递为社会所公认和共享的美德，以恢复社会良好秩序的"品格教育"成为了20世纪后期价值观教育教学领域中颇具影响力的路径探索。在具体的教学实践中，首先，由于肯定了实质性内容的重要意义，"品格教育"必然特别"强调直接或正面的价值影响，而不仅仅是通过隐秘课程的间接或潜在影响去实施道德教育"，[2] 因此，"品格教育"特别重视专门课程的设置问题，大多数开展"品格教育"的学校都会根据各自的特点和社会的普遍要求，确定一系列核心价值观，并作出相应的课程和教学规划，像波特兰教学区在20世纪80年代早期就制定了名为"道德年"的教育计划。在该计划中，学校会根据不同学段学生的经验水平，提出几种行为目的，再分别通过几节课的教学加以完成，教学时间则依据具体的教学材料而定，一般为15～30分钟不等。其次，在教学组织方面，"品格教育"认为不能只是单纯地说理，而是倾向于采用一种开放式的、呼应式的教学模式,[3] 尤其注重故事讲授这一教学方法的运用，表示"不论是读故事还是讲故事，都是世界上最伟大的道德教育家们乐于采用的手段之一。这种手段可以吸引学生而不是强迫学生，是诱导而不是欺骗，抓住学生的想象并触动其心灵"。[4] 除此之外，

---

[1] 张峰著：《社会主义核心价值观与大学生价值观教育》，湖北人民出版社2015年版，第37页。

[2] Alan L. Lockwood. What is Character Education? [J]. Teachers College Record：The Voice of Scholarship in Education，1997，98（6）：179.

[3] [美]托马斯·里克纳著，刘冰、董晓航、邓海平译：《美式课堂：品质教育学校方略》，海南出版社2001年版，第77页。

[4] [美]托马斯·里克纳著，刘冰、董晓航、邓海平译：《美式课堂：品质教育学校方略》，海南出版社2001年版，第74页。

为了更好地实现教学目标,"品格教育"还要求将合作学习、班会讨论、解决冲突训练、社会服务学习、道德反省糅合成一种"综合的方法"。① 可见,与价值澄清和道德认知的主张不同,"品格教育"并不排斥合理的"灌输",在他们看来,只有那些强制学生不假思索便全盘接受的做法才是我们在价值观教学中应当予以彻底反对的。最后,在师生关系方面,"品格教育"主张教师应当从"促进者"的角色定位向"教育者"的权威地位回归。具体而言,教师一方面应坚持对学生价值观念的恰当引导,并充分发挥自身言传身教的榜样作用,另一方面,还要对学生投注特别的关心和理解,毕竟与知识或者技能教学相比,价值观教学更需要师生间和谐人际关系的支持。除此之外,"品格教育"的倡导者还特别强调与年轻人价值生活有关的团体和机构进行密切配合,认为家庭、学校和社会构成了个体价值成长的整合性背景,需要共同承担责任,这也是对因各途径价值影响相抵牾而致使多元文化社会价值观教学效果欠佳的一种回应。

需要指出的是,20世纪八九十年代盛行的"品格教育"并非传统品格教育,或者说是"美德袋"教育模式的卷土重来,而是一种批判性的继承与改造。一方面新的品格教育割断了其与宗教的联结,摆脱了宗教的极端保守性与排他性,在道德价值的传递方面表现出了一定的变通性。它承认传统道德价值并非恒定不变的,如果这种变化能够适应社会发展的需要,且新的价值是在原有价值观念基础之上演变而来的,那么,这种变化就是可以接受的,所以它并不像"美德袋"教育模式那样的绝对。另一方面,从教学过程的设计上看,品格教育"吸收了现代道德教育许多积极的合理因素,更注重学生的参与与行为的养成,以及内容选择的生活化",② 而不仅仅是简单的劝服与惩戒。当然,不得不承认的是,尽管品格教育的倡导者明确提出要辩证地看待"灌输"问题,表示剥夺了学生思考权利的强制要求才是需要反对的,而合理的说服和引导不仅可行,而且必要,同时还主张在科学灌输的基础上,

---

① Thomas Lickona. Education for Character—How Our Schools Can Teach Respect and Responsibility [M]. Bantam Books,1992:231.

② 于洪波著:《西方道德教育思想史比较研究》,山东人民出版社2013年版,第245-246页。

更多地运用由多种方式糅合而成的"综合的方法"。但是"强制灌输"与"科学灌输"之间的暧昧关系，使得品格教育仍然没有逃脱"灌输"的责难。在对品格教育的诸多批判之中，阿尔菲·科恩（Alfie Kohn）的发声算是比较尖锐的，他认为品格教育在人性假设上就存在严重的偏差，甚至将其视为基督教"原罪说"的复演。他指出："教导意味着对他人自身信仰的不尊重，意味着否定他人具有选择哪些价值可被自己接受而哪些价值必须被拒绝的能力。然而尊重这一概念是经常被放在品格教育的中心地位来关注的，因此对教导的职责对于品格教育来说是非常严肃的。"[1]

在此之后，加拿大研究者克里夫·贝克提出的价值教育理论也非常注重实质性价值观念的教授在文化多元社会中的重要意义。为了进一步证明重塑社会共识的合理性，克里夫·贝克对社会价值系统进行了详细的区分与说明，以此来破除价值相对论的迷雾。在其看来，多元文化社会的各种价值可以归结为基础价值、精神价值、道德价值、社会和政治价值、中介价值和具体价值六大类型，[2] 其中基础价值，如生存、自尊、同情、自由等是基于人类共同体而形成的价值观念，也是为全体人类所切实追求的价值观念，而道德价值，以及社会和政治价值作为社会得以存在的基础，当然也是社会公民应当坚守的价值准则。这些内容显然都不仅关乎自身，更是社会化的产物，可以也应当通过教学的方式教给青年一代，只不过不能再采取以往"自上而下"凌驾于人的做法，而是需要设法通过对话让学习者在不断的叩问与反思中找到生活的准绳。由此，贝克特别注重"对话法"的使用，并著书专门对其加以论述。他认为只要创造一种合适的课堂气氛，让学生能够自由发表意见，并声明虽然教师在价值问题上必然持有自己的观点，但同样可以修改，就能在一定程度上将价值观教学内容的传授与主体能力的提升统一起来。此外，贝克还特别提倡价值探究，认为价值是开放的，而不是封闭的，即使是那些基本价值也是处在不断变化之中的，我们根本无法一劳永逸地解决这些问题，必

---

[1] Alfie Kohn. How Not to Teach Values: A Critical Look at Character Education [J]. The Phi Delta Kappan, 1997（6）: 428—439.
[2] ［加］克里夫·贝克著，詹万生等译：《学会过美好生活——人的价值世界》，中央编译出版社1997年版，第6页。

须要由师生结合具体的情境对其加以分析。

20世纪80年代以来的上述探索表明,鉴于多元并存所引起的价值混乱、信仰失落等弊端日益严重,研究者们更加清醒地认识到,仅仅诉诸个体理性,期望个体能够依靠自身的判断力来妥善解决各种价值困境的思路规划,带有浓重的浪漫主义色彩,并不能从现实上解决多元文化时代中的种种危机。我们说多元文化确实丰富了人们的选择,在自由民主的社会风尚下,个体也的确有权利在这些价值中选择适合自己的立场与观念,但这并不意味着我们就要彻底放弃对于合理价值传统和积极价值主张的坚持。尤其是对于价值观教学这种以学生价值成长为旨归的社会实践活动而言,只有通过塑造社会共识,为学生的价值选择提供实质性指导,帮助其找到立于纷杂文化中的精神支柱,才能真正为学生应对多元文化时代的诸多挑战提供强有力的支持。

三、理性共识的凸显:源于价值观教学应对路径的反思

通过对多元文化时代西方价值观教育教学发展轨迹的追溯,可以发现无论是诉之于个体理性的过程取向,还是寄托于社会共识的结果取向,都无法妥善解决价值观教学以及学生价值成长面临的难题。首先,从崇尚个体理性的应对路径来看,我们当然要承认理性对于个体在多元文化时代生存的极端重要性,并肯定其在价值观教学整体发展中起到的转向性作用。上文已经提到,进入多元文化社会之后,原有的一元价值体系已经丧失了主导性,各种价值都有权谋得自己的一席之地,价值冲突早已演变为社会常态。在这样的情况下,学校显然无法再依据确定性秩序对学生进行价值教化,学生也更加需要拥有应对复杂价值问题的理性抉择能力,以便在日常纷乱的价值冲突之中独立自主地寻求合理、和谐的解决方案。对于价值理性在多元选择中的作用,斯宾诺莎(Spinoza)曾有过这样一段论述:

> 依照理性的指导,为了一个较大的善起见,我们宁愿择取较小的恶,如果一个较小的善可以成为较大之恶的原因,则我们亦宁愿放弃比较小之善。因为此处所谓较小之恶,实际上是善,反之此处所谓较小之善,

实际上是恶。

依照理性的指导,我们宁愿追求将来的较大之善而不择取现在的较小之善;宁愿择取现在的较小之恶,而不追求将来的较大之恶。

依照理性的指导,我们将追求足以成为将来的较大之善的原因的现在较小之恶,我们将放弃足以成为将来的较大之恶的现在的较小之善。①

可见,虽说培养学生的理性精神和理性能力一直以来都是教育教学活动不可推卸的重要责任,但对于多元文化时代的价值观教学而言,这一任务无疑应当被置于更为突出的位置。对此,有研究者曾敏锐地指出:"在这个时代,价值教育仅仅告诉青少年学生什么是正确的、什么是错误的,已经远远不够了,必须将培育和提升青少年学生的价值理性作为主要的目标加以追求。当青少年学生从小形成了比较良好的价值理性时,我们就不用担心他们会受到各种错误价值思潮的影响而缺乏正确的判断能力和选择能力。"②

不过,上面所描绘的主要还是理性的理想状态,就价值澄清学派,以及道德认知发展教育模式的探索情况而言,对于个体理性的推崇并没有使学生的理性判断能力真正获得全面的提升,与合理的善恶择取相比,学生似乎更倾向于狭隘的利弊权衡,这也使更多的青少年学生成为了多元文化时代中"飘摇的菁草"和"道德的空心人"。毋庸讳言的是,每个人都有自己的私欲,都有趋利避害、好逸恶劳的原始倾向,因此,在真实的生活当中,人并不会因为个体理性而自觉变得高尚,那种认为"人们自身有足够正派、善良和仁慈,能够直觉地理解正确和错误、公平与公正,有识别自身深奥情感的人格力量,能够对不同的选择进行检验,直至最后做出好的且负责任的选择"这一想法,③本身就是一种浪漫的幻想。换言之,将个体的"自由意志"视作价值选择的唯一标准,必然会滑入虚无的深渊。

其次,从重塑社会共识的路径来看,回到传统,为学生提供实质性的精

---

① [荷]斯宾诺莎著,贺麟译:《伦理学》,商务印书馆1990年版,第221页。
② 石中英:《价值教育的时代使命》,《中国民族教育》2009年第1期。
③ 辛志勇、金盛华:《论心理学视野中的价值观教育》,《教育理论与实践》2002年第4期。

神寄托,是教育教学活动文化保存功能的集中显现,也是社会群体延续的必然之举。但是过分关注社会共识的结果,又为"灌输"提供了可能的生存空间,而在现代西方的教育教学领域,"灌输"无疑是一个最令人反感的词汇。实际上,"灌输"本身是个非常复杂的概念,有着"强制灌输"与"科学灌输"的区别,其中前者指的是无视学生的经验基础、理解能力和兴趣导向,只关心学生是否记住了教师所授价值规则与道德条目的狭隘做法,后者则意味着在强调特定内容传授以及教师权威地位的同时,也要充分尊重学生的主体性。因此,为了避免概念混淆而引起的不必要麻烦,我们在这里为灌输打上引号,以表明特指"强制灌输"之义。而品格教育之所以备受指摘,在很大程度上也就是因为没有处理好"灌输"与"教导"之间的关系。关于这一点,美国著名道德哲学家弗兰克纳(W. K. Frankena)就曾明确表示品格教育的实践偏差暗示了人们目前对于"'所期望'行为模式的认识是全面的、不可更改的;道德教育的内容(以及道德本身的内容)是由诸如诚实、贞洁等这些相对固定和具体的规则和美德组成的,而这些规则和美德是借助于使用管束、制裁以及其他非理性方法来教授的",是通过"灌输"的路径实现的。①由此看来,重塑社会共识这一应对路径最大的问题其实并不在于意图告诉学生经过历史沉淀下来的伟大传统,或者经由实践检验而成的正向观念,而在于其舍弃了对理性的尊重与成全,仅仅关注了价值传达的表层有效性。而当社会共识没有了理性的规约,便会回到"一元霸权"的状态,表现出对理性的压制与戕害,沦为人们批驳与规避的对象。

然而可喜的是,尽管价值观教学的发展历程就像"钟摆"一般,总是喜欢从一种极端摆向另一种极端,但在来回摆动的过程中,它必然不能再回到最初的原始位置,这就产生了一种折中的可能,这种转向在克里夫·贝克所倡导的价值观教学实践中可以说是已经表现得非常明显了。在其看来:"我们必须反对价值教育中纯粹的'过程'或'技能'的方法,为了成功地对价值进行反省,学生必须通过与他人的反省对话获得在一定意义上是合理的价值观点。即使教授反省的技巧,学校也必须提供一种环境使学生能够通过反省建立一套合理的价值观,以便对校外的价值问题进行反省。学校必须既教技

---

① 转引自戚万学著:《活动道德教育论》,南开大学出版社1994年版,第14页。

第二章　多元文化时代价值观教学的境遇转变与应对路径

能又教内容。"① 这就意味着共享的价值观念必须要经由学生的理性，通过对话与反省的方式才能成为合理的共识，成为富有现实指导力的共识。哈贝马斯对于整个社会理想共识状态的期待，在价值观教学方面也同样适用，即"共识必须从一种由传统确定的共识转变为一种通过交往或商谈而获得的共识"，② 这一点已经得到了越来越多教育研究者与教育实践者的认可。像我国在进入21世纪之后，就特别注重价值观教学过程中的对话与商谈活动，旨在通过师生以及生生之间的交流与回应，将单向的价值传递过程，变为价值传递与自主建构的双向互动过程，进而引导学生建立起符合社会共同利益，以及个人成长需求的价值共识。一些研究者还创设了相应的对话教学模式，如"1+1教学模式"，即在2个小节的教学安排里，其中1节以学生间对话为主，另外一节则以师生间对话为主，其目的就在于通过将学生的做与思，与教师和学生的导与评结合起来，"建构集知识、思想、价值为一体的属于师生共同认可共建的三观"。③

而从另一端上看，那些曾经对实质性共享价值观念嗤之以鼻的研究者，在后期也表现出了对于"共识"的追求。比如，原价值澄清学派的倡导人柯申鲍姆为了尽量减少价值相对主义的潜在威胁，就主张在拉思斯等人提出的模型基础上最后再添加一个"交流"环节，以便增进主体间的价值共识。与之类似，在经历了一系列实践和反思之后，柯尔伯格也表示，"我现在相信，只要明确意识到教师和学生共享权利，教师的主张是民主的，或学生参与制定规则和确定价值观的过程，那么道德教育能以不违背儿童权利的'主张'或'灌输'进行"，④ 就可以构建一些实质性的价值观念。可见，无论是从理论进展，还是从实践发展来看，由单纯的崇尚个体理性，或简单的重塑社会

---

① Beck, C. et al. The Moral Education Project [M]. Toronto: Ontario Ministry of Education, 1976: 3.

② [德]哈贝马斯著，曹卫东译:《交往行为理论：行为合理性与社会合理化》，上海人民出版社2004年版，第144页。

③ 高良坚:《论高校思政课1+1对话式课堂建构的理论逻辑与实践创新》，《思想政治教育研究》2017年第1期。

④ Kohlberg, L.. Moral Education Reappraised [J]. The Humanist, 1978 (38): 1—20.

共识，走向二者的有机融合都已经成为了当前价值观教学发展不可逆转的趋势。而作为两条应对路径融合的产物，"理性共识"一方面解释了个体理性的归宿，另一方面则规定了社会共识的性质，为价值观教学在多元文化时代的发展指明了方向。不过，对于多元文化时代价值观教学探索经验的梳理与分析更多只能帮我们明确其应有的价值定位，至于理性共识的具体涵义、特定表现，以及对于学生价值成长、社会和谐稳定及其自身持续发展的意义尚需要结合相关的教育教学，以及哲学、社会学研究进展，进行更为详细的探讨。

第三章 理性共识：多元文化时代价值观教学的理想追求

将"理性共识"作为价值观教学在多元文化时代下的理想追求，不单是价值观教学历史发展的趋势使然，同样也有着深刻的理论依据。本章从理性共识的概念出发，基于理性理解的演变历程以及共识研究的当代进展，结合价值观教学自身的特点与功能，一方面，对价值观教学中的理性共识内涵进行详细说明，另一方面，则通过与价值观教学中其他共识状态的对比，进一步突出理性共识的特点与优势。同时在价值层面和事实层面上，具体阐释将理性共识作为价值观教学时代追求的合理性，由此明确多元文化时代价值观教学发展的价值定位，并为其实践路径的建构指明方向。

第一节　价值观教学中理性共识概念的确立与辨析

如何超越主体间的多元差异，避免极端的价值冲突，构建为主体所自愿接受的公共原则，早已成为多元文化时代的重要议题。就当代共识思想的演进情况而言，"理性"与"共识"之间的关联可谓日渐明朗，罗尔斯、哈贝马斯等人更是直接提出了"理性共识"的说法，反映出了研究者对于多元文化时代共识特点的理解与期待。而这些理论主张也在事实上影响着价值观教学的探索方向，像柯尔伯格的道德认知发展模式就是受到了罗尔斯的启发，当代价值观教学对于对话方式的强调也与哈贝马斯的理性商谈关联密切。然而遗憾的是，不论是在政治哲学领域，还是在教育教学领域，均缺少对于这一概念的系统阐释，大多直接以社会共识或者价值共识等概念笼统称之。理性共识最终当然会表现为一种共同认识，但在不同历史阶段，以及不同理论学派中，人们对于共识的看法却存在或多或少的差异，如果不对其加以规定，难免会造成一些概念上的混淆和理解上的错乱，而这也是本研究特别强调要以理性规约共识，着力突出多元文化时代共识特性的原因所在。

一、价值观教学中理性共识概念的分化考察

"理性共识"由"理性"与"共识"两个关键概念构成，对于此二者的理解直接关系着"理性共识"概念的构建。为此，需要对"理性"概念的演变历程，以及"共识"思想的当代进展进行富有针对性的梳理与分析，以进一步厘清"理性"与"共识"概念的基本内涵及其相互关联，从而为理性共识的释义作出必要铺垫。

（一）理性共识中的"理性"追溯

"理性"作为"理性共识"的修饰词，决定着这一概念的基本定位，对于"理性共识"的概念探讨不得不由"理性"起始。在西方哲学的发展历程中，理性一直占据着举足轻重的地位，甚至还有研究者表示，一部西方哲学史实际上也就是"以理性主义占主导地位而不断演变发展的历史"。① 这既表明了理性的重要性，也增加了我们的理解难度。从词源上追溯，"理性"最初源自古希腊时期的"逻各斯"，意指"一个有智慧的本原、一个心灵或努斯、一个使世界有序的精神"。② 由这一基本意涵出发，古希腊哲学家主要在本体论层面对理性概念进行了细致阐发。苏格拉底的著名论断"知识即美德"就集中体现了其对理性的认识，在其眼中，理性与德性之间是一种同一性关系，理性终将表现为德性，德性也务必发自于理性，理性的安排总是充溢着善好的考虑，所以只要一个人拥有了理智，他便可以基于此作出合乎道德的行动，便是有德性的。作为苏格拉底的学生，柏拉图（Plato）也认为"至善不是快乐，至善是一种理性生活"，③ 并在此基础上进一步提出了完整的"理念论"。他在《理想国》一书中，将人的灵魂分成了理性、欲望和激情三个部分，其中，理性凝结着智慧，力求为整个心灵的利益而谋划，因此，在人的整个灵魂中起领导作用，而欲望和激情只有置于理性之下才能更好地展现自身的意义。④ 亚里士多德（Aristotle）沿着柏拉图的思路，表示应将理性定位于人区别于动物的本质属性，明确提出了"人是理性的动物"这一主张，这就是说，理性不仅表现为具有内在性的世界本体，同时也表现为人的一种能力。而这种能力可以依据其作用对象的不同，分为两个部分，一是知识的，意指对"其本原'不容许是别样的'（do not admit of being other wise）事物的沉思"，另一是计算的，偏向对"'容许是别样的'（admit of being other wise）事物

---

① 欧阳康：《合理性与当代人文社会科学》，《中国社会科学》2001 年第 4 期。
② ［美］梯利著，葛力译：《西方哲学史》，商务印书馆 1995 年版，第 33 页。
③ ［古希腊］柏拉图著，王晓朝译：《柏拉图全集》（第三卷），人民出版社 2003 年版，第 188 页。
④ ［古希腊］柏拉图著，郭斌和、张竹明译：《理想国》，商务印书馆 1986 年版，第 165—169 页。

的思考，而这些事物实际上包括被制作的事物和被实践的事物"，"前者获得的'真'是知识，后者获得的'真'是意见"，①与之相对，亚里士多德也就得出了两种理智德性，即智慧与明智。亚里士多德对于理性运用活动的这一类型划分，既是对理性认识精细化的体现，也不可避免地导致了日后理性的分裂式理解。从总体上看，古希腊时期的理性主要表现为一种整体理性，其存在的目的就在于通过对世界本原和始基的探索，确立一种善好的生活秩序，真即是善，理性即是德性。

亚里士多德之后，理性没有再沿着古希腊先哲设定的轨迹发展，而是逐渐与人分离，成为了外在于人的神权理性、宗教理性，在西方中世纪时期，理性的这一异化可以说是达到了无以复加的地步。有研究者对此作了如下描述："中世纪，理性精神消融在宗教神学的上帝之城，宇宙理性和人本理性变异为宗教理性，在祷告中寻求精神慰藉，在憧憬中等待来世。"②宗教理性的大肆盛行并没有造就什么崇高的信仰，反而成为了人类异己的力量，极大地压抑着人的自由本性。在此背景下，一场以弘扬人之理性为宗旨的启蒙运动蓄势待发。勒内·笛卡尔（Rene Descartes）作为欧陆"理性主义"的先驱，认为理性并非上帝的专属特权，而是人与生俱来的天赋能力，且在每个人身上都是完整的，是一种平等的恩赐；在现实生活中，人之理性的表现差异，实非多寡所致，乃是因其理性运用的途径和考察事物的类型不同而成。笛卡尔将理性归结为主体意识，极大地冲击了中世纪盛行的宗教理性，重新确立了理性在现实生活，尤其是知识领域中的权威地位。针对笛卡尔的天赋理性观，弗朗西斯·培根（Francis Bacon）则认为理性虽然是属人的，但却并非人与生俱来的天赋能力，而是需要通过后天的经验学习才可获致，并提出了"知识就是力量"的哲学命题，更多地将理性置于科学的领域之中，改变了古希腊时期理性即德性的人文传统。在这一时期，理性内部出现了较为明显的分裂，基于唯理论的天赋理性，与基于经验论的经验理性二者纷争不断，此消彼长。为了破解二者对立冲突的尴尬局面，"康德开始了他的理性批判，构

---

① 江威：《论亚里士多德实践理智的实现及其根基》，《中南大学学报（社会科学版）》2019年第6期。
② 李亚玲：《哈贝马斯对理性的批判与重构》，西北大学硕士学位论文，2018年。

建了纯粹理性的体系"。① 与笛卡尔和培根一样，康德（Immanuel Kant）提出三大批判的目的也是为了将人的理性从神性的压抑中彻底解放出来，不同的是，康德对于理性本身的限度进行了区分。在其看来，"如果我们的理性试图要以经验的、科学的、功利的方式去认识或考量信仰领域价值共识的存在就会犯下理性的致命错误，即陷入'二律背反'的悖论陷阱"。② 为了避免这一问题，他从理性的关涉对象入手，将纯粹理性分为了理论理性与实践理性两大方面，表示"人类理性的立法（哲学）有两个对象，即自然和自由"，③ 为自然立法的即为理论理性，体现的是客观事实与科学规律，为自由立法的则为实践理性，体现的是主体欲求与道德律令。此二者共同构成了人之心灵的认识能力，缺一不可，但从价值排序上看，实践理性应当处于更为优先的地位。按照康德的理解，一切兴趣最终都可归为实践，理论理性只有在实践理性之中才是完整的，而明晰二者这一从属关系，便可有效避免理性与自身的矛盾冲突。④ 可见，与古希腊早期哲学的本体论视角不同，近代哲学对于理性的分析主要是从认识论出发的，更多是将理性视为一种主体意识与能力，将主体从外在的控制中解放出来，使其不再卑微地臣服于既定的神圣秩序。与理性本身是什么相比，此时的研究者更加关心人是如何获得知识，如何运用理性等问题，这对于主体理性的实现无疑富有积极意义，但其认识论哲学立场，却使其对于理性的解释表现出了明显的主客二分特点，在某种程度上招致了西方现代资本主义社会理性的偏狭化问题。

启蒙运动时期可以说是理性发展最为辉煌的阶段，人们希望借助自身的理性来重建社会的良好秩序，打造属于自己的幸福生活，在启蒙运动的倡导者看来，"勇于使用你的理性"（have courage to use your reason）就是解决一切问题的终极良方。理性取代神性，在人类思想解放史上无疑具有里程碑式的进步意义，但是在笛卡尔和培根等启蒙学者的影响下，以及现代科学技术

---

① 高明英：《论证与可接受性》，河北工业大学硕士学位论文，2017年。
② 王志红著：《差异性社会共识理论研究》，社会科学文献出版社2016年版，第100页。
③ ［德］康德著，邓晓芒译：《纯粹理性批判》，人民出版社2004年版，第634页。
④ ［德］康德著，邓晓芒译：《纯粹理性批判》，人民出版社2004年版，第166－167页。

的强势攻陷下,理性已经演变成了"从属于实证科学的简单直接和纯粹抽象"的思想机器,[①]丧失了探寻人生意义和道德价值的原始动力。人们对于理性的这种片面夸大,最终使其走向了"理性主义",或者也可以说是"主体中心主义"的极端,"理性"由此成为了控制人的新宗教,与其相伴的现代性危机随之汹涌而至。对于这一情况,当代哲学家弗罗姆(Fromm, E.)曾有过精妙的概括,他说:"19世纪的问题是上帝死了,20世纪的问题是人死了。"[②]为了破解这一危机,韦伯对启蒙运动孕育的理性精神进行了系统批判,他首先将哲学上的"理性"(Reason)概念改造为社会学的"合理性"(Rationality)概念,然后作出了工具(合)理性与价值(合)理性的区分。其中工具(合)理性表示以"目的、手段和相应的结果作为行动(行为)的取向,并将其与各种可能的目的进行比较,从而作出合乎理性的权衡";价值(合)理性则意味着"通过有意识地对一个特定的举止的——伦理的、美学的、宗教的或作任何其他解释的——无条件的固有价值的纯粹信仰,不管是否取得成就"。[③]在韦伯看来,资本主义的现代性危机与其说是理性泛滥的结果,倒不如说是理性误用的结果,即将"工具理性"视为"理性"的全部内涵。我们当然需要对理性进行反思,但绝不能因此就放弃对于理性的追慕,倘使我们能将工具理性置于价值理性的规约之下,那么我们便"可以逐渐由外在的功利追求进而返观自身的存在意义,而'人是目的'这一庄严命题亦将由此重新得到肯定"。[④]总而言之,韦伯并没有一味地指责理性对于人之目的性生存的遮蔽,而是认为应当回到"理性"本身去寻求可能的解决方案,并正式拉开了"理性重建"的序幕。

透过韦伯对于工具理性的批判,哈贝马斯不只看到了理性分裂的现实,更发现了理性统一的契机,就其理解,"理性在本质上是体现在交往行动的情

[①] 李亚玲:《哈贝马斯对理性的批判与重构》,西北大学硕士学位论文,2018年。
[②] [美]弗罗姆著,欧阳谦译:《健全的社会》,中国文联出版公司1988年版,第370页。
[③] [德]马克斯·韦伯著,林荣远译:《经济与社会》(上),商务印书馆1997年版,第56页。
[④] 杨国荣著:《理性与价值——智慧的历程》,上海三联书店1998年版,第51页。

境中和生活世界的结构中的"，① 因此，若想获得真实而全面的理性概念，就必须由意识哲学范式（即近代理性研究所坚持的认识论哲学范式）向语言哲学范式转换，将"认知—工具理性放到更加具有包容性的交往理性当中"，② 以一种相互理解和承认的主体间性代替自我独白和孤立的主体性。基于上述设想，哈贝马斯提出了交往理性的概念，根据他的论述，这一概念"最终可以还原为论证话语在不受强制的前提下达成共识这样一种核心经验，其中，不同的参与者克服掉了他们最初的那些纯粹主观的观念，同时，为了共同的合理信念而确立起了客观世界的同一性及其生活语境的主体间性"。③ 借助交往理性，哈贝马斯一方面跳出了理性释义片面化的窠臼，解决了工具理性与价值理性对立的难题，另一方面也实现了对实践理性的重构，打破了实践理性必然同行为目的直接关联的局限。此外，还有一点值得注意的是，在其建构的交往理性范畴中，理性与共识之间的关联性与制约性也清晰地显现出来。通过以上梳理可以发现，现代的理性释义主要是围绕着捍卫理性、重建理性这一任务进行的，不论是韦伯有关工具理性与价值理性的分立理解，还是哈贝马斯交往理性在构建统一性上付出的努力，都是为了破解因工具理性膨胀而引发的现代性危机与理性自身存在的合理性危机，而哈贝马斯建立的"交往理性"概念，无疑具有较强的包容性，能够促成理性范畴内的共融与平衡，"开创了沟通交往的理性新纪元，终结了非此即彼的片面理性模式"，④ 在当今世界得到了广泛的认可和普遍的运用。

（二）理性共识中的"共识"进展

共识就其最基本的意义而言，即"在一定的时代，生活在一定的地理环

---

① Habermas，J.. The Philosophical Discourse of Modernity [M]. Cambridge：Polity Press，1987：322.
② ［德］哈贝马斯著，曹卫东译：《交往行为理论：行为合理性与社会合理化》，上海人民出版社2004年版，第373页。
③ ［德］哈贝马斯著，曹卫东译：《交往行为理论：行为合理性与社会合理化》，上海人民出版社2004年版，第10页。
④ 李亚玲：《哈贝马斯对理性的批判与重构》，西北大学硕士学位论文，2018年。

境中的个人所共享的一系列信念、价值观念和规范"。① 自人类社会诞生以来，如何建构共识，以更好地实现共同生存，便成了任何一个时代都无法回避的现实问题。像西方古希腊时期基于民众的政治参与而制定的城邦法律，欧洲中世纪时期基于上帝的绝对权威而确立的宗教律法，以及近代启蒙运动时期达成的契约公意都是共识的典型历史形态。不过由于当时的社会结构具有较强的"同质性"或者说是"未分化性"，共识也就有着天然的合法性，人们并不会将寻求共识作为一个棘手的问题加以考虑。关于这一点，曾有研究者在谈到"道德共识"困境时指出："'道德共识'的难题，是社会结构从传统向现代变迁过程中的产物；所谓'道德共识'困境，完全是一个典型的'现代现象'。"② 很显然，在多元文化时代我们不仅要清楚共识包含哪些内容，更为重要的是还要思考究竟应不应该要共识，共识是怎样产生的等前提性问题。那么在多元文化时代应当如何理解和建构共识呢？当代的思想家们为我们提供了不同的思考路向。对于这些思路的考察和分析，可以帮助我们更为清楚地了解当代共识理解的真实分歧，并从中找到多元文化时代共识的关键特征。

罗尔斯从其政治自由主义的立场出发，指出"在多元背景下，社会的全体成员不可能接受同一种学说，诸如阿奎那的基督教义、霍布斯的自由主义、密尔的功利主义、康德的道德形而上学等统合完备性学说"，当然也包括他自己提出的道德建构主义，都无法得到全体社会成员的一致认同。③ 因此，必须要确定一种超越了诸种完备性学说的"重叠共识"。所谓"重叠共识"从字面上看就是相异事物间重合一致的部分，在罗尔斯这里则意味着各种合乎理性的完备性学说从自己的观点出发所能共同认可的观念，实际上也就是代表着普遍理性的正义原则。不难发现，与一元时代所倡导的共识之最大不同就在于，罗尔斯的"重叠共识"并不否定诸种完备性学说自身的合理性，而是努力去寻找这些学说的相容之处，这就表明，前提的分歧并不影响结论的一致，"重叠共识"不仅允许合理分歧的存在，而且还将其作为自身形成的出发点。

---

① ［英］戴维·米勒、韦农·波格丹诺著，邓正来译：《布莱克维尔政治学百科全书》，中国政法大学出版社2002年版，第166页。
② 贺来：《"道德共识"与现代社会的命运》，《哲学研究》2001年第5期。
③ 韩桥生著：《道德价值共识论》，人民出版社2015年版，第18页。

就解释力而言,"重叠共识"代表的更多是和谐社会生活的最小条件,可以看作是一种最低限度的共识。至于"重叠共识"的达成,罗尔斯认为这是一个"由'浅'入'深'、由'下'而'上'、先'急'后'缓'的过程,亦即由最基本最紧迫的特殊要求到较高、较普遍的要求这样一个过程",[①] 要循序渐进地分阶段进行。一般而言,可以将这一过程划分为两个主要阶段:一是宪法共识阶段,在这一阶段,人们因相对偶然的契机,接触并接受了某些自由主义的正义原则,遂将其纳入社会的根本制度——宪法之中,使其成为了一种临时性约定;接着,当人们在运用这些原则的过程中慢慢发现其对个人以及整个社会带来的普遍利益时,便会主动将其纳入自身的完备性学说当中,使其真正成为一种具有道德稳定性的指导原则,由此完成了重叠共识阶段的建构任务。而在这一过程中,个体深思熟虑的理性判断,以及对约定条件的往复对照,则发挥着至关重要的作用。

与罗尔斯相比,哈贝马斯对于共识问题有着更为充分的论述,他抛弃了罗尔斯设定的理想条件,将关注点放在了现实条件下一致意见的达成情况,突出了交往维度在共识构建中的决定性作用。在哈贝马斯眼中,共识的达成不应仅关注理论层面上诸种完备性学说之间的关系,也不可能将参与者均置于"无知之幕"的背后,而是需要从主体所处的真实生活情境出发,保留凝结在其身上的"知识""偏见"和"信息"等内容,通过主体间的交往,借助基于交往理性的对话与商谈,进而实现差异的转化。这就将差异与共识的关系从一个简单的数学问题转化成了一个复杂的社会交往问题。[②] 那么怎样的对话与商谈才是合乎交往理性的呢?综合来看,其至少应当满足以下四个要求。一是任何具有言说能力和行为能力的主体都可以参与到商谈之中,并享有同等的权利。他们可以随时提出自己的意见以及想要探讨的问题,也可以对其他人的观点予以评价和质询。二是参与商谈的主体需要遵循真实性、正当性和真诚性的言语规则,以确保商谈的效度。其中"真实性意味着相关意见与实然或真实状况具有一致性,正当性表明这种意见合乎一定社会时期普遍接

[①] [美]约翰·罗尔斯著,万俊人等译:《政治自由主义》,译林出版社2000年版,第589页。

[②] 张康之著:《共同体的进化》,中国社会科学出版社2012年版,第378页。

受的规范,真诚性以如实地表达自己的观念、意愿为指向"。① 三是商谈过程中产生的任何意见和问题都应当得到同等的重视和严肃的对待,讨论方面没有严格的时间和次数限定,何时终止需要依据共识达成的具体情况而定。四是在交往与商谈的过程中务必排除一切强制,除了具有说服力的理由之外,任何其他力量不得左右商谈的进程与结果,商谈的目的纯粹是为了寻求真理,建立理解。此外,哈贝马斯还对商谈过程中的具体论证方式进行了分析,认为可以将其归纳为单向说服的过程论证、互动循环的程序论证和基于论据的结果论证三种类型,同时他还表示仅仅停留在此三者的任何一种层面上,都不足以揭示出论证言说的内在理念,② 应当综合运用这些方式,以便更好地促成理性推动下的共识结果。

　　基于对罗尔斯、哈贝马斯等自由主义主张的批判,阿拉斯戴尔·麦金太尔(Alasdair MacIntyre)、迈克尔·沃尔泽(Michael Walzer)、迈克尔·J. 桑德尔(Michael J. Sandel),以及查尔斯·泰勒等人基于社群主义的立场提出了自己的共识观。在社群主义者看来,并不是所有人都有足够的理性完成自我选择,若想解决多元时代的共识困境,就需要复归古希腊时期的德性传统,在社群之中建立起"共同的善"。这里的社群,或者说是共同体,也就类似于古希腊哲人口中的"城邦",在城邦之中,包含着两大领域,一是着眼于政治事务的公共领域,二是关涉家庭生活的私人领域。按照汉娜·阿伦特(Hannah Arendt)的说法,"为人的需要和需求所驱使的活动被限定在了家庭领域当中,克服家庭生活中的必需性是进入到公共领域的一个必要条件",③进入到公共领域之后,民众就会享有自由和平等的政治权利,可以参与到公共事务的讨论中,但同时也要遵守城邦的法律和制度,维持城邦的稳定秩序。在公共领域当中,"城邦的所有的一切应该尽可能的划一、尽可能的一致。这样,人们在思想上也是高度一致,达到高度共识"的,④ 对于至善的追求也就有了坚实的保障。基于这一设定,社群主义者强烈反对自由主义理论有关

---

① 杨国荣:《论伦理共识》,《探索与争鸣》2019年第2期。
② 范少辰:《作为民主协商方式的叙事研究》,吉林大学博士学位论文,2016年。
③ 姜宏:《公共领域内的民主共识问题》,华东师范大学硕士学位论文,2014年。
④ 朱玲琳:《社会共识论》,华中科技大学博士学位论文,2016年。

"中立的政府"和"自由选择的个人"的观点,认为人与其所在的政府是不可分割的,"人是'镶嵌'在社会关系中的,每个人都通过他在各类社群中的成员资格来确认自己的身份并同时被他人所确认",[①] 因此,人必须要将社群公共的善作为自身的首要追求,而不应沉溺于自我的私人价值之中。考虑到当今时代的特点,麦金太尔还提出了"小共同体"(Local Community)的概念,即与民族国家这一大规模共同体相别异的家庭、社区、教区、农场、学校等小规模共同体,但无论规模大小,有关共同体的基本思想还是共通不变的。我们并不否认共同体成员之间所共有的价值和共享的利益,也不否认这些"共有"对于实现良善生活的作用,但是社群主义试图"求助于'前现代'性质的'共同体'"以解决当代共识危机这一做法,却充分地反映出了其不能以历史的视野和辩证的思维去看待价值领域的现代性危机,[②] 因此,社群主义提出的共识思想必然也无法适应多元时代的特殊要求。

通过上述梳理可以发现,当代的共识分歧主要表现在对差异与统一这对矛盾关系的不同认识和处理上。简单来说,在自由主义者那里,共识就是由差异出发,自下而上建构统一的过程,而在社群主义者那里,共识则是由统一出发,自上而下整合差异的过程。相对而言,自由主义的这一观点更为充分地考虑到了多元文化社会的真实状况,因为在当前的社会状况下,任何无视差异的共识都是站不住脚的,任何对于共识的寻求也都要从主体的不同现实出发,需要诉诸主体自身的理性而获得承认,传统社会单一而纯粹的确定性秩序已不复存在,我们也不可能再复现古希腊时期的德性传统。然而,人并不是在真空中生活的,人的社会性和历史性,就决定了我们在价值问题上必然存在着共享认识,存在着有关幸福生活的一致标准,所以,在我们寻求共识的过程中,"自下而上"与"自上而下"的路径总是相互交织在一起的,差异与统一也并非截然对立,而是辩证统一和相互转化的,这种关系可以通过共识的层次区分与范围界线展现出来。恰当地把握二者的关系无疑是当代共识合理建构的前提基础,关于这一点,我们将在下文作详细论述,此处便不再赘言。

[①] 王鹏、王为正:《社群主义向度的公民责任教育》,《教育评论》2016年第12期。
[②] 贺来:《"道德共识"与现代社会的命运》,《哲学研究》2001年第5期。

二、价值观教学中理性共识概念的基本理解

作为多元文化时代共识的理想状态,理性共识不仅仅是一套为人们所共享的观念和认识,而是有着更为复杂的内在规定性。基于对"理性"与"共识"的回溯性分析,结合价值观教学的现实情况,我们可以从性质特点、关涉范围以及结果表现三个方面出发,对理性共识概念进行详细的阐释与说明,以便进一步明确价值观教学在多元文化时代的价值定位与发展方向。

(一)理性共识是一种基于理性的共识状态

在多元文化时代,某种共同认识若没有理性意志的表达,也就谈不上是真正的共识,经由理性既是理性共识区别于其他共识状态的显著特征,也是其存在的根本前提。当然明确这一点并不难,事实上,任何一个尊重人的时代,都不会排除理性在共识达成中的重要性,但究竟应当以何种理性去审视和寻求共识却是需要费一番思量的。通过上文对"理性"的简要回溯,不难看出,人们对于理性的认识大致经历了由笼统到分化再到统一的发展历程,在这一过程中,虽然存在着诸多认识上的分歧,使我们很难得到一个有关理性的准确定义,但也正是这些分歧提升了我们对于理性分析的精细性和全面性。多元文化时代对于理性的理解也应当延续当代理性中逐渐显露出的统合式思路,在"统一"的意义层面上去界定"理性"。一方面,这种统合式的"理性"表现为一种完整的主体理性,而非孤立的个体理性。自普罗泰戈拉(Protagoras)提出"人是万物的尺度"以来,主体理性便成了人们关注的重点,启蒙运动更是竭尽全力地为其摇旗呐喊,但是这种对于主体"我"的过分放大,却使得理性逐渐沦为了任性妄为与自私自利的通行证,启蒙运动的失败以及个人主义的泛滥招致的恶果,无不给我们以深刻警示。在此情况下,为了避免理性走向自身的反面,以及确保共识的顺利达成,就需要我们舍弃以往对于主体理性的偏狭式理解,还原主体理性的完整内涵。实际上,主体不仅包含着个体维度,也包含着集体维度,或者说是主体间维度。在马克思主义伦理学中,理性就带有明显的集体意味和规范功能,在其看来,"理性在

很大程度上，正是一个或大或小的团体的一种共同意志、共同要求、共同利益的结晶。这种结晶源于各个个人，又是各个个人普遍升华了的'公共财富'。因此，理性对个人的意向或欲望来说，总具有一种压抑的特质，即要迫使个人的志向或欲望始终沿着某一集体的共同志向或欲望的方向发展，而不能与集体的发展方向背道而驰"。① 这就表明了理性不仅仅是属"我"的，同样也是属于"我们"的，而且，"我"也只有在"我们"当中才是有意义的。由是观之，我们在运用主体理性的时候，就"必须总是把这记在心里：什么是整体的本性，什么是我的本性，两者怎么联系，我的本性是一个什么性质的整体的一部分"，② 而不能只是偏执地站在个人的立场上去思考问题，滥用理性。

另一方面，价值观教学所追求的"理性"更多偏向于价值理性，并要求以价值理性统摄理性的整体发展。作出这样的定位，当然在很大程度上是源自价值观教学本身与价值领域的密切关联，但除此之外，价值理性对于人之发展负有的引领意义也是重要的考虑因素。所谓价值理性，究其实质而言就是一种"人在生活实践中形成的对价值及其追求的自觉意识"，③ 它是"人类所独有的用以调节和控制人的欲望和行为的一种精神力量"，④ 是人们安身立命的根本。这一专门概念最初是由韦伯作为工具理性的对立面提出来的，目的是为了破解资本主义社会的现代性危机，而我们这里所说的价值理性，与韦伯二分论中有关价值理性的基本定位具有一定的共通性，如均强调人的目的性生存，具有批判性与超越性的特点等，但也存在明显的差异，即彻底摒弃了韦伯将价值理性与工具理性相互对立的思路。这是因为价值理性一旦与工具理性对立起来，它就成了一种只有目的，而不顾后果的意念，极易演变为"非理性"，甚至是"反理性"，最终沦为一种盲目的激情，将人导向歧途。客观来看，价值理性与工具理性并非截然对立，而是相互补充、相互影响的

---

① 夏伟东著：《道德本质论》，中国人民大学出版社1991年版，第114页。
② ［古罗马］马可·奥勒留著，何怀宏译：《沉思录》，中国社会科学出版社1989年版，第10页。
③ 徐贵权：《论价值理性》，《南京师大学报（社会科学版）》2003年第5期。
④ 吴增基、张之沧、钱再见等著：《理性精神的呼唤》，上海人民出版社2001年版，第2页。

关系，价值理性不是要否认人的合理物质需求，而是要对人的自然欲望进行控制与调适，并引导工具理性上升为真正的"意义"，超越其仅仅作为一种生存条件的局限。因此，我们更倾向于按照统合式思路去看待价值理性，将价值理性视为理性的反思与批判精神在价值认识和实践领域的运用，视为一种价值合理化的形式与能力，① 以此来统领人的理性力量。事实上，也只有这样的价值理性，才是多元时代价值观教学真正需要重点关注和培养的主体意识与能力。

（二）理性共识主要指向公共性问题的解决

通过对共识思想的梳理可以发现，关于共识的探讨向来都有其特定的范围边界，那些仅限于私人偏好的问题，显然就不在共识的关注与管辖范围之内，正像有研究者言明的那样，"我喜欢咖啡、你喜欢香槟。我们口味不同，没什么可说的"。② 在多元文化时代，我们更需要明确哪些问题应当交由共识统合，哪些问题又该付与多元处理，若不对此作出区分，认为所有领域都是理性共识不可出让的"领地"，那么，一方面会导致理性共识的合法性僭越，另一方面还会为理性共识的寻求带来不必要的麻烦。价值观教学实践中就有这样一个例子，在苏教版小学语文教科书中有一篇名为《三袋麦子》的课文，讲的是土地爷爷过年时给小猪、小牛和小猴各送了一口袋麦子，小猪迫不及待地将麦子磨成面粉，做成了各种食物，小牛准备把麦子好好保存起来，等草料和杂粮吃完以后再慢慢享用，小猴则把麦子种下了地，来年收获了一整片的麦田。当老人看到这一变化时，不由感慨道小猴真聪明，真能干。文中不同的麦子处理方法反映出了主体对待这一问题的不同价值倾向，小猪的做法蕴含着一种即时消费观，小牛的做法体现了一种延时消费观，而小猴的做法则展现了一种未来投资观，课文的结尾虽然表达了作者对小猴做法的欣赏，但稍加分析便不难发现，这一价值问题实质上带有很强的私人倾向性，无论选择哪一种方案其实都是可以接受的，而且小猴在享受更大的未来收益时，

---

① 高政：《课堂教学中学生价值理性的培育》，《教育科学研究》2013年第2期。
② ［英］以赛亚·伯林著，岳秀坤译：《扭曲的人性之材》，译林出版社2002年版，第14页。

也要承担颗粒无收的风险，同样不是全然为好的。因此，那些设法让学生接受小猴持有取向的劝导，不仅没有必要，还是一种对价值主体性的戕害。这一教学案例就充分说明了坚持边界意识，在构建共识方面的重要性。那么理性共识的边界究竟在何处呢？关于此，罗尔斯、哈贝马斯等人在探讨相关问题时就非常明确地设定了公共领域这一言说界限，社群主义的共同体中也提到了公共领域与私人领域的分野。当然这里的公共领域意为"介于私人领域与国家之前的一个领域，是个体在自主性原则之下的通过参与公共事务合作而形成的理性的交往空间"，[1] 更多是就政治事务而言的，而实际上，除此之外，还有其他与人之共同利益相关的价值问题也应当纳入公共领域当中，作为理性共识的关涉内容。

具体而言，这些公共价值问题大致可以归结为四个方面。一是存在于人与自然之间的生态环境问题。自然作为人的生存空间，与人有着密不可分的关系，这种关系不仅体现为物质性生产关系，同时也表现为价值性生存关系，正如施特劳斯在其《自然权利与历史》一书中描述的那样，"人与自然的关系理应被看成通过伦理学加以调节和约束的道德问题，这种观念的诞生是当代理智史上最卓越的见地之一"，[2] 由此看来，人与自然的关系处理无疑是一种公共性的价值问题。其中对故土家园的责任感，对于资源和环境的保护意识等都是值得追寻的理性共识。二是存在于人与人之间的人际交往问题。人与人之间的相处之道，虽然受个人倾向支配，但由于涉及与他人关系的处理，不能完全随心而行，也应当受到尊重、合作、诚实等价值原则的约束。三是存在于个人与社会之间的公民伦理问题。对于个体而言，他不仅要以个人的自然身份而存在，同时也要以公民的社会身份而存在，公民伦理就是关于"每一个人作为政治社会的成员，在公共生活中对待陌生人（一般他者）的恰当的态度和行为习惯"。[3] 其所关注的主要是人在处理社会性事务时应当遵守

---

[1] 金生鈜著：《德性与教化——从苏格拉底到尼采：西方道德教育哲学思想研究》，湖南大学出版社 2003 年版，第 312 页。

[2] ［美］列奥·施特劳斯著，彭刚译：《自然权利与历史》，生活·读书·新知三联书店 2003 年版，第 4 页。

[3] 廖申白：《公民伦理与儒家伦理》，《哲学研究》2001 年第 11 期。

的原则与规范，由此区分于人们日常生活中的普通人际交往，像权利、义务、民主、正义等就都是与公民伦理相关的重要话题。四是存在于个人与类群之间的共同生存问题。这类问题跨越了国家和种族的界限，关系着个体的类生存状态，主要由和平与冲突、可持续发展、国际理解等问题构成。这类问题直接关系到群体的存续与发展，同样是理性共识应当涵盖的领域。

上述带有公共性的价值问题作为理性共识的关涉对象，也就构成了价值观教学内容选择的大致范围。比如，从我国"品德与生活""品德与社会""思想品德"这类以价值观教授为主线的课程标准中（如下表所示），就可看出其中对于热爱祖国、热爱集体、爱亲敬长、遵守规则、尊重法律、公平公正、珍爱生命、热爱生活、关爱自然等涉及个人、个人与自然、个人与社会、个人与世界诸方面价值观念的着力强调。在价值观教学内容的设定方面，虽然各个国家受自身情况的影响并不完全相同，比如马来西亚小学道德课程标准中就加入了"信奉上苍"这条与宗教信仰有关的观念，并将其置于首位，而美国、加拿大等国受其移民文化的影响，则明确提出了尊重多元文化、杜绝种族歧视之类的价值观念，但就其关涉的基本领域而言却是大体一致的。

表 3-1 我国义务教育阶段品德课程标准中涉及的价值观内容

年级阶段	课程名称	课程标准中价值观内容的相关要求
小学低年级阶段	品德与生活	（1）爱亲敬长、爱集体、爱家乡、爱祖国。 （2）珍爱生命、热爱自然、热爱科学。 （3）自信、诚实、求上进。
小学高年级阶段	品德与社会	（1）珍爱生命、热爱生活。养成自尊自律、乐观向上、热爱科学、热爱劳动、勤俭节约的态度。 （2）在生活中养成文明礼貌、诚实守信、友爱宽容、公平公正、热爱集体、团结合作、有责任心的品质。 （3）初步形成民主、法制观念和规则意识。 （4）热爱祖国，珍视祖国的历史、文化传统，尊重不同国家和人民的文化差异，初步具有开放的国际意识。

续表

年级阶段	课程名称	课程标准中价值观内容的相关要求
初中阶段	思想品德	（1）珍爱生命、自尊自信、乐观向上、意志坚强。 （2）亲近自然、爱护环境、勤俭节约、珍惜资源。 （3）孝敬父母、尊重他人、乐于助人、诚实守信。 （4）热爱劳动、注重实践、崇尚科学、勇于创新。 （5）尊重规则、尊重权利、尊重法律、追求公正。 （6）热爱集体，具有责任感、竞争意识、团结合作和奉献精神。 （7）热爱社会主义祖国、热爱和平、具有世界眼光。

（三）理性共识存在层次与程度的内部区分

真正的共识，尤其是基于理性，而非力量而成的理性共识，由于其充分体现了对主体和他者的尊重，必定会表现出不同的层次与程度区分。对此，有研究者认为，可以从主体对于一致性意见的认同强度出发，将共识分为底线共识、一般共识和强烈共识，或者按照客体内部的一致性情况，将其分为基本共识、高度共识和完全共识等，并指出"许多学者质疑共识是否有必要以及共识是否会破坏多元，实际上就是从完全共识的角度来界定共识这一概念的"，[①] 然而完全共识在指向"真实"的事实领域或许还比较常见，但在指向"善好"的价值领域则极难实现，因此，在大前提基本一致的前提下，允许一些合理分歧的存在才是对于共识的正确看法。正所谓"君子和而不同，小人同而不和"，真正的君子既可以与其周围保持融洽的氛围，同样也不会因此而丧失自身的独立见解，而浅薄的小人却只能达到一种表面上的一致，终将陷入人云亦云的境地。可见，"和"与"同"的主要区别就在于其对待"异"的方式上，其中"'同'不能'异'"，而"'和'不但能容'异'，而且必须有'异'"。[②] 那种囿于表面的"高度共识"或者"完全共识"显然并不是我们所应期待的共识状态。

[①] 朱玲琳：《社会共识论》，华中科技大学博士学位论文，2016年。
[②] 冯友兰著：《中国现代哲学史》，广东人民出版社1999年版，第253页。

具体到价值观教育教学领域，研究者虽然很少直接对共识进行分类，但在其具体论述中也会涉及一些有关共识的层次区分。比如，一些研究者根据共识对于主体行为约束力度和期待方向的不同，认为教育教学领域中关注的价值共识至少包含三个层次：一是每个人都应当严格遵守的底线性价值共识，包括具有普遍约束力的价值观，以及不可取消的标准和人格态度，[①]它们是人生存于社会之中最基本的要求，"一旦跨入便会陷入野蛮和罪行的界限"，[②]这类共识通常以否定和禁令的形式表达出来，像"不要杀人""不要偷盗""不要撒谎"与"不要奸淫"等便是其典型代表。二是基准性价值共识，这类共识代表了社会对于公民品格的一种期待，达到这类共识的要求需要主体付出适当的努力，但也并不会因此作出过多的牺牲，像爱护公物、保护环境、尊师敬长等就带有明显的基准性意味。三是崇高性价值共识，与前两者相比，这类价值观念具有较强的理想性，虽然为人心向往之，但通常只有社会上的少数先进分子才能做到，这就类似于斯拉沃热·齐泽克（Slavoj Žižek）曾提到过的"崇高客体"，它指向未来，甚至带有幻想的特点，而并不急于立即实现，可以使人从中获得超越自我的力量。相对而言，如果说底线性价值共识针对的是"为人"之基础，那么基准性价值共识关注的就是"为好人"之应当，而崇高性价值共识关注则着眼于"为圣人"之可能。在教育教学活动中，对于前者我们务必排除异见，对于后两者则可以针对具体情境以及时代背景保留合理的多元见解。还有一些研究者尝试从道德教育活动中价值共识的生成特点入手，将其分为三个不同层次，指出"以传统文化价值为基础逐步形成并得到公认的公民基本道德品质和基本修养，这是价值共识中的第一个层次——价值认同；依照'求同存异'原则达成的'和而不同'的价值标准，这是价值共识中的第二层次——价值认异；以适应时代进步方向和切合社会发展需要为主体不断发掘出的新共享价值，这是价值共识的第三层次——动

[①] ［德］孔汉思、库舍尔编，何光沪译：《全球伦理：世界宗教议会宣言》，四川人民出版社1997年版，第12页。

[②] 肖雪慧著：《守望良知——新伦理的文化视野》，辽宁人民出版社1998年版，第7页。

态生成中的共生价值",① 并认为在多元文化时代,培养第二层次价值共识的重要性在三者之中最为突出。以上这些有关共识层次的探讨,为我们恰当处理共识中差异与一致的关系提供了依据,可以帮助我们基于差异与一致之间的限度,制定更为合理的教学目标和教学要求。

三、价值观教学中理性共识概念的对比辨析

如果将意见的一致性作为判断共识的标准,那么,除了理性共识之外,自然还存在着非理性,甚至是反理性的共识状态,对于这些相关概念的辨析,既可以帮助我们更好地明确理性共识的内涵与特点,避免在价值观教学实践中陷入误区而不自知,还可以凸显出理性共识与其他共识状态相比的优势所在,从侧面印证以理性共识作为价值观教学时代追求的合理性。

(一)理性共识与虚假共识

虚假共识这一概念主要源自马克思对于资产阶级意识形态化的批判,在其看来,西方国家所倡导的"自由、平等、博爱"等价值共识,实际上只不过是资产阶级自身话语权的一种体现,是其实现国家统治的一种思想工具,并没有真实、客观地反映出人民大众的公共利益。对于这一情况,有研究者指出:"正像黑格尔主义的分化一样,资产阶级公共性已不复存在,启蒙时代被统治的与封建王权争夺话语的资产阶级已占据统治地位,在打着'自由、平等、博爱'公共理性旗帜的资产阶级公共领域,所谓代表大众利益和公共性的资产阶级已成为维护统治阶级利益的意识形态的谎言。"② 由此可以看出,马克思眼中的"虚假共识"就是指资产阶级假借"公共理性"的名义,采取灌输、驱使、诱导和渗透等方式,强行要求人们对其加以认可的支配型共识。这种共识看似取得了大众的一致同意,但实际上早已将作为实体人的理性排除在外,是一种虚假的、颠倒的共识观念。当然,我们这里并不是在阶级批

---

① 刘义:《凝聚价值共识:德育得以实现的关键》,《现代大学教育》2016 年第 3 期。
② 王志红著:《差异性社会共识理论研究》,社会科学文献出版社 2016 年版,第 146 页。

判的角度上界定虚假共识，在我们看来，判断共识虚假与否的关键不在于其是否出自统治阶级的意志，是否成为一种意识形态，而是要看这种意志是否真的得到了接受者在理智层面的审查与认可。意识形态本身并不是全然消极的，毕竟"种种事实表明，没有这些特殊的社会形态，没有意识形态的种种表象体系，人类社会就不能生存下去"。① 这就表明，"真正的共识并不排除外部力量的激发和推动，但是最终要将这种外部力量的推动转化为主体自身的自觉理解和接受"，② 如果外部倡导的共识是经由理性的说服，而得到了人们的支持，那么，它当然也就具备了理性共识的特征。

纵观价值观教学的发展历程，这种以虚假共识遮蔽理性共识的问题可谓长期存在着。比如，在我国古代封建社会，为了让学生熟练掌握"三纲五常"等统治阶级所倡导的道德规范和价值观念，教育者就常常采取熟读背诵的"说教"方式，将这些共识印刻在学生的思想之中，而全然不顾其对于这些观念的认识与理解，更不允许他们提出任何反对与质疑。时至今日，这种绝对的思想控制虽然已失去了基本的生存空间，但强制灌输作为价值观教学的痼疾却远未消除，只是表现得更为隐晦罢了。仔细留心便可发现，在当今的价值观教学实践中，仍有不少教师总是急于直接告诉学生什么属善，什么属恶，什么为好，什么为坏，却不愿意，或者不清楚应当如何带着他们去认真思考这些观念的具体内涵，也不会去耐心倾听并回应他们对于这些观念的详细解读，认为只要学生最终都能发出清晰一致的声音，构建价值共识的任务就算顺利完成了。下面这个案例中教师的做法就能很好地反映出这一情况。③

　　老师：爱国是我们每个公民都应该有的道德情操，是中华民族的优良传统，是民族精神的核心内容，也是社会主义核心价值观。我想问你们，爱国这个词，我们在教科书上是不是也经常看到？
　　学生：……

---

① ［法］阿尔都塞著，顾良译：《保卫马克思》，商务印书馆2006年版，第228页。
② 朱玲琳：《社会共识论》，华中科技大学博士学位论文，2016年。
③ 案例出自王怀秀：《社会主义核心价值观"进课堂"的教师实践——基于S小学的案例研究》，北京师范大学硕士学位论文，2018年。

老师：现在把你们的书打开，打开到目录前面的社会主义荣辱观。目录后面，社会主义荣辱观（L老师一边说，学生一边打开书）。谁大声把第一行朗读一遍？大声朗读（示意学生1）。

学生1：以热爱祖国为荣，以危害祖国为耻。

老师：全班。

全体学生：以热爱祖国为荣，以危害祖国为耻。

就上面的案例而言，如果从学生异口同声的回答来看，他们当然是达成了共识，但是这种共识很明显只是对于外在主张的一种重复，而不带有任何内部探寻的痕迹，这也使得其必然只具备符号意义，而不含有灵魂指向，是一种与主体分离的虚假共识。这一现象也提示我们，在价值观教学的开展过程中，教师必须对虚假共识与理性共识作出明确区分，尽可能避免出现因片面追求共识达成的表面繁荣，而有意简化理性论证和思辨环节，致使学生的内心想法被忽略，真实的价值矛盾被遮蔽等情况。

（二）理性共识与表浅共识

除了理性审视之外，主体还可以依靠自身的感官，通过直觉感受，直接达到对价值现象与问题的悟解。比如，年幼的儿童虽然尚不具备基本的理性思考能力，但是他们却可以依据母亲脸上浮现出的赞同或不赞同的表情来区分善恶好坏，这是因为他们隐约感受到了，在社会交往中，"'善'往往是人们所赞赏的，而'恶'则是人们皱眉不悦的，或是为社会的各种权力或绝大多数人所惩罚的"，[①] 所以，只要能够察觉到人们不同的情绪状态，就可以据此作出合理的价值判断。这种仅仅通过"共情"而呈现出的共识状态，便属于"表浅共识"。之所以说其是"表浅"的，主要是因为直觉感受促成的价值认识其实不过是一种潜意识状态下的即时决断，更多代表着人之思维发展的原始水平，虽然它可以帮助主体迅速识别出事件中蕴含的价值指向，并充当着理性认识的起始，但其不问因由的特点，也使得这类认识必然深藏着难以

---

① ［美］弗洛姆著，万俊人译：《自为的人：伦理学的心理学探究》，国际文化出版公司1988年版，第8—9页。

克服的隐忧。关于此,访谈时一位教师描述了这样一个教学情境:①

> 记得二年级有一个爱国主题单元,里面内容基本都和战争有关,其中有一篇是《王二小》,因为这个故事距离学生的经验比较远,我就想多多调动他们的情感,帮助他们更好地去体会和理解课文中想要表达出来的价值倾向。课上,我先让学生学习了王二小那首歌的歌词,并跟着演唱,最后还带着他们一起看了这部动画片,当时不少同学直接就哭了。下了课之后,好几个学生还特地跑过来跟我说要爱国,要坚决抵制侵略者,打倒"小日本",以后不看日本动漫了等等。更让人意外的是,我发现他们下课之后立马成立了一个什么爱国小分队,不过这个热情也没有持续太久,过了一段时间,这个小分队就自动解散了。当时,我自己觉得这节课还是比较成功的,因为开始一直就很担心学生没办法理解那个时代背景下发生的事情,或者没办法认同王二小的这一爱国行为,而学生表现出来的爱国热情却远远超出了我的预期。不过后来反思的时候,我发现,其实这节课也存在很大的问题,最为明显的就是学生对于爱国的认识还是比较浅的,甚至可以说是有偏差的,他们把爱国变成了一种仇日情绪,其实是不对的,如果我当时能够做出正确的引导,应该可以帮助他们更为理性地认识爱国这一价值观念,不至于以后说出一些不当的言论。

在这个案例中,情感的触动的确帮助学生跨越了认知障碍,顺利接受了课文所展现的"爱国"价值倾向,促使学生在"共情"的基础上达成了"共识",充分显示出了直觉感受的独特魅力,以及情绪力量的强大之处。诚然,与知识和技能相比,价值观的形成在很大程度上还要受制于掌管"信与不信"和"愿与不愿"的情意系统,倘若没有情感和态度的支持,一个人也不可能产生对于某种价值的深层认同,以及对某种人格素养的自觉趋向。但与此同时,我们也应当认识到直觉与情感的固有局限。首先,直觉感受大多浮于表

---

① 案例来自对北京市海淀区某小学语文教师的访谈记录。

面，极易为一些表象所迷惑，不利于价值认识的深化发展。像案例中的学生，显然并没有认识到爱国的真正含义，"打倒'小日本'，以后不看日本动漫"就是一种极富情绪化的反应，背后蕴含的实则是一种狭隘的爱国观。对此，早有研究者提示我们："态度学习的失败与困境大部分在于错误地把态度学习仅仅归结于情感成分；而态度学习通常需要首先修正认知成分的不足。"① 其次，直觉感受具有较强的情境依赖性，一旦脱离了特定的情境，也就失去了指引的可能。正像黑格尔在其《小逻辑》一书中指出的那样，"直接的直观和感觉只涉及具体的内容，而且始终停留在具体性里"。② 随着时间的流逝，学生很快将成立"爱国小分队"的事情抛到脑后就生动地反映出了直觉感受的这一局限。而价值观教学作为一种有目的、有计划的教学活动，显然需要超越"表浅共识"，有意识地将学生笼统而表面的直觉感受，转变为精确而深刻的理智把握，帮助其在情绪感受和价值原则之间建立起稳固而深刻的意义联结，形成一种始于直觉感受，而又高于直觉感受的"理性共识"。

（三）理性共识与消极共识

如果说虚假共识和表浅共识主要是从达成过程的维度上与理性共识相区分，那么消极共识则更多是从结果性质的维度上与理性共识相别异。我们说真正的理性共识，不仅是经由理性的，同时也应当是符合理性，甚至是成就理性的。在这当中经由理性显然是理性共识构建过程中最为基本的要求，也是研究者在界定这一概念时强调最多的要点，但是经由理性实际上只能确保人们确实对价值问题进行了理性层面的反思与考量，并不能因此而把握其最终结论的合理性。这是因为人的理性总是有限的，对此，赫伯特·西蒙（Herbert Simon）早在20世纪中期，就从经济人假设出发，提出了"有限理性"学说，指明了人之理性的限度，并认为："这种限制可归结为神经生理和语言两方面。神经生理限制表现在个人不可能准确无误地接受、储存、传递、处理信息。语言限制表现为个人无力运用文字、数目和几何图形使他人完全

---

① [美]P.L.史密斯、T.J.雷根著，庞维国等译：《教学设计》（第三版），华东师范大学出版社2008年版，第407页。
② [德]黑格尔著，贺麟译：《小逻辑》，商务印书馆2011年版，第173页。

理解其知识和情感。"① 可见，有时候即使我们运用了理性，或者即使某种认识已经获得了大多数人的认可，也完全有可能会出现"不理性"，甚至是"反理性"的结果，所谓主流的不一定是正确的便是这个意思。像德国及其邻国在1965年到1975年间经历的那场深刻而剧烈的"价值观变迁"就在事实上印证了这一推论，当时"在大多数民众的价值等级中，那些曾经处于主导地位、被认可的价值观和职责，如纪律、顺从、服务意识和个体利益服从集体利益等逐渐丧失其地盘，并被所谓的自我实现和自我发展的价值观所僭越"。② 我们相信当时的"价值观变迁"既不是受到外部力量的胁迫，也不只是源于直觉层面的一时兴起，在很大程度上可以说就是主体基于自身的利益需要认真考量的结果，但其又确实违背了人类社会千百年来沉淀下来的优秀传统，对个人成长和社会发展都带来不同程度的负面影响，从性质上看，显然并不符合理性的特征，是一种立于理性对面的消极共识。由是观之，仅仅以经由理性这一条标准，并不能将理性共识与消极共识区分开来，在寻求理性共识的过程中，还必须考虑得到的共识结果是否同样符合理性，也就是说，我们所追求的理性共识不仅体现为一种程序性理性，同时也是一种实质性理性。这便意味着并不是所有经历过理性思辨或者商谈过程的共识便都可以归入理性共识的范畴之中，那些因不当理解、片面认识以及扭曲需求而产生的消极共识，就必须要排除在外。

第二节 追寻理性共识是当代价值观教学的合理选择

通过上一章对多元文化时代下价值观教学实践探索的分析，可以发现构建理性共识作为一种融合了过程取向与结果取向，兼具主体理性提升和社会

---

① 潘新民：《基础教育改革渐进论》，北京师范大学博士学位论文，2010年。
② ［德］布雷钦卡著，彭正梅、张坤译：《信仰、道德和教育：规范哲学的考察》，华东师范大学出版社2008年版，第17页。

共识塑造功能的综合性应对路径，显示了当代价值观教学的发展趋向。但是，历史的进展并不能直接说明其背后潜藏的依据，理性共识缘何可以作为当代价值观教学的理想追求和价值定位，其合理性依据究竟是什么，这些问题尚需要进行更为详细的专门探讨。至于对某种主张的合理性分析，通常包含着两层内涵，一是价值层面上的，可理解为"合目的性"与"合理想性"，关注的是某事物是否值得；二是科学层面上的，可理解为"合规律性"与"合事实性"，看重的是某事物能否达到。对于理性共识作为价值观教学时代理想追求的合理性分析，显然也应当从这两个层面着手。

一、以理性共识作为价值观教学时代追求的合目的性分析

对于价值观教学时代追求的合目的性分析，可以从这一价值定位对于学生个体、社会整体，以及价值观教学自身发展三方面的积极意义进行综合审视。

（一）追寻理性共识有助于主体精神世界的构筑

从个体成长的角度上看，追寻理性共识可以为个体精神世界的构筑提供坚实的支持。首先，作为自我认同的依据，理性共识的存在可以帮助个体破解"我是谁"的难题，解除他们内心的迷茫与困惑，更好地发展自我人格。"认识你自己"这一镌刻在德尔斐神庙上的著名箴言，自古希腊时期开始便萦绕在人们的脑海之中，成为了人们孜孜以求的存在性问题。在当今时代，正像查尔斯·泰勒所描述的那样，人们已经无须"再委质于一种类似于基督教的神圣的结构和与此相关的一套道德学说或意识形态"，[1] 而是获得了最为纯正和完全的自由，这似乎暗示我们可以摆脱一切枷锁，去探寻"我是谁"的理想答案，但事实却并非如此，我们非但没有因为自由选择的扩大而更好地理解自我，反而是在同各种价值的纠缠之中，逐渐远离了赖以生存的精神家园，陷入了越发严重的自我迷失当中。之所以出现这一结果，主要是因为对

---

[1] 转引自余维武著：《冲突与和谐：价值多元背景下的西方德育改革》，江苏教育出版社2009年版，第19页。

于"我是谁"的追问虽然最终指向的是主体自身,但是有关这一问题的思考却不能仅仅局限于"我"这一个点上,而必须要透过"我"与"他"的关系,通过理性共识的构建,在比较之中才能得到妥善解答。正如有研究者指出的那样:"人只有在社会关系中,在自己与其他人的关系中,在相互承认中,才能实现自己;孤立的人不能成为真实的人。"[1] 举个简单的例子,人们眼中的好学生通常都具备遵守纪律、团结同学、勤奋好学等品质,若不具备这样的特征,甚至与之相反,就会被排除在这一群体之外,类似这样的共同标准与看法,就可以帮助个体实现自我定位,并规划未来的努力方向,不至于在探寻自我的过程中陷入迷失而无措的境地。此外,共识不仅可以为自我定位提供参考,还可以增加个体的心理安全感,强化其对自我定位与理解的坚持。心理学中的从众心理与"沉默的螺旋"都对其有过相关解释,指出:"作为社会人,人们都往往避免跟众人相异而陷入心理上的孤立,虽然每个人有自己的个性,甚至有不少人追求标新立异,但如果一个人在社会生活中,任何事都不能与他人达成共识,则他必定会产生一种心理的无助感,甚至对自己的认同产生怀疑,陷入到本体性的焦虑之中。"[2] 凡此种种都说明了,个体必须在关系之中,在探寻理性共识的过程中才能获得对自我的认识和身份的认同,没有人能够在自我的孤岛上说明自己的所在,对于理性共识的追寻可以说是个体自我认同获得与巩固的必要之途。

其次,作为价值成长的资源,理性共识还可以帮助个体更好地融入社会,推动个体的社会化进程。"就人的存在属性而言,人的成长与发展的一个重要维度是价值性成长。所谓价值性成长,主要是个体对其生存其中的社会基本价值的认同与践行。"[3] 这种成长究其实质便是个体人从最初"是其所是"的自然状态,向着"其所应是"的自觉状态转变的过程。德国哲学人类学家兰德曼(Landmann)曾说过,"自然把尚未完成的人放在世界中,它没有对人

---

[1] 张世英著:《自我实现的历程——解读黑格尔〈精神现象学〉》,山东人民出版社2003年版,第109页。

[2] 朱玲琳:《社会共识论》,华中科技大学博士学位论文,2016年。

[3] 宋兵波:《价值教育者:教师在价值教育中的角色与使命》,《教育科学研究》2013年第2期。

作出最后的限定，在一定程度上给他留下了未确定性"，① 这就表明自然性只是为个体成长提供了生物基础，仅代表着人之存在与发展的起点，而若想成为真正意义上的"人"，就必须要超越自然状态，不断从社会中汲取力量，充实自己的精神性存在，由单纯的生物人，变为灵动的文化人，实现个体的社会化。当然，这一过程不可能凭空进行，其中，社会共同体为其开展创造了物理空间，而存在于主体之间的理性共识则为其提供了精神资源，通过对价值共识的了解、认可与掌握，个体可以拓展原有的视野，超越个人的狭隘，获得进入社会的"入场券"，拥有文化的归属感，由此成为一名真正的社会成员，得以在真实的社会生活中畅意舒展。

最后，追寻理性共识还可以为个体提供理性运用的契机，促使其价值理性能力不断提升。正如亚里士多德所言，"人是理性的动物"，理性是人区别于动物的本质属性，但是人的理性却不是天然完满的，而是在后天的学习与运用过程中逐步提升的。为了完成寻求理性共识的目标，作为参与者的学生必须调动自身的价值认知、价值判断以及价值选择等理性能力，设法用理由说服他人，并在反思中改变自己，因此，在完成这一任务的同时，学生自身的价值理性必然也会获得不同程度的提升，由简单稚嫩走向全面成熟。也正是在这个意义上，我们说价值观教学中的理性共识，不仅是经由理性，符合理性的，同时也是成就理性的。总之，构建理性共识的学习任务可以使学生"在自己的理性分析的基础上进行反思、质疑和价值选择，而不上任何价值鼓吹者的当"，② 这样便可以从主体能力基础方面确保个体精神家园构筑的方向和质量。

（二）追寻理性共识有利于社会和谐秩序的稳固

从社会发展的角度上看，构建理性共识最为关键的意义就在其有助于将整个社会凝聚为一个和谐稳定的统一体。在相对主义与虚无主义的不断侵蚀

---

① ［德］米切尔·兰德曼著，张乐天译：《哲学人类学》，上海译文出版社1988年版，第288页。

② 金生鈜著：《德性与教化——从苏格拉底到尼采：西方道德教育哲学思想研究》，湖南大学出版社2003年版，第342页。

下，多元文化时代价值领域中固定与神圣的内容不断消解，而"一个社会若以扩大个人选择自由的名义持续不断地推翻社会规范和准则，将会发现其自身会变得越来越混乱、分裂和孤立，而且无力完成共同的任务，实现共同的目标"，① 进而危及整个社会的存续与发展。可见，在多元化和全球化的当今时代，国家和社会的认同问题比之前任何一个时代都更为棘手，关于这一点，无论是发达国家，还是发展中国家都概莫能外。而通过理性沟通与交往建立起的理性共识无疑可以作为克服这一危机的可靠方式。

首先，从积极的意义上看，理性共识可以作为人与人共存的连接纽带，确保人之间的和谐相处。在一个群体中，个人吸引力当然可以成为凝聚力的来源，但随着群体规模的扩大，尤其是到了国家和社会层面，这种源于个体的影响力度就会急剧下降，甚至可以忽略不计，而必须通过一种共享的规范和集体的仪式，即共识加以维持。在群体之中，理性共识就像一种无形的力量，借助共同的精神寄托和行动方向，"使每个人在一种文化中获得归属感，获得作为社会一员的自豪感，以及有他人与自身共同在一起的依托感"，② 从而使人们紧密团结在一起。

其次，从消极的意义上看，当人们期望通过理性共识，而非暴力强制的方式解决问题时，便能有效避免分歧的扩大和冲突的激化，以达到维持社会的平衡稳定的效果。上文已经提到，鉴于人的"类特性"，我们的利益诉求往往具有较强的一致性，这就为价值共识的达成奠定了基础，但不得不承认，与群体层面的共同追求，也就是业已达成的价值共识相比，个体层面需求的一致性往往缺乏较强的稳定性和确定性，在一些情境下，尤其是涉及利益分配的情境下，就会产生各种各样的分歧与冲突。比如，有的人会希望通过牺牲生态平衡来谋求经济利益，而有的人则认为应当以持续发展的眼光来看待这一问题，此时如果缺乏公平合理的共识达成机制，缺乏求同存异，或者是求同化异的愿望与行动，就极易演化为更大的矛盾冲突。正如有研究者概括的那样，"一定程度的共识，是任何社会群体存在的先决条件。一个有序的组

---

① [美]弗朗西斯·福山著，刘榜离、王胜利译：《大分裂：人类本性与社会秩序的重建》，中国社会科学出版社2002年版，第17页。

② 王嘉著：《价值观教育的合法性》，北京师范大学出版社2009年版，第107页。

织，通常要求其成员对其组织功能的范围和解决从这种范围中产生纷争的程序，至少应有相当的一致性认识"，①社会良好秩序的维护不能不依赖于理性共识的达成。

（三）追寻理性共识有益于价值观教学存在性危机的破解

从价值观教学自身存续的角度上看，将理性共识作为其价值定位还可以较好地破解多元文化时代价值观教学的存在性危机。在导论中，我们已经详细说明了作为价值观教育实现的重要途径之一，价值观教学虽然深刻影响着学生的价值成长，但在当今时代，却因为种种原因经受着合理性与有效性的双重拷问。一方面，从合理性上看，在不少人眼中，价值观与一般的知识和技能不同，个体的价值学习具有泛在性，相关的心理学研究已经表明，价值观与个体所处的社会生活环境密切相关，具有一定的不随意性，潜意识模仿是其形成的重要手段。因此，我们可以说学校教学是学生获得科学知识的主要途径，如果不接受学校的系统教育，学生的文化水平就很难获得提高，成为"文盲"。正像有研究者指出的那样："就现代学校而言，学校之所以是学校，不同于家庭和社会其他教育机构，就在于它主要是学知识的地方，而且是广大劳动者系统掌握科学文化知识的主要场所。"②但是我们却没有办法说，学生的价值观也主要是经由学校教育而获得的，毕竟与课堂相比，家庭和社会生活才是价值观形成的真实场域。西方国家的教育发展史上，就一度出现过将价值观教育的责任完全交于家庭和社会，至于学校则只需要对科学知识教育负责的主张和做法。除此之外，还有一些研究者认为对于价值观进行集中而系统的传授，本身就不符合价值观的形成规律，这种方式只能造成外在于学生的价值灌输，遂以此为理由否定价值观教学作为一种直接之教的合理性。而从理性共识的价值定位出发，便可有力回击上述关于价值观教学不过是"多此一举"，或者"不当之举"的合理性质疑。

---

① ［美］塞缪尔·亨廷顿著，李盛平、杨玉生等译：《变革社会中的政治秩序》，华夏出版社1998年版，第22页。

② 王永红著：《到学校去读书——对人的发展、学校教育、教科书知识及其关系的省察》，浙江教育出版社2012年版，第54页。

第三章　理性共识：多元文化时代价值观教学的理想追求

首先，价值观教学在构建理性共识上具有其他价值观教育途径无可比拟的优势，以此为追求，可以充分体现出价值观教学在学生价值观形成方面的独有担当。具体来说，家庭作为学生接触到的第一个社会组织，是其价值观萌芽的地方，这种早期影响，势必会贯穿于学生的整个价值成长过程，而且，来自家庭的价值影响一般都是长期稳定且潜移默化的，能够为学生奠定连贯的价值生活状态，帮助其形成一贯的价值观念格局，这无疑是家庭教育的优势。但是，换个角度来看，父母对于学生的价值影响更多是无意识的，他们对于价值问题的探讨也是相对简单的，主要表现为一种基于自身经历的价值劝导，大多时候并不能达到理性的层次。至于价值观教育实施的社会主体，学生形成的任何价值观都要在社会中付诸实践，并经受检验，社会主体就是借助这种现实的力量，对学生的价值观念进行调整与巩固的。但在多元文化背景下，社会上存在的价值主张可谓鱼龙混杂，好的、坏的、善的、恶的全部交织在一起，像个人主义、拜金主义、享乐主义等带有一定危险性的价值观念，还会以各种方式包装自己，学生的头脑俨然成了各种思想的角斗场。对于当前来自社会的价值影响，有研究者不无忧虑地指出："名人效应和现代传媒的结合带来的是一个非理性的时代。"① 凡此种种皆表明，虽然家庭和社会在个体价值成长过程中都发挥着重要作用，但作为一种自然而然的过程，这些途径对于学生价值观的影响通常是缺乏理性的，难以承担起培育学生价值理性、构建理性共识的任务。而价值观教学作为一种有目的、有计划的教育活动，可以对学生的价值理性进行系统的训练，对学生的价值观念进行明确的引导，进而为理性共识的达成创造充分的条件。从这个角度上看，坚守促成理性共识的价值定位，无疑可以帮助价值观教学在家庭与社会教育力所不能之处，找到自身的生存空间，并在此基础上确证自身的合理性。

其次，以理性共识为价值定位，还可以使将价值观教学等同于价值灌输的错误看法不攻自破。对于"灌输"的抵制，可以说是现代教育转型的重要主题之一，对此，彼得斯（R. S. Peters）曾表示，"所谓灌输的方法实质是一种特殊类型的教学"，"这种教学迫使儿童接受一种既定的规则体系，而这一

---

① ［法］阿尔贝·杜鲁瓦著，逸尘、边芹译：《虚伪者的狂欢节》，时事出版社1998年版，第4页。

规则体系对儿童来说是不能以批判的态度来审视的"。① 对于"灌输"的这一界定，不少人只关注到了前半部分，却忽视了后半部分，认为凡是指向特定规则体系的教育活动，便有灌输之嫌，这也使得直接以价值观作为传授对象，对价值问题及其处理规范进行系统探讨的价值观教学活动遭受了不少无端指责。诚然，直接、显在的教学活动与间接、隐性的泛在影响相比，确实更容易演变为强制的外在"灌输"，但判断"灌输"的关键不在于是否指向特定内容的传承，而是要看这一行动"是否减弱了一个人的自主性、批判性思维的能力"，② 是否使其内在的信仰之门因此不再对合理审视而开放，③ 如果某种价值传承和引导行动并无意，也确实没有违背人的自主性与理性，那么，它便可以称为"教导"，而非归入"灌输"。关于此二者的区别，柯申鲍姆的《在学校和青少年机构中促进价值观和道德的100种方法》一书曾作过详细区分，如下表所示。因此，如果价值观教学真的能够将建构"经过'反复沟通、相互承认和理性取舍的共识'"作为自身的价值追求，并设法付诸实践，那么它便与由"价值灌输"而带来的盲目认同自然地区分开来，人们对其性质的误解与扭曲也就不攻自破了。

表 3-2 "教导"与"灌输"概念对比表④

教　导	灌　输
表达你所相信的及其理由	仅凭权威表达你所相信的
公正地对待其他的观点	不公正地对待其他的观点
对其他观点予以尊重	污蔑、诋毁不同观点者
用理性和尊重回答疑问	对疑问极度厌烦并挖苦讽刺

---

① R. S. Peters. Authority, Responsibility and Education [M]. London: Allen and Unwin, 1973: 155.

② Michael S. Merry. Indoctrination, Moral Instruction, and Nonrational Beliefs: A Place for Autonomy [J]. Educational Theory, 2005, 55 (4): 399—420.

③ I. A. Snook. Introduction and Education [M]. London and Boston: Routledge & Kegan Paul, 1972: 18.

④ Kirshenbaum, H.. 100 Ways to Enhance Values and Morality in Schools and Youth Settings [M]. Allyn & Bacon Simon & Schuster company, 1995.

续表

教　　导	灌　　输
部分地构建环境，提高所期望的价值观的呈现机会，减少非期望价值观的呈现机会	完全控制环境，以提高所期望的价值观的呈现机会
为所期望的价值观创设正向的、社会的、情绪的学习经验——有限度	为所期望的价值观创设正向的、社会的、情绪的学习经验——走向极端
提供规则、奖赏以及后果——理性范围内	提供规则、奖赏以及后果——走向极端
如有人不同意，敞开沟通	如有人不同意，中断沟通
允许一定程度的不同行为，如果超越可接受的水平，给予改正的机会	不允许不同行为，如果超出可接受水平，将全部或永久地被排斥

另一方面，从有效性上看，正像导论中归纳的那样，研究者们分别从理论推断、实验推演和实践调查等角度对价值观教学的低效性问题进行了集中批判。但实际上，由于这些批判大多是依据经济学上的投入/产出公式，按照学生最终的行为表现作出的，因此，其在前提假设上本身就存在着很大问题。具体而言，教学并不是简单的行为训练过程，"人在训练某种动物做出指定的动作时，靠的是刺激与条件反射，但对人的教育而言，既不适合用刺激也无法找到可控的刺激物"。[①] 教学效果的显现不仅会受到诸多外部因素的干扰，同时这种效果的显现还带有一定的延迟性，甚至是反复性，对此，就有研究者明确表示，"即使各方面条件到位，也不能期望价值观教育一次性成功"。[②] 这就是说我们确实很难找到完全契合的证据，或者准确无误的时间点对价值观教学的效果进行评价。此外，更为重要的是，这一做法也反映出当前人们关于价值观教学的效果判断，本身就不具备一个十分明确的标准，他们只是从广泛和笼统的意义上对学生的价值观形成情况加以概括，却没有认真考虑过价值观教学作为一种有限影响途径，其核心职能和独有担当究竟表现在什么方面，我们应当给予它怎样的期望才是合理的，至于当前这种对于价值观教学效果万能的理想期待，当然只能得出无能的结果判断。由此看来，当前

[①] 潘希武：《重建道德可教的涵义》，《教育学术月刊》2015年第6期。
[②] 陈金香：《我国价值观教育的错位与改进策略》，《中国教育学刊》2016年第3期。

对于价值观教学低效，甚至是无效的批判，虽然可以在一定程度上揭示出价值观教学的局限，但其最终结论的恰当性却是值得商榷的。而明确将理性共识的构建作为价值观教学的时代定位，除了可以彰显价值观教学途径的独特担当，也可以说明其对于学生价值成长负有的有限责任，使其摆脱因人们的无限期待和笼统言说而陷入的窘境。实际上，价值观教学在帮助学生理解价值问题，确立意义框架，并据此对自己以及他人的行为加以约束和评价方面的作用还是非常显著的，但由于我们总是对其效果抱有过多期待，对其过分地求全责备，反而忽视了其最为核心的功能所在。正所谓"守一"才能"望多"，强调以理性共识作为价值观教学的时代追求与价值定位，限定其最为基本的功能范围，对于客观看待价值观教学的实际效果，破除价值观教学效果低下的迷障也有着明显的积极意义。

二、以理性共识作为价值观教学时代追求的合规律性解释

对于价值观教学时代追求的合规律性解释，实际上就是要回答这一定位是否符合当前现实，是否具备实现的可能。为了解答这一问题，一方面，需要从较为宏观的角度上，阐明理性共识在多元文化社会中是否还具有存在的基础以及形成的路径，另一方面，还需要从相对微观的角度上，明晰将理性共识作为价值观教学的时代定位是否符合其自身的固有属性，以及价值观教学活动是否可以创造有利于学生理性共识达成的条件。

（一）追寻理性共识在多元文化时代具备现实可能

在一个价值领域不断分化的多元社会中，共识的寻求与建立变得愈加复杂和困难，正像有研究者指出的那样："相对于人们的真理性追求，价值活动自身就具有很强的主体性、社会历史性特征，与一定的文化情境有着本质的联系。因而，人们对价值共识是否有可能的回答要比知识（真理）共识是否有可能的回答踌躇得多。"[①] 那么，在当前背景下，寻求理性共识的价值观教学任务，是否还像一元文化时期那样具备可达成性呢？对此，我们至少可以

---

① 沈湘平：《价值共识是否及如何可能》，《哲学研究》2007年第2期。

从三个方面对理性价值共识形成与存在的可能性加以论证。

首先,人类的共同生活为理性共识的形成奠定了物质基础。作为一种"类"主体,人们所处的自然和社会环境总是大致相同的,而价值就其实质而言,其反映的主要就是"客体的存在、属性和变化对于主体人的意义",① 因此,基于这些客观条件所形成的生活诉求必然也是趋向一致的,这就使得人们在理性运用方向上不至于出现大的偏差。举个简单的例子,阳光、空气、水可以说是我们每个人生存所必需的,这类客体便具有了为人们所共同认可的普遍价值,因此,保护环境生态,使这些资源免受污染和破坏,自然就成了人们的价值共识。而当人们"从对普遍共享客体的强调转向了对人的行动的强调",则会形成"一些更为抽象、似乎和价值客体没有直接联系的规范要求,比如'尊重生命和人权''坚持自由和平等''实行民主和法制'等等"。② 这说明共同的社会生活,确保了人与人之间的联系性与共通性,使得人的价值观念虽然有着独特的个体差异性,但在一定时空下,也必然存在着明显的交集,而我们所说的理性价值共识,便诞生于这些生活的交叉点之上。对此,曾有研究者作过这样一个比喻,表示"公共对于生活在同一个世界的人来说,如同一张桌子放置在围着它坐在一起的人们之中一样,我们应该是因世界的相互联系而彼此分离地存在着的",③ 简明生动地体现了公共生活将不同个体联系在一起,进而促成理性共识的内在机理。

其次,人类的公共理性为理性共识的形成创造了主观条件。人类既具有指向个体内部的多样化情感,能够产生各种不同的价值感受,同时也拥有介于主体之间,指向整个共同体的公共理性,这就为共同价值认识,即价值共识的达成创造了条件。从亚里士多德到康德,再到罗尔斯,众多哲学家都非常关注人在道德与伦理方面的理性问题,认为正是这种理性支持着人们对于伦理与道德的追寻。而随着研究的推进,学者们更加相信人们的这种理性不

---

① 李德顺著:《价值论:一种主体性的研究》,中国人民大学出版社2013年版,第6页。
② 庄友刚、崔苏妍:《历史唯物主义在什么意义上反对普世价值》,《福建论坛(人文社会科学版)》2012年第3期。
③ 沈湘平:《价值共识是否及如何可能》,《哲学研究》2007年第2期。

仅表现在私人层面上,更体现在对公共事务的分析与处理上,而且相对于私人性,公共性更能体现人之理性应用于价值领域的积极意义。像康德就表示,"启蒙运动除了自由之外,并不需要任何别的东西,而且还确乎是一切可以称之为自由之中最无害的东西,那就是在一切事情之上都要公开运用自己理性的自由",①"最无害"一词便充分反映出了其对"公共理性"的肯定态度。所谓"公共理性事实上就是人在'公共存在'的基础上所形成的一种独特的理性能力,它使人能够更好地处理公共生活中的各种关系及事务",② 有了这种理性的支持,人们在价值问题上的相互认同也就有了可能性,因为人的公共理性除了具备一般理性的特征之外,还代表了人作为社会公民的一种特殊能力和担当,可以帮助其站在社会,乃至整个人类的高度,以"共在"的视角看待自我与他者之间的关系。此外,需要说明的是,公共理性仅仅代表着一种有限介入,它更多只是"在多元价值并存的社会实现'多元宽容',而不是基于某种完美理想和绝对真理建立一种卢梭的社会'公意'。公共理性的发展意味着每个人都对他人的道德价值的取向是宽容和尊重的,在这一基础上每个人之间形成信任、真诚的社会合作"。③ 也正是因为具备这样的特点,公共理性的恰当运用既可以防止普遍要求自我特征的压制,使个体,或某些小群体获得相对独立的生存空间,防止出现对于"他者"的过分焦虑与担忧,如避免类似于欧洲一些国家禁止穆斯林妇女戴面纱的共识僭越问题,同时也可以帮助人们通过合作来追求社会的共同福祉,如通过公共理性的运用,获得对保护生态环境、协调国际争端,以及抵制种族歧视等关系到我们每个人幸福生活的价值共识。

最后,主体间的交往互动为理性共识的形成提供了可行路径。在一些研究者看来,虽然从人类发展的历史进程上看,无论是在同一文化群体内部,还是在不同文化群体之间,都确实存在着高度一致的道德规范和伦理观念,

---

① [德]康德著,何兆武译:《历史理性批判文集》,商务印书馆 1991 年版,第 24 页。
② 叶飞:《当代道德教育的三重理性向度——兼论如何培养理性的道德人》,《南京社会科学》2019 年第 7 期。
③ 金生鈜著:《德性与教化——从苏格拉底到尼采:西方道德教育哲学思想研究》,湖南大学出版社 2003 年版,第 305 页。

但这些共识都是建立在传统确定性秩序之上的,而在当代社会,价值早已深陷相对与混乱的危机之中,不可同日而语,麦金太尔就提示我们:"价值行为者从传统价值的外在权威中解放出来的代价是,新的自律行为者的任何所谓的价值言辞都失去了全部权威性内容。各个价值行为者都可以不受外在神的律法、自然目的论或等级制度的权威的约束来表达自己的主张。"① 诚然,在当前社会背景下,已无法再简单沿袭一元文化社会那种完全依托于外部权威的共识确立方式,但这只能代表某种方式的失当,并不意味着价值共识就无从谈起,人际交往互动便是在现代社会构建共识的一种有效方式。"人类作为一个社会存在物,其存在是与别人相互联系在一起时才能界定的。而人作为与他人相互联系才能存在的生存状况,决定了他自身具有相互交流和共享的需要",② 人类交往的实质就是为了谋求某种共识,为了某种共同的生活。对于自我而言,与其相关联的"他者"就像是一面"镜子",透过这面"镜子",我们一方面意识到了"他者"存在的现实,另一方面也看到了自己的另一种形象,在与"镜子"对视的过程中,"我的价值判断中渗入了他者的价值判断,构成了一个互动和共享的价值视野。正是在人与人的价值互渗中,产生着价值共识的可能性",③ 也使得生成的共识具备了交往理性的特征。由此可见,在价值多元的当代社会,虽然共识的达成更加困难,但主体间真诚而有效的交往,却为其开辟了一种有效途径。

(二)价值观教学可以承担起构建理性共识的任务

可否将理性共识作为价值观教学的价值定位,除了要关注以此为追求的积极意义外,还要考虑价值观教学本身是否足以承担起这一任务,如果其并不具备构建理性共识的条件,那么不论这一追求能够生发出多少积极意义,也不过是一纸空谈。上文已经提到过,与随意和泛在的家庭价值观教育和社

---

① [美]麦金太尔著,龚群等译:《德性之后》,中国社会科学出版社 1997 年版,第 87 页。
② 余维武著:《冲突与和谐:价值多元背景下的西方德育改革》,江苏教育出版社 2009 年版,第 176 页。
③ 王葎著:《价值观教育的合法性》,北京师范大学出版社 2009 年版,第 105 页。

会价值观教育相比，有目的、有计划、有组织的学校价值观教学，更加关注，也更容易实现对于主体理性能力的激发与调动，我们说教学本身就是一种"讲理"的实践活动，"以理服人"，发展理性是其重要特征。正像涂尔干（Émile Durkheim）在其《道德教育》一书所作的区分那样，与"道德教育"注重"形成习惯、唤起情感和激发行为"不同，"道德教学"更加强调"理解和沟通，并不直接为行动做准备"。① 这说明价值观教学自身的性质与理性共识达成的要求之间是相互吻合的，在发挥与发展学生理性，构建与传承价值共识方面，价值观教学一直负有不可推卸的责任。

而从实现的具体条件上看，作为一种专门化的学校教育活动，设计良好的教学内容，精心规划的教学活动以及受过专门训练的教师，都可以为理性共识的达成提供现实保障，而这些条件恰恰是家庭和社会教育所缺乏的。首先，我们说理性共识的形成总需要建立在一定的事实和理论支持之上。人在信息掌握不充分、理论理解不深刻的情况下，往往很难作出正确的价值判断，形成合理的价值共识，而价值观教学中设计良好的教学内容，正好可以作为学生进行理性审视的思想资源，辅助其作出更为合理的决策，确保学生的价值判断不至于过分偏离现实。其次，充分而平等的交流是理性共识形成的有效途径。随着现代教育的发展，课堂教学的民主性也日益提高，师生以及生生之间的积极对话、平等交流日益凸显与频繁，价值观教学中这种有组织的沟通交流，便可以作为理性共识的生成机制。最后，虽然并不存在专职教授价值观的教师，但作为一种极富专业性的工作，教师不仅要符合严格的资质要求，同时还要接受持续的教育培训，进行不断的自我提升，这就使教师群体与其他成人相比，能够为学生理性共识的构建提供更为恰当的帮助，因为他们无疑更加了解学生的价值学习心理和规律，掌握着更为丰富的价值观教学方法，同时也更加清楚自己在培养和完善学生价值观方面担负的责任，不会别有用心地向学生发表一些不合时宜的言论。除此之外，居于课堂这一特殊空间内，学生在探讨价值问题时抱有的目的通常也更为纯粹，在理性运用上受到的各种干扰相对较少，这也有助于理性共识任务的顺利完成。需要说明的是，由于理性共识在价值观教学中的实践路径构建是一个非常复杂的问

---

① 转引自彭未名著：《交往德育论》，山西教育出版社 2010 年版，第 115 页。

题，因此，这里只是作了一些提要性的简单说明，用以表明价值观教学确实具备促成理性共识的基础与条件，其具体的展开过程将在下文进行更为详细的论述。

第四章 要素与结构：价值观教学内容加工的基本线索

关于价值观教学内容层面的问题通常可以从两个向度加以考虑：一是价值观作为教学内容的合法性问题，其关注的主要是哪些价值观可以进入学校课堂，成为教师和学生共同探讨的教学内容；二是价值观成为教学认识对象的适切性问题，其着眼的主要是如何将那些已经选入课程的潜在文化资源转化为学生内在的精神财富。就问题的性质而言，前者偏向于价值层面，可以看作是课程选择的过程，解决的主要是准入机制的问题；而后者则侧重于技术层面，应当被视为教学建构的过程，解决的主要是操作机制的问题。我们说凡是具备普遍传达性的事物，在原则上便可以由理性所把握，是可教且可学的，那些经过历史沉淀，且为社会所普遍认可的价值共识一般都符合上述要求，对此上文已有所论及。但是具备了普遍传达的可能性，并不代表着实际传达的有效性。价值观就其自然状态而言，往往是抽象概括和难以言传的，需要充分展开其内部结构，才能真正使其成为学生可以理解和操作的认识对象。这个展开过程，从教师的角度上看，就是价值观教学内容组织与加工的过程，而从学生的角度上看，则是运用理性、获得共识的过程，内容加工的科学性可以说直接关系着理性共识达成的有效性。为此，有必要进一步明晰价值观内容加工的理论依据和结构线索，构建价值观教学内容加工的结构模型，并在此基础上确定相应的操作要点与流程顺序。

第一节 价值观教学内容的结构化与理性共识的构建

无论是客观事物，还是主体意识都要以一定的结构存在，"具有某种状态、形态的东西，必然有其内在的'结构'，没有任何结构而只有形态是完全不可能的"。① 对于价值观这类主要用以表达"意义""精神""情感""存在"等内容的抽象事物，更需要借助结构，才能将其转化为学生可以认识和操作的对象，为学生的理性所把握，进而获得学生的理解与认可。对于价值观教学而言，由于其主要任务在于引起学生价值认识的发展与完善，因此，不同于哲学领域以及社会学领域对于价值观结构的本体分析，这里关注的更多是一种可以反映价值观在个体意识或者说是认识活动中展开情况的动态结构，借助这一结构，我们可以更加准确地把握价值观教学内容加工的原理与规律。

一、价值观教学内容结构化的前提审思

在对价值观教学内容的结构进行分析之前，首先应当清楚的是，我们为什么要对其内容进行结构化处理，价值观教学内容的结构化与学生理性共识达成之间究竟存有怎样的关联，以及对其进行结构化分析的教学论依据为何，只有明确了这些问题，才能确定价值观教学内容加工处理的意义与方向。

（一）价值观教学内容的结构化是理性共识构建的必要前提

在价值观教学活动中，学生价值理性的提升，以及价值共识的形成，总是在与教学内容的积极互动中完成的。依照上文观点，这种互动既不同于表层符号的简单记诵，也不止于潜意识层面的直觉感悟，而是一个充分展开的

---

① ［日］金井肇:《培养道德性的原理》,《中小学教师培训》2002年第2期。

理性认识过程，是一个不断追寻理性共识的过程，从内容的角度上看，这样的主客互动活动必然要通过学生对价值问题或者价值观念的结构化分析来实现。所谓结构化，其作为一种认识方法，常常与直觉相对出现，有研究者曾对二者进行过对比分析，表示"结构方法是细分，直觉是纵观的；结构强调明晰，而直觉常常是综合的；结构是确定的，而直觉带有不确定性；即使直觉捕捉到的结构，也与经典的结构方法之所获具有不同性质，因果皆有所不同"。[①] 在教学组织方面，布鲁纳（Jerome S. Bruner）就特别强调"结构"的作用，认为教学就是要帮助学生掌握学科的基本结构，并形成研究这一学科的基本态度和方法，最终构建和改变主体内部的认知结构。这种基于结构的教学，一改传统教学只重结果，不重过程的弊端，使得学生可以在教学中进行充分的思考和探索，在促进学生思维发展和提升学习兴趣方面可谓卓有成效。虽然布鲁纳的发现教学法更多被运用于数学、物理等自然学科中，但实际上，社会以及人文学科领域的内容同样存在着结构问题，正如列维-施特劳斯所言："一切社会生活和社会活动中都隐藏着一种内在的、支配表面现象的结构，这种结构像语言的深层结构一样，无意识地发挥着作用。"[②] 这说明，结构也可以作为我们深入理解社会问题和价值现象的钥匙。

在价值观教学内容的加工方面，之所以将"结构"作为理性共识构建的前提条件，主要是基于以下几点考虑。

首先，从理性运用的角度来看，结构作为一种意义分析框架，能够指引学生的价值认识由笼统走向精细，由表浅走向深刻，为学生拓宽理性舒展的空间。就价值观的表现形式而言，它的确是一种高度概括化的结果，[③] 因此，一些教师在对价值观教学内容进行加工处理时难免会感到不知所措，访谈中就有教师无奈地表示：

---

① 张楚廷著：《教学论纲》，高等教育出版社2008年版，第75页。
② 靳莹：《结构主义视角下的化学概念教学研究》，南京师范大学博士学位论文，2005年。
③ Fallding, N. T.. A Proposal for the Empirical Study of Values [J]. American Sociological Review，1965，30：223—233.

> 和知识、技能相比，价值观这个东西实在是太抽象了，没法把它明确分解为几个具体的知识点，或者是某些分解动作。就拿诚实守信来说吧，我在设计的时候就是举几个例子，有的是教材上的，有的是自己补充的，然后让学生自己去感悟，不知道应该怎么讲好，好像一讲道理就变成了说教，就是灌输，学生也烦，但是不讲吧，就变成故事会了，也怕他们不理解。①

直接将各种例子摆在学生面前，学生当然也能通过直觉的方式，获得一些生动而感性的理解，但这些理解是否真的把握住了价值观念和价值问题的实质便不得而知了，尤其是对于涉世不深，且认识水平有限的学生而言，更容易产生片面，甚至错误的理解。此时，如果能将教学内容适当地结构化，将一个压缩了的抽象结果，变为展开了的立体结构，就能为学生创造深入剖析价值问题的空间和线索，他们就可以具体而有序地去认识这一内容，教师的上述困惑自然也就迎刃而解了。

其次，从共识达成的角度来看，结构作为主体间沟通与理解的阶梯，可以促使学生超越表层的差异，获得深层的价值认同。我们都知道真正的共识必须建立在相互理解的基础上，这种理解与认同的获得不仅需要知其然，亦需要知其所以然。如果学生接触的永远只是一个最终的价值判断和行为选择，他就不能体会到这些决策背后所蕴含的思维过程和价值依据；没有充分的理解，显然也就无法产生发自内心的真实共鸣。比如，有教师在访谈中就讲过这样一段教学经历：

> 我记得有一次，讲到科学家面对国外的优渥报酬和科研条件，依然不改初心，毅然回国的例子。你知道这种行为是国家比较提倡的，教材中也有其他一些类似的例子，所以我就觉得这个事儿应当是挺好理解的，谁不为科学家这种爱国情怀动容呢。但是，一个平时学习成绩还挺好的学生，就说如果是她的话，她不会回国，因为她在美国可以获得更好的发展，而且科学无国界，最重要的是尽可能地提升自己，做出有价值的

---

① 资料出自研究者对北京市丰台区某中学道德与法治课教师的访谈记录。

科研成果，这样才对得起自己的付出和祖国的培养。我其实没有想到她会提出这样的疑议，然后我就给她解释说，站在个人背后的是他的国家，只有国家强大了，个人才能发展得更好，要长远地看待这一问题，类似这样的话。效果的话，我自己感觉她并没有被说服，不是特别认同吧，可是，因为下课铃响了，就只能到此为止了。①

学生未能理解案例中科学家的做法，诚然有时代背景和境界追求等因素的影响，但更为重要的是她其实并不清楚科学家是如何作出这一决策的，包括科学家在情境中所面对的价值关系和价值矛盾究竟是什么，作出这一最终判断的依据是什么，以及其他的价值选择又会产生怎样的结果等。由于并不清楚这一行为背后关涉的逻辑结构和推理过程，学生就只能笼统地看待最终的选择结果，囿于当下的情况以及自己的立场，进而产生理解上的意义障碍。正所谓"说服的关键在于说理。说理的过程就是证明的过程，即运用证据进行论证并得出结论的过程。有说服力的论证，有赖于充足的证据和合理的论证。合理论证的根本，是合乎逻辑的推理"。② 这种推理显然不可能随心而为，而是要基于一定的逻辑展开，教学内容的结构化在很大程度上便能够使隐性思维逻辑显在化，使学生得以顺着内容的结构阶梯，深入价值深处，更为全面而细致地了解他人的想法，进而获得相互的理解与认可，实现主体间的视域融合和共识构建。

最后，教学内容的结构化还可以较好地保证每位学生都能在原有价值认识的基础上有所提升。在一些人看来，由于价值问题大多源于人们的日常生活，与日常经验距离较近，自然算不上什么难题，有研究者还曾夸张地表示："在人类的一切智能活动中，没有比做价值判断更简单的事了。假如你是只公兔子，就有做出价值判断的能力——大灰狼坏，母兔子好；然而兔子就不知道九九表。"③ 但实际上，价值问题所展现的恰恰是另一种复杂性，一种不同于事实问题的复杂性，其解决反而更需要灵动的智慧。换言之，价值选择与

---

① 资料出自研究者对吉林省长春市某中学道德与法治课教师的访谈记录。
② 黄向阳著：《德育原理》，华东师范大学出版社 2000 年版，第 114—115 页。
③ 王小波著：《王小波全集》（第一卷），云南人民出版社 2006 年版，第 19 页。

判断等价值认识能力并不全然是人类与生俱来、不学而能的天赋，而且，不同主体的价值领悟能力也参差不齐。正如德国现象伦理学家舍勒"伦理明察"观点所指示的那样："并不是所有人包括所有学生都能够在活动中明确认识到其中的价值。通常说的，有些有悟性的学生能够自觉地认识到，但那些悟性稍差些的学生却不能做到。"除了顺其自然，等待学生的觉悟外，作为一种自觉的人类活动，价值观教学应当有更为积极的作为，即"通过明确其中的价值认识，帮助那些悟性差些的学生提高认识能力"。[①] 教学内容的结构化，在很大程度上就可以充当提升学生价值认识水平的脚手架，支持他们"不断地、积极地建构自己，不断建造新的能力"，[②] 使其能够借助结构完成建构。

综上所述，客观事物以及人类活动并不是混沌未分的，其必然要以一定的结构而存在，只有对这些深层结构加以觉知和把握，才能透过复杂多样的表层现象，获得更为理性、更富根本意义的认识。这一点对于价值问题也同样适用。理性共识不同于仅仅强调符号识记的"虚假共识"，或者全然依附于直觉感受的"表浅共识"，其达成必须建立在学生对于价值问题的全面把握和充分理解之上，我们特别强调价值观教学内容的结构化，就是希望通过结构框架的建立，为学生探寻价值问题的内部脉络提供必要的线索和支架，使抽象的价值原则，笼统的价值感受真正变为学生可以操作和探索的成长资源。当然，这里着力论述结构思维在理性共识达成中的重要意义，并不是否定直觉思维的作用，在人的认识过程中，二者总是相辅相成、密不可分的。只不过，就我们所探讨的这个话题而言，一方面直觉思维具有极强的主观性，且通常只可意会不可言传，很难通过外部条件的规划对其进行有效引领；另一方面那些非常有意义的直觉思维也必然是结构思维长期积累的结果，有时候我们看似只是在直觉地把握事物，但真正起作用的却是那些无意识的结构框架，是主体经过长期思考后而形成的、可以在瞬间作出总揽全局的价值判断之能力，即理性直觉能力，这一点下文还会具体加以说明，此处便不再展开。

[①] 季萍著：《教什么知识——对教学的知识论基础的认识》，教育科学出版社2009年版，第200页。

[②] 陈丽香、冯维：《论组织者教学与支架式教学的异同及应用》，《教学与管理》2006年第24期。

因此，在追寻理性共识的价值观教学活动中，教师必须要以结构思维为统领，依据价值观的认识结构，对相关教学内容进行充分的加工处理。

（二）认识活动的展开是价值观教学内容结构化的重要依据

明确了价值观教学内容结构化是理性共识构建的必要前提后，就需要清楚究竟应当如何对其进行结构化处理。价值观作为一个多领域共同关注的重要问题，现有研究中不乏对其结构所作的理论探讨。具体而言，在哲学领域，研究者大多倾向于从主体精神世界中价值观的存在状态，或者说是表现形式对价值观的结构进行剖析，通常认为其包含着价值原则、价值规范和价值理想三个基本成分。其中价值原则是"关于什么是价值，为什么会有价值以及价值秩序的基本观点"；价值规范是价值原则的具体化和外显化表现，正所谓"一切价值观都要通过规范，诸如风俗习惯、伦理道德、法律等引申为一定具体情景中如何行动的规则才能具体指导人们的活动"；而价值理想则是"人们所追求的，具有现实可能性和合乎自己愿望的未来目标或理想价值"。[①] 在心理学领域，人们关注的主要是从价值观的外在类型表现对其结构加以剖析，并通过编制相应的量表对其进行测量。佩里（Perry，R.B.）将价值观分为认知的、道德的、经济的、政治的、审美的和宗教的六大类，[②] 可以说是该领域在价值观结构分析方面作出的较早尝试。在此之后，越来越多的研究者意识到，这种罗列的方式，虽然可以较为直观而全面地展现出个人以及群体的价值观状况，但却不能很好地反映出各种价值观之间，以及价值观与主体之间的关系，这就难免会出现交叉和散乱的问题，于是便开始通过构建关联与维度的方式，对价值观进行结构分析。像施瓦茨（Schwartz）就依据各种价值观之间一致或冲突的关系，以"开放—保守"和"自我强化—自我超越"为分析维度，提出了一种颇具影响力的价值结构假设。罗克齐（Rokeach，M.）则按照工具性和终极性两个维度对价值观进行划分，体现了"价值观作为

[①] 吴向东：《论价值观的形成与选择》，《哲学研究》2008年第5期。

[②] Perry, R.B.. General Theory of Value [M]. Cambridge, MA: Harvard University Press, 1926.

'深层建构'和'信仰体系'与'行为选择'之间相互体现与依存的性质和关系",[1] 获得了心理学界的普遍认可。

上述关于价值观的结构研究,对于我们了解价值观的内部构成以及外部表征都有着非常重要的意义,但细加观察便可发现,无论是哲学领域的本体性分析,还是心理学领域的应用性理解,其关注的实际上都只是价值观的最终表现形态,至于主体的价值观形成过程,尤其是主体进行价值分析的思维过程则基本不在其重点考虑范围之内。所以,不论其研究成果如何精细与科学,依然无法解释抽象的价值词汇是如何融入主体精神世界这一关键问题的,也就无法为主体价值认识的深化提供结构框架。为此,我们必须要突破仅仅关注价值观最终表现形态的研究方式,立足于价值观教学以及学生价值学习的活动本质,从价值观教学的开展,或者说是学生价值学习的角度,重新审视价值观的结构问题。

那么,如何基于主体价值活动的本质去理解价值观的结构呢?我们认为应当依靠主体意识活动这一科学抓手。正像有研究者指出的那样,所谓价值,究其本质也就是"主体同世界联系起来的活动过程",它"首先表现为主体对现实的心理反映,是物质东西向观念东西的转化"。[2] 从这句话便可以看出,主体的意识活动,或者说是价值认识集中体现了价值观及其形成的本质特征,而我们就是要顺着价值认识的展开过程,找到支持这一认识过程顺利进行和不断推进的价值要素,并将其作为价值观教学内容结构化的依据,以便为学生的价值认识提供可以依托的链条和阶梯,引导其再次经历具体而典型的价值思考过程。马克思曾经说过,"完整的表象蒸发为抽象的规定","抽象的规定在思维行程中导致具体的再现",[3] 这段话简洁而深刻地表明了只有再现学生的思维行程,才能将高度抽象概括化的价值观,变为学生可以把握的认识对象,变为教学活动的真实客体。为了更加直观地说明这一点,我们可以打

---

[1] 姜永志、白晓丽:《文化变迁中的价值观发展:概念、结构与方法》,《心理学进展》2015年第5期。

[2] 竹立家著:《道德价值论》,中国人民大学出版社1998年版,第8页。

[3] [德]马克思、恩格斯著,中共中央马克思恩格斯列宁斯大林著作编译局编译:《马克思恩格斯全集》(第12卷),人民出版社1962年版,第751页。

个比方，如果说最终形成的价值观就像一个合起来的折扇，那么这里所关注的价值观结构，则是一根根扇骨，折扇打开的过程，便类似于思维行程的展开过程，当我们直接将合起来的扇子交给学生时，他们自然无法领略其中的山水风物，只有当我们沿着扇骨将其捻开，学生才有可能看到这一价值观的完整面貌。

目前，在教育教学领域，已有研究者尝试从价值活动的角度，对价值观的结构进行分解。比如，姚林群在其博士论文《课堂中的价值观教学》中就指出，价值观是由价值主体、价值客体、价值标准、价值认识、价值选择和价值实践六个基本要素构成的。[①] 与仅仅着眼于静态结果的划分方式相比，对于价值观要素的动态分析确实可以增强价值观研究的操作性，有利于提升价值观教育的开展效果。但就上述分析来看，这一划分方式在某种程度上已经脱离了价值观本身，展现的与其说是价值观的结构、价值观的构成，不如说是价值活动的环节，或者价值观的形成过程更为准确。而我们说要以价值认识活动为依据去解构价值观，并不意味着将二者等同视之，其出发点还是为了探寻价值观教学内容加工的一般原理，因此，最终指向的也必然是价值认识的客体样态，只不过与哲学领域和心理学领域不同的是，我们要特别强调将这一客体置于主体价值认识活动的过程中加以审视，将其作为学生的价值认识对象予以分析，以便将静态的、扁平的价值活动成果动态化、立体化，为学生提供理性共识达成的意义框架，并最终促成其自身价值体系的有效建构。

二、价值观教学内容加工的"三层次五元素"模型

从价值认识活动，或者说是价值思维的展开过程来解构价值观，首先需要确定主体价值认识和思维的起点。我们说认识总是从感觉开始的，而感觉则是从情境中产生的，价值观作为一种"寄生式存在"，并不能抽象地显示自身，就像我们无法单纯地就"诚实"而论"诚实"，也无法直接地就"友善"而谈"友善"那样，唯有将这些原则置于相应的情境中，它们才有可能显现

[①] 姚林群：《课堂中的价值观教学》，华中师范大学博士学位论文，2011年。

自身，因此，蕴含着价值观的价值情境无疑应当作为价值观教学活动展开的内容基点。有了这些生动的价值情境，学生就有了理性加工的现实素材，透过这些具体的情境，围绕着价值观的基本要素和成分，学生便能超越现象层次，对价值观进行一些本体性思考。根据哲学研究的成果，可以引导学生以价值关系为中心，基于价值理据，生成价值规范的思路对价值情境加以分析，以便了解价值观形成的来龙去脉，把握价值观的本质结构。有了这些系统的体认与思考，再结合日常的践行与领悟对其进行不断强化与调整，学生就可以建构起相对成熟而稳定的价值原则以及价值体系。而为了更为直观地反映这一结构，我们尝试采用一个包含基座、支柱和顶端在内的房屋架构来表示价值观的构成。由于这一架构由上、中、下三个层次，以及价值情境、价值关系、价值理据、价值规范、价值原则五个基本元素组成，故可将其称之为"三层次五元素模型"，如图4-1所示。需要再次强调的是，这一模型的建构目的终归还是服务于价值观教学内容的有序展开和有效实现，而不仅仅是为了呈现价值观自身的内部构成和外部形态，这也是教学论视野下价值观结构分析与其他学科领域结构分析的突出差异。

图4-1 价值观教学内容加工的"三层次五元素"结构示意图

（一）基底层：学生直接感知的价值观教学情境

从发生的角度上看，价值观就是"个人或社会成员面对不同问题情境并加以解决时，所倾向的行为模式与生活目标的偏好"，① 其产生起源于情境刺激，是特定情境与主体需求相互关联的产物。同样的，在价值观教学活动中，价值情境作为与学生生活经验联系最为密切的内容，以及学生直接感知和把握的对象，无疑也是其价值学习的起点。因此，从价值观教学内容的加工和展开角度来看，可以将这一元素视为整个结构的"基底层"，以彰显价值情境在整个价值认识活动中的始源性功能和基础性地位。

价值情境是丰富多样的，按照学生主体认识活动的不同，可以将其分为三种类型。

第一种是隐含价值指向的故事情境，其对应的主要是学生的感受活动。故事作为人类一种独特的记忆方式，总是承载着一定的价值观念和文化印记，② 可以赋予抽象的价值观以主体、境遇和生气，是一种古老而传统的价值教化载体。我国古代的蒙学教材，就是由各个相对独立，而又反映着相近价值观念的小故事组织起来的，这些小故事假历史人物与民间传说，向蒙童传递丰富的思想内容。比如，隋唐时期颇具代表性的《蒙求》一书，便借由故事向学生传递了四类价值观念：一是"宣扬孝亲，教诲友悌"，二是"督促勤学苦读，教诲忠义诚信"，三是"彰扬不盗不贪，训诲安贫乐道"，四是"教诲择境，引导交友"。③ 西方古代也常采用故事传递价值观念，像《荷马史诗》就是古代西方社会伦理道德观念的集中体现，其中汇集了当时民间流传的各种史诗歌曲，反映了当时社会所倡导的人生观和价值观，具备极强的教育意义，是古代西方正规学校教育，以及普通公民文化生活的基础。而到了近现代，故事在传递价值观上的魅力仍未见衰减，尤其是在小学低年级阶段，更是教师开展价值观教学的首选材料，比如民国时期的"修身科"作为价值观教学的专门课程，其教材就是以"例话"的形式组织的，所谓例话就是故事、寓言等内容。一项对土耳其教师的访谈也显示，他们经常通过塑造榜样，以

---

① Kluckhohn, C.. Values and Value-Orientation in the Theory of Action: An Exploration in Definition and Classification [C] //T. Parsons & E. Shills. Towards a General Theory of Action. Cambridge, MA: Harvard University Press, 1951: 388—433.

② 洪明：《价值叙事与社会主义核心价值观教育》，《思想政治课教学》2016 年第 10 期。

③ 高谦民著：《中国小学思想教学史》，山东教育出版社 1995 年版，第 85—87 页。

及使用包含不同价值观念的真实故事,来展现其意欲传递的价值观念。① 这些故事对于学生价值观的影响主要可以通过两种方式实现:一是通过榜样人物的塑造,为学生的价值活动提供理想的参考模式,即诉诸行为模仿机制,使学生产生模仿和趋同的愿望,或者是通过负面人物行为造成的不良后果,令学生产生规避与排斥的想法。对此,班杜拉的社会学习理论已有了较为全面的论述。二是通过故事情节的渲染,"激起我们体验他人曾承受的巨大不幸,或者体验他们取得胜利的喜悦",② 唤起学生内心深处的热情与能量,使其产生"人同此心,心同此理"的感觉,即通过情绪感染机制将故事中蕴含的价值观念引入学生的精神世界之中。

第二种是引发价值思考的问题情境,其对应的主要是学生的探究活动。价值观作为主体行为的指导,其本身就带有很强的实践意味,常常贯穿于问题解决的过程之中,问题情境就是指那些带有困惑性和冲突性的价值选择场景。虽然问题情境也是由故事情节和人物角色构成的,但不同的是,故事大多是有结果的,一般会表现对其中人物选择的优劣作出较为明确的判断,而问题情境则往往没有一个十分确定或者令人满意的答案,是开放式的,需要学生的自觉探究与思考。一般而言,问题情境总是包含着价值冲突,这可以说是构成问题和引发思考的必要条件,因此,我们可以按照冲突的程度,将问题情境进一步划分为可调和的价值问题情境和难以调和的价值问题情境。前者主要指那些虽然包含着一定价值冲突,但并不存在根本性利益分歧,比较容易进行价值排序的情境。比如,围绕着"诚实"这一主题进行价值观教学时,教师为了帮助学生更为灵活地应用和理解该原则,就设计了这样一个问题情境:"你的小姨买了一件新衣服,兴高采烈地向你展示,并询问你的意见,看得出她是想得到一个肯定和赞赏的答复,但你却认为这件衣服穿着效果并不好,这时,你是否应该如实相告呢?"在这一情境中,"尊重"这一价值原则显然是优先于"诚实"这一价值原则的,因为即使没有如实相告也不

---

① Yildirim, K.. Values Education Experiences of Turkish Class Teachers: A Phenomenological Approach [J]. Egitim Arastirmalari-Eurasian Journal of Educational Research, 2009, 35: 165—184.

② 丁锦宏著:《品格教育论》,人民教育出版社2005年版,第235页。

会损害彼此的利益，所以，我们还是可以找到一种令人满意的解决方案，巧妙地化解二者之间的矛盾。而后者则是价值抉择极端化的反映，也就是我们常说的"两难困境"，即同时涉及两条或多条价值规范，且难以找到完美解决方案的情境，像柯尔伯格的"海因兹偷药"问题就是这类情境的典型代表。在作用机制上，问题情境对于学生价值观的影响主要是通过认知失调与重构来实现的，罗克齐（M. Rokeach）的研究早就表明："引起价值观念变化的不可或缺的因素，是一个人对其当时观点的不满。换言之，一个人的认知失调会促使他为解决失调问题而修改自己的价值观念。"① 对此，皮亚杰（Jean Piaget）又进行了更为细致的解答，在其看来主体对自身认知结构的建构，就是一个"从平衡到不平衡再到平衡的，不断循环的平衡化过程"。② 冲突激烈的价值情境，必然会对学生原有的价值理解造成冲击，使其陷入一种暂时的失衡与无措状态，由此引发学生对其中涉及的那些影响决策的价值观念与原则进行反思，进而提升其对这些观念认识的全面性与辩证性。总而言之，面对价值问题情境，学生不仅需要感知其中的价值事实，领悟其中蕴含的价值取向，还要进行深刻的探究，仔细考虑各种可能的解决方案及其后果。

第三种则是唤起价值体验的模拟情境，其对应的主要是学生的体认活动。从学生价值认识活动的性质来看，模拟情境与上面提到的故事情境和问题情境都有所交叉，区别主要在于模拟情境更加强调学生与学生之间，学生与情境之间的积极互动，在交互的过程中，学生一般都是以参与者"我"的身份，而不是旁观者"他"的身份进入情境的，这可以让学生获得更为真切的体验，以尽量弥补课堂价值观教学实践空间欠缺的固有局限。根据模拟情境设置的目的，可以将其分为两大类。其中一类只是单纯需要学生进行价值体验，而没有什么思维层面的要求。比如，有教师为了让学生体会"相互配合""团结合作"的积极意义，就组织了"站报纸"的游戏，要求学生每组六个人，同时站在一张报纸上，坚持十秒钟就算成功，当学生取得成功时，就算教师不

---

① 李维著：《学习心理学》，四川人民出版社 2000 年版，第 442 页。
② 贾彦琪、汪明：《从皮亚杰平衡观看智力发展之内在机制》，《集美大学学报（教育科学版）》2015 年第 6 期。

再进行专门评论，相信学生也能够明白其中蕴含的价值指向。① 另外一类，则在体验之余，还需要学生作出理性的价值决策。像角色模拟情境，一般都含有这样的要求。在价值观教学中，角色扮演法可以说是一种备受推崇的方法，而角色模拟情境，即通过学生扮演教学内容中的不同角色而创设出来的价值情境，便是这一方法运用的必要物质基础。在角色扮演的过程中，学生可以充分感受角色"不同的心理，站在他们的角度讲话，将事件的发生、发展过程模拟或虚拟再现出来"。② 在教学实践中，教师常常会为学生创设相应的模拟情境，以此提高其参与的积极性以及沉浸水平。比如，为了让学生更好地体会法律对于调节社会关系以及生活纠纷的作用，某中学道德与法治课教师在讲授《法在身边》一课时，就设计了这样一个案例：

> 一天早晨，三位中学生结伴骑车上学。在路上，三位同学你追我赶，有说有笑，由于注意力不集中，同学甲不小心撞坏了一辆汽车的尾灯。这辆汽车停在了自行车道上，当时车内并没有人，附近也没有其他行人经过。面对这一情况，三个同学纷纷提出了不同的解决办法。
> 同学甲：我不能跑。好汉做事好汉当。
> 同学乙：这得赔多少钱？回家还得挨骂。赶紧跑！
> 同学丙：咱们走，谁让他占自行车道停车呢，撞坏活该！
> 请大家仔细思考三位同学观点中合理与不合理的地方，以及不同做法的可能结果，找到你们认为可行的解决方案，并将其拓展成为情景剧。除了上述三位同学，剧中还可以涉及汽车车主、警察、老师、家长等相关人物。③

通过角色扮演，学生可以更好地感受不同人物的价值立场和心路历程，更为全面地看待价值问题，这些都有利于他们找到更为合适的解决方案。除

---

① 案例出自黄向阳著：《德育原理》，华东师范大学出版社2000年版，第134页。
② 刘蕊：《在主题活动教学中培育社会主义核心价值观》，《思想政治课教学》2017年第11期。
③ 案例出自北京市丰台区某中学道德与法治课教师的课堂实录。

此之外，随着当代信息技术的发展，教师还可以利用多媒体和数字信息技术，提高情境的仿真性与互动性，为学生创造更多"以身体之""以心验之"的机会，以便其能从中获得更为丰富多样的直观感受和切身经验。

（二）延伸层：教师引导学生审视的价值观元素

在价值情境中，我们可以通过感悟理解他人，通过移情认可他人，甚至可以通过直觉通达抽象的价值原则，形成合情合理的价值共识。但正如上文所言，纯粹依赖情感建立的价值关联总是偶然而脆弱的，按照布卢姆对情感领域目标层次的分类，完全经由情感而获得的价值认识，大多处于"接受"和"反应"层次，即能够知觉到这样一种价值现象，并可以对其作出积极的情感应答，但还很难对感知到的价值现象作出恰当而全面的评价，更不会结合自身处境而"承诺"在行动上有所改变。对此，有研究者就曾指出，我们直接在经历中获得的"见闻之知"，只是一种"常识"，此时即便有相应的"行"，也不过是纯粹的感官动作，由于没有任何理性法则可言，因此，这种"知"与"行"之间也没有必然的联系，可以"知"而不"行"，也可以"行"而不"知"。[①] 而要想解决这一问题，促使学生形成真正的"理性共识"，获得真正的见识，进而在"知"与"行"之间构建必然的联系，就需要提取情境之中的一般结构，作出源于情境而又高于情境的价值探讨。只有这样，才能将学生感性层面的初级体悟升华为理性层面的深刻审视，才能确保学生价值学习的广泛迁移，并通过不断的思考获得灵动的价值智慧。由于这一层次的内容主要是从原始价值情境中提取和引申出来的，因此，从功能的角度上看，可以将其命名为"延伸层"，意指源于价值情境的理性延伸，这一层次的内容建构关系着学生价值思维由具体、感性到抽象、理性的性质转化。与自然的价值体悟相比，学生很难自觉对价值情境中"何以为此"的源头性问题进行系统的精细化思考，因此，如果说对于价值情境的体悟可以较多地交由学生独立完成，那么，对于"延伸层"中价值要素的分析和理解，则更多需要依靠教师的引导和帮助。照此来看，"延伸层"的内容设计，充当着整个价值观教学作用的主要着力点，同样也可以看作是价值观教学特殊性的集中显现。

---

① 吴瑾菁著：《道德认识论》，社会科学文献出版社2011年版，第98页。

价值情境本身是生动而丰满的，其中包含着各种人物、事件、立场和选择等，而在这些混杂的表象之后，便是指引我们理性思考的线索。按照价值观的形成过程，可以从中抽离出三大要素，即价值关系、价值理据和价值规范，此三者也就构成了"延伸层"的关涉内容。其中，价值关系居于核心位置，之所以将其置于中心，是因为价值和价值观究其根本，总是产生于关系之中，并在关系中发展的，任何对于价值情境的深入分析都应当以价值关系为始点。在马克思看来，"价值这个普通的概念是从人们对待满足他们需要的外界物的关系中产生的"，① 马丁·布伯（Martin Buber）也表示，"价值呈现于关系，呈现于我与宇宙中其他在者的关系"，② 而人的价值观念实际上也就是其在处理价值关系时所表现出来的某种认识倾向，因此，抓住价值关系，也就抓住了价值问题的实质。那么，究竟如何理解价值关系呢？首先，整体而言，价值关系是一种"属人性"关系，即为主体人所特有的关系类型。对此，马克思曾作过详细说明，他指出："凡是在有某种关系存在的地方，这种关系都是为我而存在的；动物不对什么东西发生'关系'，而且根本没有'关系'；对于动物来说，它对他物的关系不是作为关系存在的。"③ 虽然我们常用"乌鸦反哺"喻指奉养长辈之孝心，但乌鸦的这一举动，从本质上看并没有脱离生理关系的范畴，与人类亲子之间的社会关系显然有着本质的区别。其次，具体来看，可以根据关涉对象的差异，将价值关系分为两大类，其中一类发生在人与物之间，以物对人需求的满足为基本特点，另一类则发生在人与人之间，当然，这里的"人"既包括个体意义上的"人"，也包括人格化了的群体、集团、阶级、国家、民族等，而"人与人之间价值关系的一个重要表现，就是不同的个人、集体、社会之间的需要与满足、奉献与索取等各种矛盾关系"。④ 任何价值观无非就是对某种价值关系的认识与解释，离开了价值关系

---

① ［德］马克思、恩格斯著，中共中央马克思恩格斯列宁斯大林著作编译局编译：《马克思恩格斯全集》（第19卷），人民出版社1963年版，第406页。

② ［德］马丁·布伯著，陈维纲译：《我与你》，生活·读书·新知三联书店2002年版，第13页。

③ ［德］马克思、恩格斯著，中共中央马克思恩格斯列宁斯大林著作编译局编译：《马克思恩格斯全集》（第3卷），人民出版社1960年版，第34页。

④ 朱海林著：《伦理关系论》，光明日报出版社2011年版，第41页。

也就无所谓价值与价值观了。就拿"谦让"这一价值观来说，虽然其最终表现为一种行为层面的倡导，但透过价值关系可以发现，其表达的完整意义其实是当个人利益与他人利益发生冲突时，在允许的范围内，个体应当尝试作出一种有利于他人的选择，简单来说，"谦让"这一价值观念处理的就是个人与他人的利益关系。而"孔融让梨"作为历代传承的经典故事，可以说是教材编写者和教师在传达"谦让"这一价值观时优先选用的情境素材，但价值观教学的实施过程中，尤其是在多元文化愈益明显的今天，学生却常常质疑这一为社会所提倡的高尚行为。比如，有些学生会以自己并不喜欢吃梨，或者觉得胃口小吃不了大梨等理由来曲解"让梨"的价值寓意；还有的学生则直接讽刺孔融行为的"虚伪"，认为孔融明明自己也想要，却要装出一副无所谓的样子，反而显得他的哥哥、弟弟一点儿都不懂事等。诸如此类的看法，总是令教师倍感头疼，至于为何会出现这样的问题，我们认为并不宜完全归咎于"让梨"行为的过时，其在很大程度上还是因为教师并没有提取情境中的价值关系，没有在这个观念的本质层面上做文章，才最终陷入了"就事论事"的僵局。

确定了价值关系之后，就需要进一步思考处理这一关系的价值理据。所谓价值理据，顾名思义就是指那些支持主体作出价值判断与选择的理由与依据，我们通常所说的"晓之以理"中的"理"指的实际上就是价值理据。比如，在处理个人利益与集体利益的关系问题上，就存有两种典型的价值理据：一是个人主义，这一理据从"人性自私"出发，是一种"强调个人利益，重视个人自由和自我支配，不受外来约束和控制的学说和理论体系"，因此，持有该价值理据的主体，必然会在个人利益与集体利益相互矛盾时，优先选择个人利益，表现出以个人价值需求满足为重的行为倾向。二是与之相对的集体主义，这一理据主要立足于"人的社会历史性"，它一方面强调个人利益与集体利益的辩证统一，另一方面，则强调集体利益的至上性，认为当集体利益与个人利益发生冲突的时候，我们需要顾全大局，服从集体利益的安排，必要时还应当果断作出个人牺牲。[1] 可见，一个人持有什么样的价值理据，也就决定了其处理价值关系的方式。关于价值理据的重要性，柏拉图曾经说过：

---

[1] 朱海林著：《伦理关系论》，光明日报出版社2011年版，第135页。

"仅仅得到一个问题的正确答案不能构成知识,这只能构成真实的信念。知识必须有一种给予问题答案所依据的理由(理性 logos)的能力。"① 这说明真正的价值知识必定包含着恰当的价值理据,辨别主体的价值判断究竟是经由理性作出的,还是诉诸直觉完成的,最为关键的也就是看其是否持有清晰明确的价值理据。价值理据与价值理性之间的关系,就好比质料与形式之间的关系。一方面,价值理据构成了价值理性发展的资源,人的价值理性正是在运用价值理据的过程中逐渐发展成熟的;另一方面,人的价值理性也关系着其价值理据选择和运用的合理性,价值理性越高的人通常越能全面而准确地把握各种价值理据,也就能更快更好地找到处理价值关系的恰当依据。然而,对于价值理据的忽视,却可以说是价值观教育教学活动中长期存在的问题,我们总是过分关注学生的判断结果,认为不论动机如何,只要有正当的行为倾向便是可以的。针对这一问题,威尔逊(John Wilson)早已表明了自己的态度,他指出:"一个在道德上受过教育的人不仅仅以某种特定的方式行动和感受,而且是为了特定的理由才这么做。例如,一个人给穷人钱,或不偷窃,或挚爱他的妻子是不够的,因为他有可能是为了不充分的甚至不光彩的理由才这么做——他想讨好某些人,或害怕被抓住,或者是为了浪漫。他必须为了正当理由而行动和感受。要做到这一点,他就必须了解什么是正当的理由并坚信它们是正确的。但除非有人把这些理由教给他,否则他无从了解这一些。"② 综合上述事实,不难发现,价值选择与价值行为同价值理据之间的关系是十分复杂的,既存在不同理据导向不同选择的情况,也存在不同理据指向同一行为的现象。因此,在价值观教学中,我们必须特别关注潜藏在特定选择与行为背后的价值理据,对学生持有的价值理据保持高度的敏感性,及时纠正其思想层面可能存在的偏差和潜在危险。要知道理性共识不仅看重共识的结果,同时也强调共识的理性内核,那些表面上相互一致,但却各有打算,甚至不客气地说是各怀鬼胎的共识结果,不过是一种"小人"之"同",

---

① [英]海姆伦著,夏甄陶等译:《西方认识论简史》,中国人民大学出版社 1987 年版,第 7 页。

② 张正江著:《多元时代的德育:理性德育论》,西南大学出版社 2017 年版,第 165 页。

绝非价值观教学追求的理想状态。

在价值情境中,依照价值理据对价值关系进行处理,必然会产生相应的行为要求,这种要求被普遍认可之后,便会形成价值规范。"从描述的意义上看,价值规范是一种行为准则,或是一种导向群体共同价值的规则体系",①具有较为明显的直观性和较强的操作性,比如,"要对自己说过的话负责任""朋友遇到困难应当主动帮助"等,就是典型的价值规范,它们直接规定着主体的行为表现和活动秩序。从功能的意义上看,价值规范不仅是价值认识活动的产物,直接影响着合理价值关系的建立和维持,同时也是"评价活动中整合价值信息的最基本的单位,与我们把概念称为认知活动中的'逻辑细胞'相似,我们把规范称为评价活动中的'逻辑细胞'"。② 就上述意义而言,价值规范无疑构成了价值观教学的实质性内容,尤其是对于小学低年级的学生而言,受其价值理性发展水平所限,与行为习惯培养密切相关的价值规范甚至可以说是其价值学习的全部内容。当然,需要指出的是,虽然价值规范指向的都是人的行为,但其性质与强度却存有明显的层次之分,按照其强制性与严厉性的高低,可以将其分为刚性规范、柔性规范和理想性规范三种基本类型。其中刚性规范是指每个人都必须无条件服从,如有违反便要接受惩罚的价值规范,法律制度就是这类规范的典型代表;柔性规范是指规定人应该怎样做或不该怎样做的行为规范,与刚性规范相比,这类规范并不是一种必然性程序,主体在其中仍有回旋的余地,社会中一些约定俗成的行为规范往往就属于柔性规范的范畴;而理想性规范则指"鼓励和促进人的全面发展,不断追求,不断提高人的思想觉悟、道德情操和人生境界的规范,它的最大特点是不要求每人在现实中都必须做到,而是给人提供一种价值目标和理想向往",③ 我们所崇敬的那些美好德性大多都带有理想性意味。正如曾子说过的那样,"大孝尊亲,其次弗辱,其下能养"(出自《礼记·祭义》),那些具有普遍意义,经过理性审视而沉淀下来的价值观念必然都包含着多个层次的

---

① 潘自勉:《论价值规范》,《现代哲学》2002 年第 1 期。
② 陈新汉著:《评价论导论:认识论的一个新领域》,上海社会科学院出版社 1995 年版,第 156 页。
③ 胡敏中:《论规范的科学性和价值性》,《宁夏社会科学》2010 年第 6 期。

规范要求，当我们从情境中抽离出其中表明的价值规范时，不仅要详细分析这一规范背后的价值关系和价值理据，也要清楚定位其所属的类型水平，基于学生的实际情况进行恰当解读，并提出合理要求。

通过上述分析可知，延伸层中三个要素彼此支持，紧密相关，所谓价值认识过程，就是从日常生活的价值现象之中抽离出内蕴的价值关系，再利用相应的价值理据，对这一关系进行分析，进而得出价值规范的思维过程。在追寻理性共识的过程中，价值观教学应当尽可能全面而客观地展现价值原则背后的网络，借助具体的价值情境，在价值关系、价值理据和价值规范之间构建合理而有机的联系，使得学生不仅能够"知其然"，更能够"知其所以然"。

（三）最终层：学生深化体悟并认同的价值原则

价值学习的最终目的就是希望学生获得较为稳定的思维模式和基本的价值原则，为此，我们将这种带有终极性意义的价值原则置于整个价值观教学内容结构的"最终层"。这里的价值原则与"延伸层"中的价值规范在表现上具有一定的相似性，但并不完全一致。从性质上看，价值规范往往与具体的情境相关联，而价值原则则是跨情境的，在价值问题的处理上具有普遍适用性。从作用机制上看，价值规范主要是通过将主体置于某种标准的压力之下进而约束其行为，而价值原则则主要诉诸文化理念的力量去推动主体自觉行动，[1] 我们平时所说的"三观"中的"价值观"实际上就是在价值原则，而非价值规范层面加以指称的。像联合国教科文组织和联合国儿童基金会公布的《生活价值观教育计划》中涉及的"合作、自由、幸福、诚实、谦逊、爱、和平、尊重、责任、简朴、容忍和团结"等价值观，以及我国社会主义核心价值观中的"富强、民主、文明、和谐、自由、平等、公正、法治、爱国、敬业、诚信、友善"，就都是为人类或者社会群体所普遍认可和共同追求的价值原则，或者说是一种经过抽象概括的理论体系。价值原则的形成需要建立在理性认识的基础上，同时也要求情感上的认同以及行为上的践行，只有三者

---

[1] 岑国桢著：《青少年主流价值观：心理学的探索》，上海教育出版社2007年版，第6页。

兼备，我们才能说学生真正将某种价值观转化成了自身的精神财富，这也是价值学习区别于一般知识学习的特殊之处。因此，与"延伸层"的三个元素相比，系统而专门的价值观教学力量通常并不能对学生价值原则的形成发挥决定性影响。因为越是抽象，越是居于高层次的价值原则，就越具有不可名状的特点，需要长期践行与深刻领悟，学生在这一过程中必然会遇到各种障碍，甚至是反复。为此，在价值观教学中，一方面需要教师不断地引导学生在理智的层面上对自己的立场和选择进行反思，尽量避免情绪化的消极影响，另一方面，也需要学生自身的意志支持，因为如果学生完全没有坚持原则、克服困难的意愿与勇气，那么，再多的反思与悟解都不过只是一纸空谈罢了。正是在这种不断锤炼的过程中，价值原则才能真正成为主体衷心信服的信念与理想，价值观教学才能真正称得上是有效和成功的。正如有研究者指出的那样："克服行为的分散性、不稳定性的过程不是一蹴而就的。其间有对立思想的斗争，有对不同思想导致的不同行为后果的比较与评价，有行为趋向的取舍。经过反复实践反复认识的过程，人们才能认识到只有本质属性导致的行为才是正确的。这样，才能在本质属性的基础上确立自己的思想，稳定自己的行为，使思想升华为信念，使行为获得前所未有的坚定性、一致性、持久性。"① 价值学习的这一规律也决定了价值原则并不能通过某节课，或者是某几节课便可成型，这也表明那些因短期内未见效果就对价值观教学的有效性大加否定的做法的确有几分"无理取闹"之嫌。

在由"延伸层"跃升到"最终层"的过程中，学生的理性直观能力通常也会随之增长。理性直观与感性直观不同，虽然二者都具备省略思考过程而迅速作出判断的特点，但却代表着两种完全不同的价值反应类型和层次，其中感性直观更多基于人的本能而发生，理性直观则需要长期的学习积淀。之所以称其为"理性直观"，是因为其看似不假思索，实际上从未跳过理性，而是将理性变成了一种自动化的结果，是理性的一种直观表现。认识活动中的直观大多指的就是理性直观，而不是那种纯乎情感的感性直观。对此，有研究者在论及道德认识活动时曾表示："直观不是天生的，不是所谓的'第六感官'，而是人们的认识达到普遍性、综合性、本质性的一种表现，是基于道德

---

① 姚新中著：《道德活动论》，中国人民大学出版社1990年版，第163页。

感知、学习、思考等认识成果之上的一种认识活动，是事物属性与其本质之间的'断路'的突然接通。"① 如果学生具备了这一能力，当他们在生活中遇到一些相对简单的价值问题时，就无须再对价值关系、价值理据与价值规范这三个元素进行细致分析，也足以作出合理而恰当的价值判断了。简而言之，理性直观赋予了学生处理价值问题的灵动智慧，一旦拥有了这种能力，学生既不会因各不相同的价值情境而掣肘，也不会陷入事事皆需斟酌才可决断的烦恼之中。

综上所述，价值观本身就是一个多层次的复杂结构体，根据价值认识活动的展开过程，可以将其分为彼此关联而又相互区别的三个不同层次。在这三个层次中，如果说价值观教学内容结构的"基底层"针对的主要是价值认识的具体化问题，旨在为学生提供具体可感的操作素材，那么，"延伸层"则主要着眼于价值认识的概念化过程，目的在于为学生奠定理性的思考方向，而"最终层"则代表着价值观教学力求让学生形成的内在原则，是价值观教学的最终旨归。此外，需要补充说明的是，就价值观形成的整个过程而言，这三个层次并不完全是单向运行的，我们既可以从价值情境出发，经由价值关系、价值理据和价值规范的分析，不断接近上位的价值原则，也可以由抽象的价值原则下行至具体的价值情境，作出价值决断，并以此来检验和调整自身的价值原则体系。而这里之所以重点论述"自下而上"的方向，主要是因为其更符合人类价值观的形成规律，当然也更符合教学活动中价值认识的发生逻辑。具体而言，人类社会的价值观形成过程，就是人们在面对各种现实价值问题之时，基于各自的立场与看法，作出相应的选择，并在观点的反复交锋以及策略的不断调整中，形成某种价值共识和价值体系的过程，而教学中学生个体价值认识的形成则是对这一历史逻辑的改造，因此，价值观教学的重点就在于引导学生从对某一观念粗浅的感性认识上升到精细的理性认识，并产生价值认同的过程。至于那种"自上而下"的逆行路径，作为一种原则应用的过程，则带有更多的实践意味，在教学活动中主要还是为了验证和巩固"自下而上"的价值认识成果，因此，在这里便不作重点解说。

---

① 姚新中著：《道德活动论》，中国人民大学出版社 1990 年版，第 163 页。

第二节 基于"三层次五元素"的价值观教学内容加工要点

在课程设置和教材编制的过程中,某节课应当重点关注哪些价值原则,早已经过了充分的考虑和科学的规划,但是,具体应该怎样去教,怎样去组织这些内容,还需要教师进行适当的二次加工,其加工的目的就在于使现有素材更加贴合学生的学习需求,更好地促进其价值认识水平和能力的提升。关于这一问题,上文构建的"三层次五要素"结构模型就非常直观地展示了个体在价值观形成过程中需要重点把握的要素和线索,可以作为教师进行内容加工时的理论依据,而本节就在此基础上,根据这一模型,进一步对价值观教学内容的加工要点以及基本程序作一详细解释。

一、剖析原始素材中的价值元素构成

在对价值观教学内容进行结构化设计之前,首先需要全面而深入地剖析课题中涉及的各种原始素材,这些素材既包括教材中现成的范例,也包括教师自行选用的相关案例。准确把握这些原始素材,可以说是确保教师后续教学内容加工,乃至整个教学过程设计质量的前提条件。

(一)提取基本的情境要素

价值情境通常都取自鲜活的现实生活,虽然在被转化为素材之时,它们已经得到了一定程度的简化,但大部分情境仍然包含着丰富的细节与线索,这就需要教师能够预先提取其中的关键要素,并借助这些关键要素探明情境素材中蕴含的价值逻辑和思考空间。为了更好地理解价值情境的复杂性,我们可以看下人民教育出版社八年级道德与法治教材中,用于学生探究与分享

活动的情境材料,具体内容如下:

> 钱伟长是我国著名科学家、教育家。1931 年,19 岁的钱伟长考入清华大学。当他考虑读历史专业还是中文专业时,传来日本关东军在东北制造九一八事变的消息,他毅然决定转学物理,以求科学救国。后来,他在美国加州理工学院喷气推进研究所取得卓越的学术成就,且收入颇丰。就在事业如日中天的时候,传来了抗日战争胜利的消息,他当即决定回国,到母校清华大学任教。1948 年,当他有机会重返美国工作时,面对签证申请表上的"若中美交战,你是否忠于美国"一栏,他毫不犹豫地填上"否",放弃了赴美机会。

这个情境虽然人物相对单一,介绍的就是钱伟长的故事,但时间跨度较大,期间涉及的抉择点也比较多,因此,情节还是比较复杂的。"如果没有问题的提示或导向,学生很难把握这个情境的主题:个人利益与国家利益之间的关系。学生多会从爱国的角度考虑这个问题。"[①] 当然,从爱国的角度加以理解也无可厚非,爱国主义情怀在钱伟长身上可以说是熠熠生辉,但若只认识到这一点,显然还浮在现象层面,尚未深入问题的实质,换言之,就是没有从理论的角度对这一情境加以分析,也就十分容易陷入上文提及的教师和学生因回国与否而争执不下的困局。从这个角度上看,为了更好地实现价值观教学构建理性共识的最终目标,引领学生进行一些更为深入的思考,教师在运用这些素材之前,首先应当对其进行细致的分析。分析的项目主要分为两大类:一是情境本身的构成要素,包括事件中的相关人物,事件的起因、经过、结果等,厘清事件的来龙去脉;二是情境背后的价值要素,按照"三层次五元素"模型的构成来看,也就是素材中关涉的价值关系、潜在的价值理据、显现的价值规范,以及最终指向的价值原则。

提取以上两类元素,一方面,可以帮助教师有效去除各种干扰细节,以及隐含其中的不良信息和消极价值取向,方便学生更为准确地抓住问题的本

---

① 万作芳、任海宾:《问题情境的类型与设计——以初中道德与法治教科书为例》,《思想政治课教学》2017 年第 11 期。

质，最大限度地规避情境内容对于学生潜在的负面影响。另一方面，还可以帮助教师预测学生可能产生的各种想法，并判断学生能够在这些原始素材的支持下到达何种思维层次，进而结合教学任务，对素材的选用作出取舍。比如，某教师在讲解"爱国"这一价值原则时，为学生提供了一段保定某小学学生"致礼国旗"的视频。视频中学生和老师正在陆续走进校园，此时，校园广播里的国歌响起，广场上的学生和老师都自觉停下脚步，笔直站立，向缓缓升起的国旗行注目礼，直到国歌奏罢才各自散去。视频播放完毕后，教师又作了一番简单解说，便让学生谈谈自己对"爱国"的理解。有的学生认为爱国就是要好好学习，有的学生认为爱国就是要尊重国旗，还有的学生甚至半开玩笑地表示自己从没有思考过这种"深奥"的问题。一番发言后，教师对学生的回答似乎并不满意，指出学生对于爱国的理解还不够深刻，表示："爱国是中华民族的传统美德，是我们每个公民都应当具备的道德情操，也是当前社会主义核心价值观的重要内容，它不仅仅表现在一些细小的行为上，更是一种内在精神的体现，无论我们在何时何地都应当记住自己是中国人，尊重爱护我们的祖国，努力为祖国的建设贡献自己的一份力量。"[1] 从教师的回应可以看出，就其潜意识而言，显然并不希望学生对"爱国"的认识只停留在一些具体的行为表现上，但是，我们需要考虑的是，为什么学生的回答都只能触及一些具体的行为表现呢？对此，也许绝大多数人都会将其归咎于小学生的认识水平不高，不能进行一些相对抽象的思考。我们当然不否认年龄是决定学生思维发展的重要因素，但真的仅仅如此吗？事实上，威尔逊就指出各种研究的结果已经充分证实了道德学科，或者说是价值问题所需的推理类型，年幼儿童早已具备，小学阶段的儿童完全可以理解道德要素与行为之间的联系，[2] 这就提示我们或许可以跳出上述思维惯性，从其他角度去解释这一问题。出于以上考虑，我们尝试将目光从学生身上转移到教学内容上。当我们做了这一转换之后，再来看这个例子就可以发现，在教师提供的案例中，价值规范是一条非常明显的线索，至于其他的结构要素则相对弱化，而

---

[1] 案例出自北京市海淀区某小学品德与社会课教师的课堂实录。
[2] 戚万学著：《冲突与整合——20世纪西方道德教育理论》，山东教育出版社1995年版，第246页。

这种结构的缺陷，势必会影响到学生的理解深度，这就是说，教师提供给学生的思维加工素材并不足以支持和引导其进行更为深入的思考。因此，如果教师希望得到学生更加深刻的回应，就需要为他们提供一些价值关系、价值理据都相对清晰的价值情境，否则沿着这样的思路，学生着实很难自觉产生多角度的全方位认识，教师最后的升华也会变为无力的过度解读。这个例子实际上就从侧面印证了提取情境要素，对明确原始素材使用方式与效果的重要意义。

（二）分析相关的价值网络

虽然价值观教学活动中选用的每一个情境都有意欲传达的核心价值理念，但正如上文所言，价值情境总是复杂的，这就决定了其与价值观念之间并不可能是一一对应的单线关系，各种价值观念在情境中必定是彼此关联，相互交织的。因此，在对教学素材进行剖析时，除了要提取其中基本的情境元素之外，还要特别留意情境中包含的各个价值观之间的关系，它们究竟是方向一致的，还是彼此冲突的，又或者是共同作用于主体某一行为倾向的，只有这样才能将价值问题置于网络之中，看清其中暗含的联系，获得更为真实而全面的认识与理解。就以我们经常使用的"公交车让座"情境为例，相信很多人都觉得这类简单情境并没有什么思考的必要，更不会考虑其中存在的价值网络，然而，待具体分析后便会发现，"在这个行为里，从道德价值上来说，与对外人的'体贴'、在众人面前践行这一行为的'勇气'、克服自己想坐的心情的'克己心'等等道德价值都有瓜葛"。① 也就是说，这一看似简单的行为倾向实际上是"尊老爱幼""体贴他人"这类主导价值观念与各种相关价值观念共同作用的结果，如果教师只是单纯强调"体贴"或者"关爱"这些观念，就会像日本学者金井肇担忧的那样，尽管学生也会认为老师所讲的是正确的，但还是会觉得有什么地方不对劲，难以认同，形成真正的共识。这个例子告诉我们，学生之所以对某些价值原则抱有一知半解，或者将信将疑的态度，与教师没有清晰地展现出价值情境中各种观念的网络体系也不无

---

① ［日］金井肇：《活用结构化方式的教学原理创建生动活泼的道德教育》，《中小学教师培训》2002年第1期。

关系。因此，若想把某一价值问题和价值原则真正地讲清楚、讲透彻，就需要教师从整体上把握价值情境，在突出重点的同时，适当兼顾情境中涉及的其他非主导价值观念。除此之外，还有一些价值情境本身就存在着多种相互交织的复杂价值关系，而不仅仅是围绕着同一个行为倾向衍生出来的，其中关涉的价值网络就更加复杂了。比如，像前面提到的各种价值冲突情境，一般都会涉及多个价值主体的利益冲突，更需要教师对其进行细致梳理，以明确各个利益主体及其价值主张的关系，具体而言，教师可以借助情境提示和问题设计，引起学生对于这些联系的关注，进而帮助他们作出较为合理的价值排序，形成为大家所普遍认可的问题处理方案，更好地达成理性共识。

二、确定价值观教学内容的加工重点

由于与价值观相关的内容不仅会出现在德育课程、伦理课程等专门化课程当中，形成主线式的价值观教学样态，同时也广泛分布于其他各个学科，表现为主题式的价值观教学样态，而后者显然不会将完善学生的价值观作为课程的首要目标，再加上价值观自身内涵的复杂性，使得价值观教学根本无法像数理学科教学那般，形成一个清晰而富有逻辑的内容体系。这就需要教师在价值观教学内容构建方面花费更多的心思，倾注更多的精力，基于对原始素材的搜集与分析，结合学生的发展水平，以及具体的教学要求，对所选内容进行恰当的增减与转化，使其由一种潜在的教学资源变为可以真正同学生发生互动的价值认识对象。

（一）价值观教学内容加工的影响因素

无论是教材中业已提供的，还是教师自行搜集的素材，在其并未进入现实的教学活动中，并与具体的教学场景建立关联之前，都只能算作潜在的教学资源，有时可能与学生的真实发展情况以及具体的教学任务要求不是非常契合。这就需要教师准确判断是否有必要对这些原始素材进行二次加工及其加工方向。在这一过程中，有两个因素可以作为教师决策的重要依据，一是学生的发展水平，二是教学的任务要求。

一方面，所选情境素材能否发挥其应有作用，首先就取决于学生是否能够理解其中的深意。如果学生的认识能力以及经验水平与教师提供素材的难度以及背景之间差距较大，那么，他们不仅无法理解这些内容，甚至还会产生不同程度的误解。相对而言，学生在价值领域的成长，确实不像其在知识和技能领域的发展那样具有较强的规律性。对此，克里夫·贝克就曾指出，在科学学习上，"人们越来越总体地接近数学运算的顶峰"，但在价值生活中，"却不存在一种随年龄增长而出现的总体上的提高"，"我不想否定有些年长者比一般年轻人更有道德。但是我要否定的是在价值上年长者总体上优于年轻人的主张"，"人们并没有随着年龄的增加而越来越总体地接近生活的顶峰"。[①]用"反年龄歧视论"来解释价值观和伦理道德领域的学习规律，自然有它的道理，但这更多只能说明价值领域的学习不可能像知识和技能领域的学习那般严谨，对于先学什么、后学什么并没有明确的公认之规，绝不意味着可以完全抹杀掉价值学习以及价值观教学中的年龄差异问题。从整体上看，处于不同年龄阶段的学生在价值学习，尤其是价值认识方面至少还是存在较为明显的群体差异的。关于这一问题，柯尔伯格就作过非常详细的研究，还提出了道德认知发展阶段理论，认为人的道德认知和推理是按照"三阶段六水平"的顺序成熟起来的，其中第一阶段为"前习俗阶段"，包括惩罚和服从定向，以及工具享乐主义定向两种水平，第二阶段为"习俗阶段"，由好儿童倾向，以及维护法律和秩序定向两种水平组成，第三阶段则为"原则性或后习俗阶段"，可以细分为社会契约定向和普遍伦理原则定向两种水平。进入小学时，儿童大多处于由阶段一向阶段二的过渡时期，这既表明学龄期儿童可以从自己的立场出发去思考道德和价值问题，已经基本具备了达成理性共识的可能，同时也反映出了儿童在处理这些问题时必然会表现出一定的不成熟，尤其是对于仍然处于前习俗发展水平的低年级学生而言，我们并不能期望他们可以在综合考虑各种复杂因素之后作出符合理性的价值决策。因此，在价值观教学初期，教师大可不必将价值观的内容结构完全展开，着重处理好由"价值情境"到"价值规范"这一条通路反而会是更好的选择。正如我国古代哲学

[①] [加]克里夫·贝克著，詹万生等译：《学会过美好生活——人的价值世界》，中央编译出版社1997年版，第94页。

家荀子所揭示的那样："在个体道德发展的初级阶段，也就是个体的幼年时期，我们无法不将道德教育等同于道德知识教育。"① 而就当今的教学而言，也有教师在访谈中表达了类似的经验之谈，提出：

> 反正对于低年级的小学生来说，你就必须要先告诉他到底该怎么做，可能没办法现在就让他完全理解"为什么"，但是他可以在头脑里有这个印象，可以防止他在行为上出现一些特别大的偏差。②

这就是说，在追寻理性共识的过程中，理性的空间究竟应当有多大，或者说教学内容的展开空间究竟应当有多大，还是要依照主体理性认识的发展水平而定，并不是说需要理性投入越多的价值问题就越能促进学生价值理性的提升，维果茨基（Lev Vygotsky）的最近发展区理论就有类似的解释，此处便不再赘述。

另一方面，原始素材与教学任务要求的匹配度，也是我们确定价值观教学内容加工方案的重要依据。所谓教学任务就是指为实现教学目的所提出的不同层次的要求，"它不仅言明了教学的方向，也明确规定了教学所应达到的质与量的要求，并贯穿于教学活动的全过程"，③ 教师对于价值观教学内容的加工自然也应当以此为依据。那么，价值观教学领域中，究竟存在着怎样的学习层次要求呢？在这一方面，布卢姆及其团队关于情感领域教育目标分类的研究成果堪称权威，这一研究成果最为关键的学术贡献就在于它成功描摹出了情感连续体，借此解开了情感达成的渐进过程。具体而言，布卢姆按照内化的顺序，将人的价值观形成，换个角度也就是价值观教学的目标，分为了五个层次（如图 4-2 所示），这个过程是"从个体仅仅觉察到某种现象并能够知觉到它这样一个层次出发的。在下一个层次上，他愿意注意某些现象。再在下一个层次，他在对这些现象作出反应时具有积极的感情。最后，他的

---

① 陈默著：《荀子的道德认识论》，中国社会科学出版社 2016 年版，第 199 页。
② 资料出自研究者对北京市海淀区某小学语文教师的访谈记录。
③ 陈婷婷：《指向核心素养培育的学生主体活动构建》，《教育理论与实践》2019 年第 10 期。

感情可能强烈到以特别努力的方式来作出反应。在这个进程组织的某一点上，他把自己的行为和感情概括化，并把这些概括化的东西组织成一个结构。在这个结构不断增加复杂性，以致成为他的人生观"。① 如果说，我们的教学目标只需要达到"接受"或者是"反应"的层次，那么只要关注情境的感染力，并确保其有着正确的价值指引方向即可，不需要对"延伸层"的理性分析要素做过多的关注，但如果想要继续达到"价值评价"或者"组织化"的程度，想要在学生的"知"与"行"之间建立起有效的理性联结时，就需要补充情境中的其他逻辑关系元素，从价值立场和实现条件的探讨中，推演出规范、升华为原则。

图 4-2 布卢姆情感领域的目标层次

除此之外，这里需要补充说明的是，价值观教学内容加工的上述两个影响因素固然是彼此关联的，比如，教学任务的确定在很大程度上就是依据学生的认识发展水平而定的，但是相关并不等于重合，价值观教学任务的确定同样还受到其自身教学类型的限制，关于此，我们在概念界定中已经明确指出，与数学教学、语文教学、音乐教学不同的是，价值观教学并不是某门特定课程的教学，它不是一个专有概念，而更多类似于集群概念，我们不能说

---

① ［美］D. R. 克拉斯沃尔、B. S. 布卢姆等编，施良方等译：《教育目标分类学：情感领域》，华东师范大学出版社1989年版，第26—27页。

价值观教学就是某门或者某几门课程的教学，但是我们可以按照各个学科的教学内容及其核心指向，划分出主线式价值观教学和主题式价值观教学两大类型。由于主线式价值观教学通常会对某一价值问题进行系统而持续的探讨，因此，相对于主题式价值观教学而言，其对教学层次的要求也较高，这说明价值观教学的任务要求也常常受制于其所属的样态类型，所以说，学生认识发展水平和教学任务要求这两个影响因素虽有交叉，但说的也并不完全是一回事。

（二）价值观教学内容加工的基本方式

明确了是否有必要对原始素材进行加工，以及加工的大致方向之后，我们就需要进一步确定价值观教学内容加工的具体方式。综合来看，其加工方式主要也可以分为两大类，其中一类我们可以称之为"增减"。具体而言，一是可以通过删除不必要的冗余信息突出主线。由于原始素材很多都直接提取于现实生活，其中必然存在着大量与价值观教学目标相关性不大的细节和事件，这些信息极易分散学生有限的注意力和认知资源，应当予以删减。比如，某教师在讲授《预防犯罪》一课时，选择了最近备受关注的"孙小果案"，详细呈现了孙小果一生中经历的包括父母离异、母亲再婚、应征入伍、结交损友、屡次犯案被捕，其父母采取各种方式助其减刑，以及最终接受了应有制裁等21个关键事件，光讲述这个案例就花费了将近半节课的时间，而且，由于涉及的人物和因素过多，学生也很难抓住这一案例的主线，最后教师还将出生在公务员家庭的孙小果与出生在贫寒家庭的马云，两人不同的人生轨迹作对比，以说明加强自我防范，树立正确人生目标的重要性，但学生实际上并不能将这两个人物很好地联系起来，因此，整节课都显得十分沉闷和乏味，效果很不理想。经过课后研讨，该教师也意识到了这一问题，遂提取了孙小果结交损友、以成为当地恶霸为志向、屡教不改、终被惩戒等几个关键点，着重将这几个事件讲述得更为精彩，并冠以虚构的化名，在第二次教学时，学生的参与度和领悟度便有了明显的提升。[①]

二是可以通过增加更为丰富的线索充实主旨。就以前面教师在访谈中讲

[①] 案例出自北京市丰台区某中学道德与法治课的教师教研活动。

述的"爱国科学家回国之争"为例,该教师坦言自己在课后也进行了反思,认为这节课的失败主要还是出在自己对情境的把握和处理上,即在呈现案例时没能很好地表现出科学家面临的个人利益与国家利益间冲突的激烈性,如果再补充一些介绍当时特定时代背景,以及这位科学家所做研究的重要性与机密性等辅助材料,相信学生一定可以更好地理解这位科学家的选择,达成预想的共识。

另一类加工方式是转化,具体包括叙述方式的转化以及呈现方式的转化两种。在叙述方式的转化方面,首先,要选择合适的叙述视角。对于同样一件事,采取不同的叙述视角,就会给人一种全新的体验。其中,第一人称的体验视角,直接生动,容易将学生带入情境之中,激发其情感共鸣;第三人称的旁观视角,可以帮助学生对事件进行更为全面和客观的分析,同时还可以引发其对自身的反思;而编辑性质的全知视角,则能够更好地呈现整个事件的背景和发展状态,以及不同主体在其中的立场和思维方式,便于教师进行明确的价值引导和点拨。其次,要打造恰当的叙述风格。除了叙述视角以外,叙述风格也会影响学生对价值情境的理解。如果教师将重心放在让学生相信价值情境中反映的行为和品格是真实存在和值得效仿的,那么关键就在于展现情境的逼真性与趣味性,提升情境的感染力与吸引力;而如果教师将重心放在让学生分析价值情境中暗含的观点和理据,则应当着重对这一情境进行客观而详细的描述,以凸显情境潜在的理论性与深刻性。最后,还应当结合特定的时空背景,再造情境的文化根基。同样的情节与事实,进入不同的文化背景中,就可能被赋予完全不同的意义。比如,花木兰代父从军的故事,在我国的传统讲述中,表现的就是孝道精神,而被搬到了美国迪士尼的大银幕上,就变成了个人英雄主义的宣扬。这就充分说明了价值观与放之四海而皆准的客观科学知识不同,它具有很强的文化性,人们对于价值观的理解与评判会因时代的更迭和地域的转换而有所不同,需要我们更加仔细地审视那些源于历史和域外的价值情境,找出情境中有悖我国当代价值思维模式和价值心理结构的地方,并对其进行重新编码,以破除学生在理解上的隔膜。

而在呈现方式的转化方面,德尔(E. Dale)和韦杰(W. Wager)提出的经验之锥(Cone of Experience)(如图4-3所示)则可以为我们确定价值观教

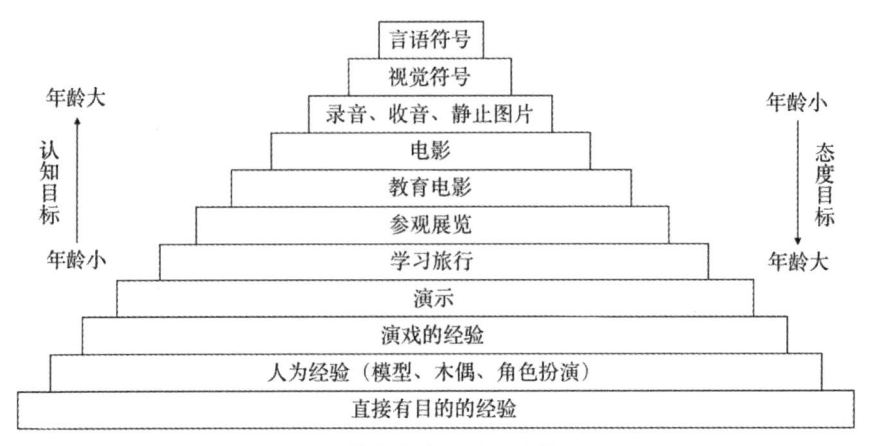

```
                          言语符号
                          视觉符号
年龄大  ↑              录音、收音、静止图片              ↑  年龄小
     认  |                  电影                        |  态
     知  |                教育电影                       |  度
     目  |                参观展览                       |  目
     标  |                学习旅行                       |  标
年龄小  ↓                  演示                          ↓  年龄大
                         演戏的经验
                    人为经验（模型、木偶、角色扮演）
                        直接有目的的经验
```

图 4-3　德尔和韦杰的经验锥形图

学内容的适宜形态提供一些有益参考。在德尔和韦杰看来，"学生年龄不同，经验发展水平有差异，其内在的编码系统不同，对教学媒体的接受能力不同，采用的教学媒体也应有差别"。而且，更为有趣的是，学生年龄与媒介选择的关系在认知领域和情感领域并不一致，学生的态度学习，或者说是本研究关注的价值学习，遵从的顺序正好是知识学习倒置的结果，也就是说，"在'态度目标'的教学时，年幼儿童容易从其所尊敬的人的言语指示或劝说中改变态度，而年长儿童则易于从直接经历的体验中改变态度"。[①] 这一发现提示我们虽然语言符号常常被视为间接和抽象的表达方式，但由于其意见表达较为明确，方向也较易把握，再加上学生对于权威人物的自然趋向性，反而使其居于态度认知的起始位置。因此，教师完全不必担心直接让学生接触语言文字会成为其学习上的障碍。其实，从我国价值观教学发展的历史来看，语言文字符号无疑就是古代幼儿进行价值学习依托的首要载体，像《三字经》《增广贤文》等就都是通过话语劝诫来让学生铭记其中蕴含的价值观念。只是我们在运用言语符号媒介的时候，要特别注意符合学生的认知水平和偏好，尽量使用简单、生动、而又便于识记的语言。而随着学生年龄的增长，尤其是其对价值观念理性认识的提升，再为其提供一些视听影像，或者让其直接参与一些社会实践，他们便能较好地领悟这些内容背后潜藏的价值原则，真正赋予经历以意义，将其化为有益自身价值成长的能动经验。总之，在现实的

[①] 武怀堂主编：《思想教育心理学》，华夏出版社1987年版，第308页。

教学活动中，我们大可依据这一规律，用更适合学生的方式呈现这些原始材料，以帮助他们对教学内容形成更为准确和深刻的认识。

三、设计价值观教学内容的逻辑关联

在通常情况下，价值观教学活动中的价值情境并不是单个出现的，而是有多个案例指向同一个价值问题和价值主题，这就需要教师的合理布局，通过设计常见的内容逻辑关联，带领学生超越日常经验的浅见，真正走进价值的深邃空间，实现对理性共识的追寻。

（一）以先导材料引领价值思考方向

价值观就像包围在我们身边的空气一般，虽然从未缺席，却也很容易为人们所忽视，这一点同样可以推演到价值观教学之中。很多时候，学生并不能从看似司空见惯的情境中有效提取需要进一步思考的内容，对于这些内容他们或者视而不见，或者偏离重心，这就需要教师提供适当的先导材料，为学生的思考作必要铺垫。关于此，美国著名心理学家奥苏贝尔（D. P. Ausubel）曾提出过"先行组织者"这一概念，意指"认知结构中已有的、具有普遍意义的背景观念材料"，[①] 是一种包摄性较广，且相对稳定的引导性材料。在最初的论述中，"先行组织者"的功能主要是在已经知晓的"旧知识"和需要知晓的"新知识"之间建立联系；而今，人们围绕着"先行组织者"的功能还进行了一些拓展性应用研究，像促进教学立意的提升，辅助教学内容的组织也逐渐被纳入了其作用范围之内。尽管奥苏贝尔提出的"先行组织者"主要针对于认知领域，但在价值观教学的内容展开方面，同样也需要类似于"先行组织者"的先导性材料作为引领，这一材料一方面可以帮助学生更好地识别价值情境中包含的价值观念，或者关涉的价值问题，向着追寻理性共识的方向而努力，另一方面，也可以唤起学生已有的经验储备，

---

① Ausubel D. P.. The Use of Advance Organizers in the Learning and Retention of Meaningful Verbal Material [J]. Journal of Educational Psychology，1960（51）：267－272.

并借助其去同化新的教学内容。

干国祥老师在执教《斑羚飞渡》一课时,为了还原其原初寓意,引导学生思考人们在面对灾难时应当如何选择,尤其是在这一关头如何理解个体生命尊严与意义的问题,而不要陷进对老羚羊的牺牲精神之真伪的考察,或者是人类自私举动的批判之中,就在正式讲授课文之前,呈现了一个有关生命抉择的两难故事。

师:上课之前先讲个故事。假日到了,有个男人带着一家人——他的母亲、温柔的妻子和可爱的儿子去划船。不料船翻了,全家落入水中。这家人中只有这个男人会游泳,而他的能力只能救一个人。请问:他该救谁?为什么?

生:我认为应该先救儿子,因为儿子是未来,是希望。

生:我认为应该先救母亲。因为妻子没有了可以再娶,儿子没有了可以再生,但是母亲没有了就再也不会有了……

师:呵呵,女同学注意听,以后要小心这个人了。

生:先救儿子。因为儿子小,容易救。然后再来救另外的人。

师:怎么没有人想到先救妻子呢?(生笑)

(学生在下面众说纷纭,莫衷一是)①

有了这一材料打底,学生就会建立起危难关头如何对生命进行取舍的思考路径,在进入"斑羚飞渡"这一特定情境之后,就会围绕着这一核心内容去找寻斑羚的取舍标准为何。同样的,在面对教师提供的其他相关情境中,学生也会着重思考这一情境中主体遵循的取舍标准是什么,以及这些不同的取舍标准究竟意味着什么,生命的尊严和价值在其中又是如何体现的。这样,学生就会对生命的价值问题进行更为深入的思考,而如果没有上面先导性材料的铺垫,可能也就不会出现后面那些水到渠成的分析与探讨了。

---

① 案例出自干国祥:《斑羚飞渡》,《人民教育》2004 年第 Z2 期。

（二）以教学支架搭建价值认识链条

与在日常生活中自然而然获得的经验相比，学生从价值观教学中获得的经验通常具备较好的有序性和完整性，它超越了日常经验杂乱无章的状态，可以一步步引导学生的思维走向更为深广的空间，这个逐步深入的过程靠的主要就是教师精心搭建的教学支架，正所谓"儿童的'学'就是在不断地、积极地建构着自身的过程；而教师的'教'则是一个必要的脚手架，支持儿童不断地、积极地建构自己，不断建造新的能力"。[①] 具体到价值观教学中，教师一般可以通过设计三类教学支架来搭建学生的价值认识链条。

第一类是平行式支架。所谓平行就是指这些支架之间的关系是并列的，其本身并没有特别明显的难易区分，或是质的差异，提供这样的支架，更多是希望通过类似的情境强化学生的价值认识。比如，在讲到诚实问题时，就有教师先后呈现了华盛顿砍倒樱桃树、列宁打碎花瓶，以及狼来了的故事，从正反两个方面，让学生体会到"实话实说"的重要性。尽管并列式支架说明都是同一个道理，但在类似情境的累加效应以及对比案例的反衬效应作用下，都可以产生单一情境难以独自达到的说服力与冲击力，而这就是我们设计并列式支架的意义所在。若将学生的年龄因素考虑在内，由于低年级价值观教学的主要目的就在于让其明白并认可某个道理，再加上学生的认识能力相对有限，并列式的支架设计无疑是这一阶段价值观教学的首选。

第二类是递进式支架，强调支架间由易到难逐步过渡的关系。这类支架就像阶梯一样，可以作为学生攀爬的抓手，引领其价值认识的深入发展。比如，有教师为了使学生充分理解诚信的重要性，以及如何在生活中践行诚信，就以"共享单车"为核心案例，设置了由浅入深、层层递进的七个问题，包括：

（1）《弟子规》中提到的是什么传统美德？
（2）请思考并说出身边讲诚信和不讲诚信的例子。

[①] 陈丽香、冯维：《论组织者教学与支架式教学的异同及应用》，《教学与管理》2006年第24期。

（3）共享单车引发的"诚信危机"有什么影响？

（4）从共享单车出现的危机中，可以看出诚信会对企业产生什么影响？

（5）中国重承诺、负责任的行为会带来什么影响？

（6）作为使用者，我们该如何化解共享单车的"诚信危机"？

（7）如果发现家人把共享单车偷偷藏进家里，你会怎么处理？为什么？[①]

正如执教者自己评价的那样，上述问题设计由浅到深、层层递进，从最初对"诚信"概念的初步理解，到后面从个人、社会、国家等角度对"诚信"影响的多方探讨，再到最后结合共享单车事件对"诚信"原则的实践应用，学生的思维也经历了一个不断深化发展的过程。

第三类是发散式支架，即以某一价值观念或价值问题为原点，从不同角度和层次选取相应的材料，以引导学生对其进行更为全面的审视，从种种不同的价值现象中归纳出相对一般的价值认识。仍以上文提到的干国祥老师执教的《斑羚飞渡》一课为例，在这一课中，为了使学生明白危难关头究竟应当如何对生命作出取舍，教师就在课文之外，又呈现了三个案例材料，让学生看到不同文明状态下关于这一问题的真实处理情况。其中第一个材料反映的是人类的"弃老"传统，即在物质匮乏的时代，为了年轻一代的生存，人类不得不放弃年老一代，让其在深山或窑洞之中自生自灭；第二个材料描述的是海难发生之时，船长命令让妇女先行撤离，随后是其他乘客，船员则负责断后的动人情境；第三个材料讲的则是新疆克拉玛依某礼堂突发大火，各级领导捷足先登，全部脱险，剩下200余名学生和30余名教师葬身火海的热点事件。这几个情境，正好可以从文明与野蛮的不同维度说明这一问题，基于这些材料，在教师的引导下，学生就可以大致清楚人类作出不同选择的缘由，并了解当前文明社会所推崇的价值选择，从而获得对这一价值问题的深刻认识。

[①] 案例出自辜玲红、刘石成：《"一例到底"教学法——以"诚实守信"为例》，《中学政治教学参考》2018年第9期。

总而言之，能够反映某一价值观念或解释某一价值问题的价值情境多如牛毛，如果只是单独去看这些材料，那么，价值观教学的内容必定只能成为一个个散乱无章的点，与我们自行获得的生活经验没什么显著差异，甚至还比不上生活经验的生动与真实，因此，系统组织可以说是价值观教学内容与这些日常经验相互区别的关键。通过先导性材料的设计和教学支架的搭建，教师就可以使潜藏在价值情境和价值问题背后的逻辑显现出来，而在这种思考逻辑和链条的指引下，学生的思维也可以逐渐聚合，最终达成有效的价值共识。

第五章 对话与理解：价值观教学活动构建的核心指向

活动作为主体与客体之间相互作用的中介，是连接主体内在精神状态和外部存在状态的桥梁。从结构上看，活动主要由主体、对象、手段和条件等要素组成；从类型上看，活动的范围相当广泛，既包括实物性活动，也包括主体内部的认识活动，既包括有意识的能动活动，也包括无意识的本能活动；而从结果上看，个体内部的发展变化无不需要经由活动方能实现。正如有研究者指出的那样，"一个人从事什么样的活动，怎样从事这些活动，是决定一个人身心发展的关键所在（内部机制）"。[①] 在价值观教学中，活动指的就是教师和学生围绕着教学内容而表现出的一系列行为方式，正是这些行为方式的组织与选择决定了教学目标以及教学任务最终的达成效果。而以追求理性共识为定位的价值观教学在活动的构建过程中，除了要遵循个体价值学习的一般规律，让学生得以经历完整的价值学习过程，获得富有结构的多样化经验之外，还要特别突出理性共识达成的特殊要求，沿着"对话—理解—共识"的方法路线，依照对话与理解的内在精神对教学活动进行系统的规划与组织，通过充分调动学生的价值理性，增强师生、生生以及生本之间的交流互动，以便更为有效地实现塑造学生理性共识的时代追求。

---

① 王本陆：《简论发展性教学》，《现代教育论丛》2001年第5期。

第一节 价值学习的完整过程与
理性共识达成的主导活动

人类创造教学活动,就其最为直接的目的而言,还是为了给予学生学习更为充分和有力的支持,因此,明晰个体价值学习的完整过程,并依据各个阶段不同的学习特点和需求确定恰当的教学事件,可以说是价值观教学活动构建中最为基本的要求。与此同时,为了更好地应对多元文化时代带来的挑战,促进学生理性共识的达成,在遵循个体价值学习一般规律的基础上,我们还要进一步分析当前价值观教学活动构建的特殊要求,进而设计出更富针对性的技术路线。

一、价值学习的阶段构成及其教学活动要求

在个体价值学习的过程方面,我国古代教育家早在封建社会,就已经明确了个体价值观获得与养成需要知、情、意、行四个方面的相互配合,历经"知道—明道—信道—体道"等连续环节,并依据这一认识构建了相应的教学活动。而随着学习心理研究的不断深入,人们对于个体价值学习的认识也愈加精细,为价值观教学活动的构建提供了更为可靠的依据。根据现代心理学的研究成果,我们可以将个体的价值学习大致分为价值识别、价值感知、价值理解、价值认同和价值实践五个不同阶段,其中前四个阶段以价值内化为主,即个体接受外部价值观念并将其作为自身精神世界一部分的过程,而最后一个阶段则以价值外化为主,即个体在适当情境下将自身价值观表达出来的过程。由于这五个价值学习阶段的侧重点各有不同,因此,对于教学活动的要求也存在一定差异,下面我们就分别对这五个阶段作一个具体分析。

（一）价值识别阶段及其对教学活动的要求

对于价值现象与价值观念的识别，可以说是个体价值学习的萌发阶段。在这一阶段，主体通过与客体的接触，以及对环境的观察，将其中的某些价值现象与价值观念从背景中抽离出来，特别加以注意，并生成对这一内容的直观印象。在价值识别阶段，个体是否可以识别到事件之中蕴含的价值问题与价值观念，以及能够识别到何种程度，从认知层面上看，一方面取决于主体的感知能力和价值敏感程度，即在同样的情境下，那些感知能力强、价值敏感度高的个体，通常可以更为迅速和准确地识别到事件背后的道理以及个体复杂的心理状态，从中获得价值感悟，而那些感受力差的个体，对此却往往视而不见；另一方面，还与个体的已有经历密切相关，一般而言，相似的经历背景更容易引起主体的关注，至于那些对主体而言相对陌生的内容则很容易遭到忽视。而从动力机制上看，个体的价值识别情况还会受到自身意趣以及情绪状态的影响，一般而言，处于相对活跃的情绪状态，无论是积极的体验，还是消极的感受，都更有利于个体主动发出价值识别活动，而在相对平缓的情绪状态下，个体则不易产生价值识别的愿望。

虽然价值识别阶段涉及的主要是潜意识层面的唤醒活动，基本不包含对于价值问题以及价值观念的有意分析，但其对于个体价值学习的意义同样不容忽视。它就像"一只无形的手，在寻找、捕捉客观事物满足主体需要的属性，一旦发现，便形成价值感受，发生价值效应，把主体从事实世界开始引入价值世界"。[①] 这就是说，如果没有价值识别的发生，后续的价值学习活动也无从谈起。在这一阶段，价值观教学最重要的就是要调动学生的兴趣，吸引学生的注意力，并进一步激发他们的探索欲望和学习动机。诚然，教学的内容选择以及呈现是激活学生价值识别的关键，但从活动安排上看，教师同样可以设计一些相对生动的引入活动，比如，带有互动性质的小游戏，简单的班级调查等，来提升学生的注意水平，使其更好地聚焦于价值观教学的实质性内容之上。此外，需要说明的是，对于一般的知识学习而言，让学生明确所要达成的目标，是提高其注意效能较为常用的方式，但是"如果要形成

---

① 袁贵仁著：《价值学引论》，北京师范大学出版社1991年版，第235页。

或改变一种态度的话,那么极少会在事先宣布目标,因为那样会损害教学的目的",① 因此,教师最好以相对隐晦的方式让学生识别到预期的认识对象。

(二)价值感知阶段及其对教学活动的要求

当个体通过价值识别活动,将特定的价值现象从整体背景中提取出来之后,便会进入价值感知阶段;如果说价值识别阶段还带有较多预备性质的话,那么,价值感知则意味着个体价值学习的正式开始。所谓价值感知,就是指主体对识别到的价值现象中包含的价值问题及其处理规范,以及价值承载物所产生的最为直接的感受和印象。由于在个体心理过程中,感觉与直觉几乎同时发生,且均处于感性认识的层面,因此,一般将二者统称为感知觉,在现实的活动分析中通常也不作更为细致的区分。就像我们在日常生活中可以自发地获得一些粗糙,甚至包含错误的前科学概念一样,在价值感知阶段,个体也会以他人的表情、言语和奖惩等作为参照,从中获得直观的反馈和真切的印象,即获得初步的价值理解,进而形成一定的价值倾向,只不过这种经由直觉式体验获得的观念,还相对笼统和片面,也很难通过语言清晰地加以描述,尚需要进一步的修正和深化。

人类所有的认识活动都需要以感知为起点,但是对于事实的感知和对于价值的感知,显然并不相同,前者并不需要主体卷入其中,仅仅通过外部的观察也可以完成,但是后者则需要"主体把自身当作客体,从而获得关于客体的感性信息",② 即需要经由真实的体验活动才能实现。体验之于价值感知,乃至整个价值观形成过程的意义,恰似有研究者描绘的那般:"生命就是一条由体验汇集而成的长河,点点滴滴的体验连接成源源不断的认识,感觉、知觉、情感、意识都与行为相伴随,共同构成孕育价值观的河床。"③ 因此,在这一阶段,价值观教学的重点就是要尽可能打开学生的各种"感官通道,为

---

① [美] R. M. 加涅著,皮连生、王映学、郑葳等译:《学习的条件和教学论》,华东师范大学出版社 1999 年版,第 284 页。
② 朱小蔓著:《情感教育论纲》,人民出版社 2007 年版,第 151 页。
③ 徐蓉著:《现代性语境下的中国价值观建设》,复旦大学出版社 2014 年版,第 34 页。

视觉、听觉、嗅觉、触觉、运动觉提供全方面的感受机会"。① 而打开个体感官通道最为直接和有效的方式就是创设一些体验活动，营造轻松的感悟氛围，使主体可以全身心地卷入到情境当中，由此来获得全面而充分的感知体验。比如，为了让学生了解规则的重要性，习得遵规守纪的价值观念，教师设计了这样一个活动：他请一位学生与自己下五子棋，在游戏过程中，故意连走两步，率先形成"五子连线"，以违反规则的方式取得了胜利。此时，同学们通过下棋者的反馈，以及身边同学的反应，便会自然形成"违反规则是不好的"这一初步的价值感知。此外，为了确保价值感知的效果，教师在这一阶段，应引导学生充分觉察和表达自己的主观感受，并让学生在日常学习中做一些"体验并分享情感"的练习，像浙江省省编新版思想品德教材中《飞吧，小鸟》一文，就详细描写了"小明爱鸟、护鸟、养鸟、放鸟的行为及心理、情感变化和发展历程，可谓情中有理，理中有情"。针对这一内容，为了强化学生的价值感知，教师就可以设计类似于"看到一只受伤的小鸟，我感到……""看到一群自由飞翔的小鸟，我感到……"等问题，② 引导学生由不随意的价值识别阶段，向着随意的价值感知阶段转变。

（三）价值理解阶段及其对教学活动的要求

价值理解是指"个体通过自己的思想结构领会获取外来的价值信息，并转化为自己价值体系的有机组成部分"的过程，③ 是个体价值学习由感性向理性过渡的枢纽点。在价值感知阶段，个体只需要产生有关"好与不好"的直观感受即可，而在价值理解阶段，个体则需要根据自己的已有经验，尝试去解释"因何为好"或者"因何为不好"等问题。价值理解既包含着客体不能直观的深层价值，而且也意味着对客体价值效应的机制的审视与了解，关涉到客体价值的深刻根源和它发挥作用的内在机制问题，④ 是一种对于价值认识对象的全面审视。由是观之，如果说价值感知更多表现为感性经验的丰富，

---

① 王健敏著：《道德学习论》，浙江教育出版社2002年版，第129页。
② 魏贤超著：《德育课程论》，黑龙江教育出版社2001年版，第328页。
③ 陈章龙、周莉著：《价值观研究》，南京师范大学出版社2004年版，第76页。
④ 袁贵仁著：《价值学引论》，北京师范大学出版社1991年版，第235页。

那么，价值辨析则主要体现为理性认识的提升，直接关系到主体价值观的发展与成熟，主体价值学习的成果也自这一环节起开始逐步显现。之所以得出这样的结论，是因为主体在进行价值辨析的同时，自身的思想结构也会随之变化。按照图式理论的观点，当主体成功感知，或者说接受到某种信息之后，若该信息与自身已有的思想结构相一致，就会被直接纳入其中，进行"同化"，实现主体思想结构"量"的积累；而当主体已有的思想结构与外部信息存在较大差异，不能对其进行"同化"之时，就会迫使主体建立新的思想结构，或者对原有的思想结构进行调整，产生"顺应"，此时主体的思想结构就会出现"质"的转变。

而从理解的结果上看，由于"个体的政治经济地位、所处现实环境、学识素养、生活经历、情绪情感的不同"，[①] 使得他们在面对同一价值现象或价值行为时常常会得出迥然相异的结论。比如，对于"见义勇为"事件，有些人认为这样的选择可以促成个体社会价值的实现，同时还有利于社会的和谐稳定，应当予以推崇；有些人认为做出这类举动可以获得他人的褒奖，因此值得尝试；还有些人可能会因为看到帮助他人对自身利益的损害，而从一开始就不支持这一做法。因此，对于这一阶段的教学而言，一方面可以通过问题的设置，引导学生对价值现象中包含的矛盾冲突以及价值行为背后蕴含的价值理据等进行一些深层次的理智思考；另一方面，为了帮助学生达成基于理性的共同认识，还可以为学生创造交流与辩论的机会，让他们在对话的过程中了解到看待问题的各种不同价值立场以及可供选择的解决方案，找到其与自身思想结构的平衡点，弥补原有认识的不足和偏差，进而获得价值认识层次的整体提升。

（四）价值认同阶段及其对教学活动的要求

对于一般的客观知识而言，只要能获得理性层面的理解，便可以认为主体获得了这一概念，其习得过程也可就此告一段落，但是对于价值学习而言，却还要"在理解的基础上加以认同，有一个'信与不信'的问题"。[②] 关于认

[①] 陈章龙、周莉著：《价值观研究》，南京师范大学出版社2004年版，第76页。
[②] 李红：《道德价值观的结构及其教育模式》，《教育研究》1994年第10期。

同，社会学家曼纽尔·卡斯特（Manuel Castells）曾进行过专门研究，在他看来，认同是一个非常宽泛的概念，而当其特指社会领域的活动时，则表示"在文化统治或相关的整套文化特质的基础上建构意义的过程，而这些文化特质是在诸意义的来源中占有优先位置的"。[①] 从这个角度上看，价值认同也就是主体在各种可能的价值倾向之中确定了一个最佳选择，并对其进行了成功的意义建构。实际上，当主体在价值辨析阶段，将内部的思想结构与外部的信息之间建立起某种联系之时，就已经承认了其所作判断的意义，但彼时的"认"主要还是一种理性层面的"认清"，而"认同"则需要牵涉更多的情感因素，正是这些情感因素才使得理解升华为相信，使得知识转化为信念。当然，我们说价值学习从性质特点上看，就是一种情感体验与理性判断相互交织的双轨活动，并不只有在价值认同阶段才关涉情感，但情感在各个阶段发挥的作用以及所处的地位却是存有差异的。像在价值辨析阶段，情感的影响更多是潜在的，处于辅助地位的，而在价值认同阶段，情感就变成了认同达成的决定性因素。对此，有研究者曾明确表示，"虽然理性的力量有时能够战胜情感的力量，使认同产生和建立，但如果没有情感上的认同，那么这种认同也是极不稳定和难以长久的"，[②] 情感对于价值认同的形成可谓至关重要。而一旦主体形成了对某种价值观念的认同，就会积极而果断地照此观念行事，并从中获得情感上的快慰和精神上的满足，在这种反应的不断巩固下，个体价值观也将逐步趋于稳定。"例如，对于'要善待我们身边小动物'这一行为规范深信不疑的儿童，见到别人虐待小动物会引起不愉快的感觉，而对自己做了帮助小动物的事会体验到愉快。"[③] 此时，我们便可以认为主体已将某种价值观念完全内化到自己的价值体系之中了。最后，需要指出的是，虽然价值内化就其进程特点而言，与社会化十分相近，二者都包含有将社会所倡导的观念、标准和做法结合到自身价值体系之中的内涵，但"'内化'这个术语在指形成一般的价值观和态度等过程时，比社会化的意义更广，后者只是指

[①] ［美］曼纽尔·卡斯特著，夏铸九、黄丽玲等译：《认同的力量》，社会科学文献出版社2003年版，第2页。
[②] 陈章龙、周莉著：《价值观研究》，南京师范大学出版社2004年版，第304页。
[③] 皮连生主编：《教育心理学》，上海教育出版社2011年版，第220页。

接受当代社会的价值形式",[①] 而前者还包含有创造性和批判性理解的可能。

从生成的条件来看,价值认同需要充分的情感支持,而从生成的方式来看,自我反思则是这一阶段对应的主要认识方式。价值学习中的反思并不同于一般的"思",其特殊性主要体现在"反"上,即带有反身自求和反复求之的意涵。像我国古代的价值观教学,就特别强调"学思结合",要求学生在"学"的基础上不断进行反思,主动将所学内容与自身相联系,所谓"诚心正意""致良知"便是如此。这也告诉我们,主体只有真正从自身出发确证了某种价值选择和观念的合理性,才能对其产生情感上的肯定和信任。在这一阶段,外部的教学活动所应做的就是尽可能帮助主体实现意义确证。具体而言,一是要给予学生充分的反思时间,并引导其联系自身经验,尤其是当时的行为动机和情绪反馈,去审视价值观教学中的相关问题;二是为其提供类似的情境,让其反复确认是否仍然需要坚持所作的选择,以此来强化他们对所作选择的信心。

(五)价值实践阶段及其对教学活动的要求

严格来说,经过价值认同阶段,主体就已经习得了某种价值观念及其行为要求,并实现了其与自身价值体系的整合。但是由于价值观发挥着引导个体态度表达与行为表现的作用,与一般的知识相比,具有更为突出的实践倾向,因此,还需要经过价值实践活动的磨炼,才能得以稳固,成为主体一贯的坚持。对此,我国古代早就提出了"博学之,审问之,慎思之,明辨之,笃行之"的治学主张,主体的价值学习自然也不能仅仅停留在理念层面,最终还是要付诸实践。正所谓实践是检验真理的唯一标准,主体通过价值识别、价值感知、价值理解和价值认同一系列阶段而习得的内容,都需要接受实践的检验。检验的标准主要就是外界的评价以及个体的内心感受,在这个过程中,主体会根据实践反馈情况对已有的认识加以调整,其中那些与积极感受和正向评价相关的价值观将得到强化,由此被固定下来,成为个体坚定的信念。反之,那些与消极感受和负向评价相关的价值观则会得到矫正,慢慢被

[①] [美] D. R. 克拉斯沃尔,B. S. 布卢姆等编,施良方等译:《教育目标分类学:情感领域》,华东师范大学出版社 1964 年版,第 29 页。

主体所放弃。因此，从功能上看，价值实践作为主体价值学习成果的外化阶段，在其价值学习过程中主要发挥着反馈与固化功能。

与前述四个以价值内化为主的阶段不同，受到价值观教学自身性质以及学校特定时空条件的限制，为学生创造真实的价值实践机会，是教学的应有追求，但却并不是教学的核心职能。一方面，就教学活动的产生与存在而言，其在很大程度上就是"为了解决新生一代对人类文明成果的再认识问题"，①教学活动归根结底还是一种认识活动，不论是对知识教学，还是对价值观教学而言，都没有例外。另一方面，与广阔的社会空间不同，学校很难为学生提供真实的价值实践机会，尽管进步主义教育的代表者杜威提出过"学校即社会"的观点，但细加分析便可发现，其口中的"社会"，显然不是真正意义上的社会，而只是"一个小型的社会、一个雏形的社会"，是一个经过简化和净化之后的空间，它并不可能像真实的社会环境那般，包含着大量的价值矛盾和冲突。而且，学校的教学时间也相当有限，相较而言，社会场景才是学生进行价值实践的主阵地。当然功能的有限性并不意味着价值观教学在这一阶段便完全无能为力，或者无须用力了。首先，可以适当组织一些小型的社会实践活动，比如，有教师在上"一元钱究竟有多重"一课时，为了让学生更好地体会"一元钱"得之不易，进而形成正确的金钱观，就在课前布置了让学生独自赚取"一元钱"的活动，②鼓励学生走出校园，深入到真实的社会生活当中。还可以退而求其次，构建一些带有实践指向的认识活动，让学生在言语情境或者虚拟情境中去运用和体悟价值观念。最后，我们说实践只是一种形式，反馈才是这一阶段的重点，因此，只要抓住了反馈机制，让学生在各种活动中尽可能充分地感受到正面激励和反面讽刺，同样也可以起到价值实践的替代性效果。

上述五个阶段就构成了一个完整的价值学习过程（如图 5-1 所示），经过这些阶段的循环与反复，主体的价值观念体系便会得到发展与完善，并成为内在于个体的稳定精神力量。此外，需要特别说明的是，以上五个阶段的划

---

① 王本陆：《教学认识论三题》，《教育研究》2001 年第 11 期。
② 张茂聪著：《品德与生活（社会）新课程教学法》，开明出版社 2003 年版，第 110—112 页。

分及其先后顺序更多只是一种理论逻辑的概括，对于个体价值学习的真实过程而言，这几个阶段的边界显然并没有那么清晰，一些阶段很有可能会同时发生，或者交叉进行。

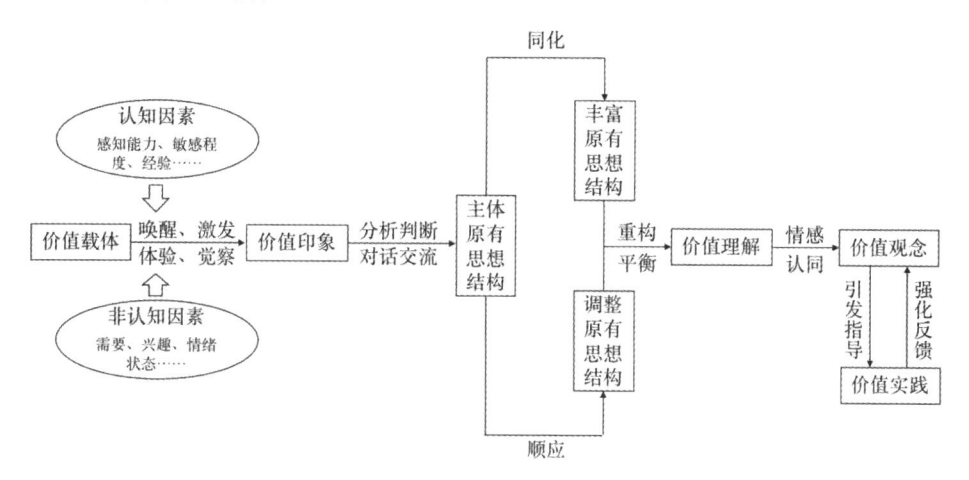

图 5-1　个体价值学习过程示意图

至于各个阶段对应的教学活动，则可以作如下概括：价值识别阶段应以引起学生注意、激发探索动机为主；价值感知阶段应当为学生创造充分体验和感受的机会；价值理解阶段的重点在于让学生通过与文本、教师，以及同伴的交流，对价值情境中包含的要素进行全方位的深入审视，并将其整合到自身的思想结构当中；在价值认同阶段更多需要设法让学生联系自身情况进行深刻反思，从情感的层面再次确证通过价值理解所获内容之意义；最后在学校教学条件允许的前提下，则可以尽可能组织一些真实的价值实践活动，或者创设一些价值模拟活动，以巩固和强化学生形成的价值观念。

二、价值理解作为构建理性共识的主导活动

多元文化时代价值观教学追求的理性共识，简而言之就是一种经由主体充分的理性审查，并生成于主体之间的、共通共享的价值认识。诚然，整个价值观教学过程都应当以构建学生的理性共识为使命，但是不同教学环节在实现这一任务的时候发挥的作用显然并不相同。而其中的价值理解环节，一方面直接与学生的理性相沟通，深刻影响着其内在意义的构建，另一方面，

学生还可以通过视域融合，将不同的观点相互关联起来，获得更高意义的普遍性，由此达成不同层次的价值共识。由此可见，与价值识别、价值感知、价值认同、价值实践环节相比，价值理解在构建理性共识的过程中更富关键意义，可以视为理性共识构建的主导活动，或者说是整个价值观教学活动的中枢环节，应当予以特别关注。

（一）价值理解意味着主体对价值问题的深层追问

理解是教学领域中的一个常用概念，《哲学大辞典》将其定位为一种"理性认识活动"，即"借助概念，通过分析、比较、概括以及联系、直觉等逻辑或非逻辑的思维方式，领会和把握事物的内部联系、本质及其规律的思维过程"。① 像我们平时所说的领会、了解、明白就是在这个层面上言说"理解"的，这可以说是理解最为基本的含义。相对而言，《朗曼当代英语词典》中对于"理解"的解释则显得更为全面，表示"理解"一词的指涉范围应当涵盖"理解的行动和判断的能力""心智能力和悟性""同情"和"一种私有的、非正式的一致意见"。② 不难看出，此处的理解已经超越了单纯的理智层面，带有了情感沟通的意味。而我们所说的"价值理解"显然并不局限于第一种解释，它关注的主要是人的行为方式和存在方式，就其性质而言，可以算作一种指向人之关系领悟的人文理解。威廉·狄尔泰（Wilhelm Dilthey）曾对认识自然和认识社会的方式作出过明确区分，提出了"自然需要说明，而人需要理解"的著名论断，其中"说明"指的就是通过观察和实验等科学实证方式，从个别现象中总结出一般规律，进行因果解释的过程，而"理解"则指运用"外在感官所给予我们的符号而去认识内在思想的过程"，③ 并将理解作为探索精神世界的特定途径。此后的哲学诠释学更是从存在论的意义上升华了理解的内涵，甚至有一种将"理解"拉出理性认识领地的趋势。然而，尽

---

① 冯契主编：《哲学大辞典》，上海辞书出版社2001年版，第817页。
② Longman Dictionary of Contemporary English ［M］. London：Longman Group Ltd.，1978：1200.
③ ［德］狄尔泰：《诠释学的起源》，洪汉鼎主编：《理解与解释——诠释学经典文选》，东方出版社2001年版，第76页。

管人们对于社会现象和自然现象的把握方式存在差异，就以我们探讨的价值问题为例，由于其关涉对象主要是"人与自然、人与社会和人与自身的客观伦理关系，它们始终与人融于一体，难以分解"，[①] 因此，与对客观知识的理解，或者说是事实理解相比，需要倾注更为丰富的体验和领悟，"价值理解"的独特性由此显现。但不论其多么特殊，也不可能越过认识论，越过理性，而直接进入存在论的领域。正如有研究者指出的那样，"认识论作为人类思维的必要环节，只能被超越但不能被跨越"，[②] 价值理解中必定包含着"理"的意涵，需要建立在理性审视的基础之上。简而言之，我们认为价值理解既是一种心理活动，也是一种生命活动，是一种介于理性与信念之间的心灵状态，具有认识论与存在论整合的双重意义，当我们强调理解的存在论意义之时，也不能忽视其基本的认识论意义。

在价值学习的诸种活动中，我们之所以将价值理解视为主导活动，主要是因为其既包含着人文感悟，又包含着理性审视，表现出了主体对于价值问题的深层追问。首先，从地位功能上看，价值理解是价值内化的核心环节，主体识别与感知到的对象最终还是要通过理解的加工，才有能被赋予意义，进而成为人们认同的内容。具体而言，"意义的生成存在一个选择的过程，价值观的形成也是一个选择的过程，选择的基础就是人们根据已有的知识和经验对问题的理解与判断"。[③] 当然，我们说价值认同才是个体价值获得的标志，才是价值观教学的终极任务，但是，一旦个体拥有了真实而深刻的价值理解，自然会产生相应的情感体验，而且，与情感认同活动相比，外在的教学支持在价值理解活动中无疑能够发挥更为充分的作用，从这个意义上，我们完全有理由将价值理解这一环节视为整个价值观教学活动的质量控制环节。其次，从作用机制上看，价值理解可以通过对于价值问题的深层追问，推动学生内在意义的有效建构。价值观念的内在依据总是隐藏在文字符号或者外在行为之后，这种内在依据也就是关于某一价值观念在特定背景中产生的必要性、可行性与合理性解释，它不能通过反映的方式获得，而只能依靠理解的方式

[①] 鲁洁、王逢贤主编：《德育新论》，江苏教育出版社2010年版，第78页。
[②] 郭晓娜：《理解性学习论》，华东师范大学博士学位论文，2010年。
[③] 徐蓉著：《现代性语境下的中国价值观建设》，复旦大学出版社2014年版，第42页。

探寻，理解的过程究其实质就是主体运用反思性思维的过程。"这种思维乃是对某个问题进行反复的、严肃的、持续不断的深思，并进一步解释为对于任何信念或假设，按其所依据的基础和进一步推导出的结论，对其进行主动的、持久的和周密的思考。"① 在理解的过程中，价值现象与价值观念背后的意义指向也将逐渐显现。此外，理解作为一种建基于理性分析，而又超越了理性分析的认识活动，能够使主体在整体上把握意义，按照埃德加·莫兰（Edgar Morin）的说法，理解就是在理智上抓住整体。由是观之，价值理解可以通过对于价值现象和价值观念内在理据的深刻把握，促成意义的解蔽与生成。所以说在价值观教学中，只有抓住了价值理解这一核心环节，才能引发学生对价值问题进行深入而理智的思考，理性共识才具备了达成的可能。

（二）价值理解最终体现为不同主体间的视域融合

视域（horizon）作为诠释学中的重要概念，意指一种"看视区域，这个区域囊括和包容了从某个立足点出发所能看到的一切"。② 基于此，可以将理解解释为主体间的不同视域经过不断沟通和融合，最终形成新视域的过程，而这个全新的视域其实也就是我们所追求的理性共识。这种理性不是一般意义上的科学理性，或者说是工具理性，而是以"主体—主体"关系向度为特点的交往理性，在这一理性的指引下，自我与他者，包括为他者代言的文本相遇，他们彼此尊重，在融合的过程中，"允许相异的视域变成自己的视域，而且并不是通过批判地破坏相异的视域或非批判地重建这种视域，而是用自己的概念在自己的视域之中解释这种相异的视域，从而给予他新的有效性来完成这种任务"。③ 也就是说，视域融合所追求的并不是单向的强制同化，而是双向的互识共生，是带有不同视域的主体抛弃既有成见，向着更高的普遍性敞开自身，一同构建衷心认可的理性共识。正如伽达默尔所言，"视界融合

---

① ［美］约翰·杜威著，姜文闵译：《我们怎样思维》，人民教育出版社2005年版，第11页。

② ［德］伽达默尔著，洪汉鼎译：《真理与方法》，上海译文出版社2004年版，第391页。

③ ［德］伽达默尔著，夏振平、宋建平译：《哲学解释学》，上海译文出版社1994年版，第94页。

保存、拓展了解释者和传统共有的东西",① 融合的视域不再属于某个主体，或某段历史，而是成为了参与到视域融合过程中的"我们"的精神财富。

在一元价值统领时代，由于人的主体性大多处于被压制和蒙蔽的状态之下，价值观教学采取的主要是一种单向灌输的方式，无论是教师还是学生，都要无条件地向既定的价值主张靠近，凡是与这些主张相违背的观点都会被直接归为"误解"。在当时的人们看来，不仅存在着普遍有效和唯一正确的价值主张，而且他们完全可以透过文字表达，复刻其中的意涵，因此，通过外部的强制认同就可以有效达成塑造共识的目的。然而，到了多元文化时代，随着主体性的不断觉醒，人们的价值认识起点也愈益分化，传统社会稳固的价值体系趋于瓦解，对于价值问题，人们有了更多富有差异的见解，此时若想将这些观点，尤其是那些相互冲突的意见，转化为和谐一致的思路，就需要诉诸主体间的视域融合。说到主体，由于教学活动中存在着教师这一特殊主体，尽管其价值理解情况并不是价值观教学的直接目的，但是也会影响到价值观教学的效果，因此，与一般的理解活动相比，价值观教学视域融合涉及的主体关系显然更为复杂，其中既有学生视域与文本视域，以及教师视域与文本视域的直接融合，还包括学生和教师，以及学生和学生围绕着文本而展开的多重融合活动，具体状态如图5-2所示。

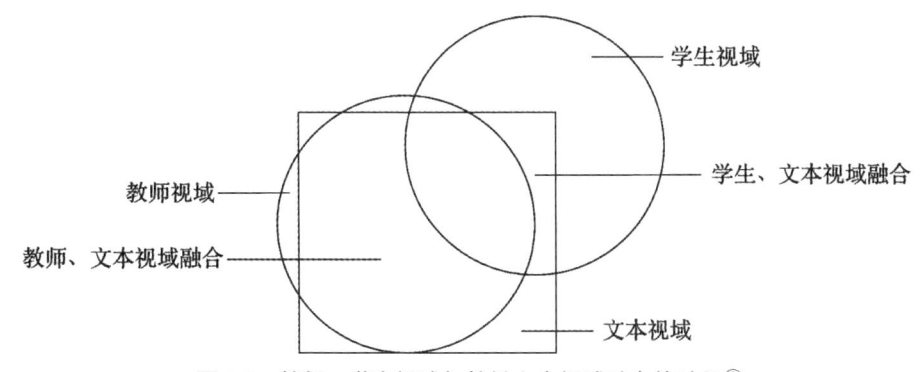

图 5-2 教师、学生视域与教材文本视域融合的过程②

---

① ［德］伽达默尔：《作为理论和实践双重任务的诠释学》，洪汉鼎主编：《理解与解释——诠释学经典文选》，东方出版社 2001 年版，第 511 页。
② 琚亮：《基于视域融合的情境教学》，《思想政治课教学》2015 年第 11 期。

上图形象地说明了价值观教学中视域融合的关系状态，那么，主体又是如何通过视域融合实现价值理解，构建理性共识的呢？在论述这一问题时，我们首先需要明确的就是视域融合的基础，即前见。所谓"前见"，具体到价值理解中，也就是人们在未经教化时所持有的价值认识，正是这一认识规定了理解和融合的出发点。在启蒙运动时期，"前见"长期被视为一种负面概念，表示理解者对于文本本意的扭曲和误解，而随着研究的不断深入，人们才逐渐意识到，"前见"既有可能是扭曲的，同时也可能是合理的。而且，按照海德格尔（Martin Heidegger）的观点，不论其性质如何，人们的理解总是产生于"前见"，理解必须要建立在前见基础上。这就充分说明了，视域融合并不是一个封闭的空间，我们不能用一个所谓的普遍标准直接判定个体"前见"的正确与否，然后消灭那些所谓的扭曲意见，妄图以此来维护主体精神世界的纯净。视域融合应当表现为一个开放的场域，促使主体在相互看视的过程中，积极探寻更新和转化"前见"的契机。除此之外，"前见"的存在也决定了视域融合必定是一个不断循环的持续过程，正像伽达默尔指出的那样，由于人们的经验和期待视野都有所不同，总会产生各种不同的认识，这就需要我们进行不断的交流，直到取得相互一致为止。换言之，理解并不是一次性行为，而是一个动态持续的过程。正是"前见"带来的理解障碍为视域融合提供了源源不断的循环动力，使得价值理解可以不断向前推进。当然需要说明的是，这种相互一致并非完全的一致，其代表的更多是一种一致的趋向，或者是在某些要点上的一致。事实上，每一种理解都必然包含着主体的主观意向，不同主体间的理解可以不断接近，或者是部分交融，但并不可能完全重合，理解不等于复制，其在流动的过程中，必然会有所损耗，那种想要消除所有差异，分毫不差地进行价值传递的做法不仅是不可取的，也是行不通的。总而言之，视域融合作为价值理解实现的核心机制，需要建立在交往理性的基础之上，具有明显的开放性和持续性特点，可以有效促成理性共识，而视域融合的这一作用，也进一步印证了价值理解在构建理性共识中的主导地位。

三、价值对话作为通达价值理解的有效方法

伽达默尔指出,"语言是理解本身得以实现的普遍媒介",① 理解必须要通过对话才能完成。真实的价值对话能够超越价值灌输与价值澄清的狭隘视野,通过外部的言语交流,将"自我"与"他者"的思想有机关联起来,引导学生进行深入而持续的意义建构,可以说是实现价值理解最为合理和有效的教学方法,已在多元文化时代的价值观教学中得到了普遍推崇和广泛运用。

(一)价值对话是实现价值理解的有效方法

理解从其外部活动来看,就是一个以语言为中介的相互交流过程,只有借助语言中介,价值理解才能从可能性向现实性转化。因为内在的思维活动总是看不见摸不着的,但是我们可以通过语言来表达自己的观点,描绘自己的视界,只有在对话的过程中,内在的思想才能显现和完全,才能被对方所捕捉。有关于此,汉娜·阿伦特(Hannah Arendt)曾称:"如果没有被说出来——在对话中或者有声地,或者无声地说出来——思想就不会产生。"② 理解与对话就像是同一个过程的两个方面,前者主要指向主体内部的思考活动,后者则侧重于外部的表达活动,二者是互为表里的关系,共同促成学生内在意义的建构。如果说理解更多带有认识论和存在论的意味,那么,对话则更富有方法论的特征,正如有研究者指出的那样:"在相互作用中,师生双方在倾听和言说,即在言语交流中,敞开了自己的精神世界,接纳着对方,同时又把自己投向对方,获得理解和沟通。"③ 从词源上分析,"对话"最初来自于希腊文"Dialogos",其中"Dia"含有"之间""跨越"的意思,而"logos"则带有"思想""理性"的指向,连起来便可以将其界定为在主体与主体之间

---

① 潘文国:《语言的定义》,《华东师范大学学报(哲学社会科学版)》2001 年第 1 期。

② [美]汉娜·阿伦特著,姜志辉译:《精神生活·思维》,江苏教育出版社 2006 年版,第 108—109 页。

③ 金生鈜著:《理解与教育——走向哲学解释学的教育哲学导论》,教育科学出版社 1997 年版,第 131 页。

形成"共享意义"的过程,对话本身的这种交互性与理智性特征,进一步表明了其与价值理解具备内在一致性,理应作为促成价值理解的有效方法。从实践上看,进入21世纪以来,人们愈加认识到无论是单向强制的价值灌输,还是一厢情愿的价值引导,都难以适应多元文化时代学生价值学习的特点与需求,必须要通过价值对话让学生在自由而理性的论辩中,不断反思和完善自己的价值观念,将价值观教学由原来的"传递—接收"状态变为"交流—建构"状态。

至于借助对话生成理解的过程,可以从戴维·伯姆(Bohm David)描写的那个北美部落交谈的场景中窥知一二:

> 部落里的人经常定期地像我们这样围成一圈坐在一起。他们只是相互地说啊说啊,显然没有任何特定的目的。他们不形成任何决议。没有领袖,每个人都参加。大家也许听某些智者或长者说的多些——不管他们是男是女——但每个人都可以自由发言。会议就这样继续下去,直到最后毫无缘由地停止,人们各自散去。但此后似乎每个人都明白了自己应当做什么。因为他们相互之间已经非常理解了。他们会在更小一点的群体中聚会,一起做点或决定点什么事。[1]

从这个原始而朴素的沟通场景中,我们可以直观地感受到,对话就像一条流淌在人们之间的"意义之流",当其经过各个主体之时,主体已有的理解就会同他人的理解汇集成为新的理解,萌生出新的共识,按照伽达默尔的解释学观点,这种"意义之流"的彼此接纳与汇集也就是主体间进行视域融合,获得充分理解和形成理性共识的过程。

当然,我们也必须承认,虽然相对于无视主体的"价值灌输",和仅仅关注自我的"价值澄清"而言,指向"自我"与"他者"相关联的"价值对话"无疑是促成价值理解,达成理性共识较为有效的方法,但无论是在现实生活,还是价值观教学实践中,有对话而无共识的现象并不少见。综合来看,价值

---

[1] [英]戴维·伯姆著,王松涛译:《论对话》,教育科学出版社2004年版,第19页。

对话至少可以产生以下几种结果：

（1）所有各方都赞同的协议和合意、一致的信念或价值。

（2）没有达成协议，而是一种共同的理解，各方虽然有分歧，但是确立了探讨他们分歧的一些共同的意义。

（3）没有达成共同的理解，但是能够理解彼此的分歧，虽然各方不能完全克服分歧，但是通过经验的类比比其他的一些间接的翻译能够理解，至少能够部分理解彼此的立场。

（4）很少的理解，但是能够尊重彼此的分歧，各方都不能完全理解对方，但是每一方通过看到另一方的立场是经过深思熟虑和怀着善良意愿的，他们甚至能够逐渐欣赏和尊重那些他们不赞同的观点。

（5）不能相容和不能通约的多元性。[1]

在这些价值对话当中，有些显然并没有以取得相互理解或者一致性意见而告终，那么，我们是否可以就此否定价值对话在理性共识达成方面的作用呢？这实际上就涉及了价值对话与"共识度"的关系问题。所谓"共识度"，顾名思义就是"共识主体之间达成共识的程度，表明共识在达成过程中的量的限度、幅度、程度和范围等外在规定，体现出共识的'边界'和'层次性'特征"。[2] 在理性共识的寻求过程中，"共识度"是一个非常值得关注和探讨的现象，它可以说是价值共识特殊性和复杂性的集中显现。关于这个问题，我们在上文的相关论述中已经提到了多元文化时代中价值共识中的"共"主要体现为"共通性"，绝不是权威主义下的完全一致。为了更好地说明价值共识的这一特点，曾有研究者专门对价值共识与普世价值进行过对比，表示与普世价值的无差别性不同，价值共识当中既可以存在共识的部分，也可以存在非共识的部分，"共识的范围可大可小，共识的程度可高可低"，像"自由、

---

[1] Burbules, N.C. & Rice, S.. Dialogue Across Difference: Continuing the Conversation [J]. Harvard Education Review, 1991, 61: 393—416.

[2] 朱玲琳、欧阳康：《一元与多元之间的共识问题——引入"共识度"概念的考察》，《学习与实践》2013年第11期。

民主、平等以及其他基本价值都是如此，它们既具有一定的普遍性，又具有特殊性"，① 这就提示我们应当辩证地看到那些"非共"的对话结果。

首先，我们必须明确并不是所有的对话内容都要达成共识，价值共识本身就代表着对差异的包容，有些终极价值确实是不可通约的，但是我们可以在一些细节上获得彼此的认可，不论如何，我们总能在对话的过程中或多或少地找到一些平衡点。下面这个教学案例就很好地体现了这一点。

【"个人""集体"难两全】②

师：芳芳是学校舞蹈队的一员，一周以后要代表学校参加省级文艺比赛，经过半个多月的准备，参赛的舞蹈现在已经基本排练好了。然而，就在今天吃饭时，妈妈问起她艺术特长生比赛的准备情况，芳芳这才发现两个比赛的日子正好冲突了，都怪自己之前记错了时间。学校的比赛当然很重要，但是个人奖项无疑可以作为其升学考试的加分项，芳芳学习舞蹈除了出于兴趣以外，也是希望能够在升学时为自己赢得一些优势。面对这样的情况，如果你是芳芳，你要如何选择？

生：我感觉，如果去参加个人比赛，总觉得会影响学校的成绩，毕竟舞蹈已经练得差不多了，这样做就有点儿太自私了，心里肯定会愧疚。

生：对，再加上还是自己记错的时间，现在只有一个星期了，换人也很难了，应该以学校的荣誉为重。

生：我也这么觉得，而且学校为了培养我也花了不少力气，我现在也应当为集体尽一份力。

生：可是，个人比赛的机会也很难得，不去的话，损失也很大。

生：如果是我，我妈也不会同意我放弃个人比赛的。

（这个回答引起了其他几位同学的哄笑）

师：这件事确实挺棘手，无论是选择个人比赛还是集体比赛看起来都是合情合理的。那么，大家想一想还有没有什么别的解决办法呢？

生：我觉得可以先试着找一个人代替自己，毕竟学校肯定还是会有

---

① 陈先达：《论普世价值与价值共识》，《哲学研究》2009 年第 4 期。
② 案例出自陕西省某中学思想品德课教师的课堂实录。

跳舞厉害的同学，但是个人比赛却必须自己参加。

师：那如果找不到这么一个特别合适的人，或者说别人不愿意代替你呢？

生：那我觉得还是选择参加学校比赛吧，毕竟这是我的责任，不能只想着自己，个人比赛的话，以后也会有机会的，集体荣誉也是荣誉，升学的时候也可以作为参考。

生：老师，我还是倾向于参加个人比赛，我会找我的好朋友帮我，我在私底下多花一些时间教她，陪她练，尽可能不影响集体舞的质量。

……

透过学生的对话不难发现，他们并没有在相互交流的过程完全转变自己的立场，有些同学仍然坚持要优先考虑集体比赛，有些同学则认为不能放弃个人比赛，但他们无疑都表现出了愿意向对方靠近的趋向，并且在具体的解决方案上达成了一些共同意见，对于问题的考虑也更加深入和全面，那么，这样的"共识悬置"也是可以接受的。

其次，我们要清楚价值对话是一个持续性的过程，对于一些"歧见"我们大可以暂时悬置起来，随着对话的逐层深入，这些曾经的分歧与差异也完全有可能找到一致的因子，获得理解，走向共识。要以发展的眼光来看待价值对话与理性共识的关系，要相信在对话环境真实且公正的前提下，"当我们开始对话，只要能够无限期延长，结果就会有合意，而且在本质上是一种真正的合意"。① 因此，尽管在现实中存在着一些理解不足和共识悬置的对话现象，但就整体而言，这并不影响其作为实现价值理解，构建理性共识的有效方法，价值对话无疑应当成为多元文化时代价值观教学方法的理念内核，指导价值观教学的具体实施。

（二）价值理解的达成需要真实的价值对话

围绕着价值问题的对话在价值观教学中可谓非常广泛，在课堂价值对话

---

① ［美］肖恩·加拉格尔著，张光陆译：《解释学与教育》，华东师范大学出版社2009年版，第200页。

繁荣的表象之下，还潜藏着诸如徒有其表的线性问答、话题游离的恣意漫谈、浅尝辄止的走走过场、试图去赢的争执诡辩等形式化和变异化的对话状态，这些形形色色的对话，虽然都符合"问—答"的基本形式，但却并不具备帮助学生达成理性共识的特质。事实上，只有真实的价值对话才能促成价值理解，至于上述"虚假"甚或是"扭曲"的对话，不仅无益于价值理解的达成，还可能会成为价值理解的阻碍，而且对比独白式的"价值灌输"，由于这些教学方式皆披上了"对话"的合法性外衣，通常并不会遭到人们强烈的质疑，反而会造成更多的负面影响。因此，为了避免价值对话本真面貌的遮蔽，有必要从对话的目的、内容和过程等方面对真实价值对话的特征加以界定，以确保其在促进学生获得价值理解和形成理性共识方面发挥出应有作用。

首先，从目的上看，真实的价值对话应当指向对真理的不懈探寻。对话是人们日常活动中不可或缺的部分，人们进行对话的目的也十分多样，有时候我们进行对话是为了联络感情，有时候是为了争取利益，还有时候不过是漫无目的的三言两语，出发点不同使得对话最终呈现出来的样态也有所别异。而当对话进入到课堂教学场域之中，它便脱离了日常生活的随意样态，被赋予了促进学生发展、提升与完善学生精神世界的神圣使命，需要具备一种超越和引领的内在力量，而这种力量必然是在不断探求与接近真理的过程中生发的，因此，作为一种具体的价值观教学活动，课堂中的价值对话应当以追求真理为鹄的。正像戴维·伯姆所言："如果真的要为对话找出一个目的的话，那么我们的目的乃是在于真正地、流畅地对真理进行交流。"[①] 以此为目的既符合教学促进学生发展、提升与完善学生精神世界的使命要求，同时也能有效避免价值对话异化的发生。柏拉图在其《理想国》一书中就不无担忧地描述了这样一个场景："年轻人一开始尝试辩论，由于觉得好玩，便喜欢到处跟人辩论，并且模仿别人的互驳，自己也来反驳别人。他们就像小狗喜欢拖咬所有走近的人一样，喜欢用言辞咬人。"[②] 而本应促进主体智识发展和理

---

① [英]戴维·伯姆著，王松涛译：《论对话》，教育科学出版社 2004 年版，第 20 页。
② [古希腊]柏拉图著，郭斌和、张竹明译：《理想国》，商务印书馆 1986 年版，第 63 页。

性共识达成的价值对话之所以会演变为无休无止的争辩,究其根本就在于人们仅仅关注了对话的形式,将其视为取得言辞胜利的手段,而将对话的真正目的抛到脑后。当然,我们必须承认何为终极真理,在价值领域可以说是历代哲学家穷其一生都未能破解的难题,尤其是在强调多元价值的当今时代,更不可能找到令所有人都衷心信服的绝对价值体系,但我们却可以在对真理不懈探求的道路上,达成各种相对的、阶段性的价值共识。若是依照事实领域的标准加以衡量,这些共识固然都或多或少地欠缺一些"真理"的完备性与完美性,但当中也孕育着真理的生长因子,是一种符合理性的设想。从这个角度上看,只要我们心中怀着对探寻真理的渴望,能够秉着一颗赤诚之心去耐心倾听他人的意见,并愿意在仔细思量之后,"随时抛弃自己的旧思想与观念,而在必要的时候,又随时可以接受异己之见",[①] 就能使对话达到最好的状态。

其次,从内容上看,真实的价值对话应当围绕具有探讨意义的问题进行。对话不仅仅是一种形式,同样也需要充实的内容,在价值对话中,"谈什么"与"怎么谈"具有同等重要的意义,正如贝克所强调的那样:"没有内容的价值对话,就像'没有谷物的磨坊',是在浪费时间。"[②] 真实的价值对话应当以真正具有探讨意义的问题作为言说范围和基础,这里的探讨意义主要包含两重内涵。一是要与学生密切相关,能够激发学生的探讨欲望。在任何一种教学中,内容的"有用性"都是激发学生探索的原动力,价值观教学中涉及的问题最好能够源自学生正在经历的生活,着重解决一些其正在经历的"成长之惑",这样学生才容易产生代入感,进而积极主动地发表自己对于这一问题的看法,开展有益的价值对话。正像"在日常生活中,我们与人谈话,通常不会谈他们不熟悉或他们不感兴趣的事,在对话式的价值观教育中同样应该把握这一点"。[③] 二是要具有一定的开放性,可以为学生提供足够的探讨空间。

[①] [英]戴维·伯姆著,王松涛译:《论对话》,教育科学出版社2004年版,第3页。
[②] [加]克里夫·贝克著,詹万生等译:《学会过美好生活——人的价值世界》,中央编译出版社1997年版,第242页。
[③] [加]克里夫·贝克著,詹万生等译:《学会过美好生活——人的价值世界》,中央编译出版社1997年版,第233页。

开放性是一个与封闭性相对的概念，对于封闭性问题，一般比较容易找到令人无可辩驳的标准答案，"学生的一次回应就能够让这些问题得到完全满足"，①像"《弟子规》中提到的传统美德是什么？"就是典型的封闭性问题。而开放性问题则通常对应着多种可能的解决方案，很难找到确定性答案，需要教师和学生在正与反之间不断寻求使之成立的新的平衡点，比如像"如果发现家人把共享单车偷偷藏进家里，你会怎么处理？为什么？""好朋友出于愧疚将考试作弊的事情告诉你，作为知情者，你应当何去何从？"等问题，显然包含着多种解决方案，需要我们经过深思熟虑和多方比较才能得到一个令人相对满意的答案，只有这类问题才能引起主体我的思维冲突，需要其调动自身的独特经验进行探索，并通过对"究竟意味着什么""应当怎么办"等问题的深层追问，真正实现意义的内部建构。当然，我们也需要注意，在价值观教学中，不能将所有问题都设计为开放性问题，这样既会令学生的思维过度紧张，也会使学生失去进行价值思考的必要事实基础，但是教学中的主体问题或者说是统领问题则务必具备开放性特点，能够引导学生的深入思考与持续交流。

最后，就过程而言，真实的价值对话需要主体全身心的积极参与。价值对话的作用能否落到实处最为关键的还是看其能否让学生自觉自愿地"动"起来，当然，这种"动"并不只表现在言语的回应上，同样也体现在身体与情感的反应上。巴赫金（Mikhail Bakhtin）就表示："对话关系不是存在于具体对话的对语之间，而同时在每一句话、每一个手势、每一次感受中，都有对话的回响。"②"人作为一个完整的声音进入对话，他不仅以自己的思想，而且以自己的命运、自己全部个性参与对话。"③ 只有当主体全身心地沉浸在价值对话中，他们的认知，他们的情感才能被充分唤醒，产生理智的热情，真诚而主动地表达自己的所思所感，与其他主体产生思想和心灵上的自主交流。

---

① 张光陆著：《解释学视域下的对话教学》，中国社会科学出版社2012年版，第82页。

② ［苏］巴赫金著，白春仁等译：《文本对话与人文》，河北教育出版社1998年版，第353页。

③ ［苏］巴赫金著，白春仁、顾亚铃译：《诗学与访谈》，河北教育出版社1998年版，第340页。

指向理解的对话"不同于理性认识和纯情感的'渲染',它所投入的是全部的人格因素,这就是'你''我''他'作为人之相遇、相知、相通",① 真实的价值对话不仅仅是一个言语过程,更是主体彰显自身生命活力的过程。而若想让学生全身心地沉浸在对话的状态之中,就需要提升价值对话本身的吸引力,让学生能像享受游戏那般享受价值对话的过程。为此,教师可以设计一些难度合理的障碍与挑战,像苏格拉底的"产婆术"就是通过使主体一次次陷入"逻各斯"错乱的窘境,而引起其思想上的紧张,激起其持续探究的欲望,使其可以忘我地投入到与苏格拉底的持续对话之中。总而言之,真实的价值对话必须营造出一种强烈的进入感,力求通过"持续的逻辑思辨、创新的激情、不同观点的分歧所产生的刺激"来吸引学生,② 令学生不由自主地卷入其中,与其他的参与者,包括文本下潜藏的参与者进行积极互动,进入一种相互融合的关联状态,自然生发出新的理解与共识。

第二节 指向理性共识的价值观教学活动构建原则

在学生的认识过程中,"外界对象并不直接转化为心理反映,而是通过活动过程引起外界对象的心理反映",③ 活动可以说是教学过程的基本构成单位。当然,这里的活动并不是日常意义上的活动,而是特指"有规划的、精心设计的具有教育性、创造性、实践性的学生主体活动"。④ 为了确保学生能够经

---

① 冯建军、王俊卿:《论道德学习》,《江西教育科研》2002年第8期。

② 张光陆著:《解释学视域下的对话教学》,中国社会科学出版社2012年版,第93页。

③ [苏]阿·尼·列昂捷夫著,李沂等译:《活动·意识·个性》,上海译文出版社1980年版,第60页。

④ 王如才著:《主题体验:创新教育的德育原理》,山东教育出版社2004年版,第163页。

由价值观教学活动达成理性共识，形成相应的价值观念，就需要为学生创设理性舒展的空间，并为共识的形成搭建桥梁，依照整体协同、主体参与和多向互动等基本原则对教学中涉及的学生主体活动进行系统规划。

一、整体协同原则

价值观教学是由一个个连贯活动组成的系统，即"处于一定相互联系中的与环境发生关系的各组成成分的总体"。在系统论中，"两个以上要素组成一个整体，各要素之间，以及整体与环境之间存在着一定的有机联系，从而形成结构和秩序，这个整体具有不同于各个组成要素的新功能"。[①] 整体协同性原则主要包含着两层意义指向。一是强调教学活动构建的完整性，确保构建的价值观教学活动能够让学生经历一个包括价值识别、价值感知、价值理解、价值认同和价值实践等阶段在内的完整学习过程。二是表明各个活动之间能够协调统一，在发挥各自优势的基础上共同致力于价值观教学预期目标的达成。对于理性共识而言，如果说教学活动的完整性决定了其是否能够达成，那么教学活动的协调性则在很大程度上左右着其达成的质量。

首先，从活动构建的完整性上来看，虽然在理性共识的达成过程中，主体之间的对话交流，以及与之相伴的价值理解富有主导意义，但是任何一个教学活动都不是孤立存在的，个体不可能跳过价值识别与价值感知阶段，而直接进入价值理解阶段，也不可能仅仅停留在价值理解阶段，而不进行后续的情感与实践转化，活动过程的完整性可以说是理性共识达成的前提条件。历史上不少价值观教学实践的失败都可归因于仅仅关注了，或者说是过分放大了其中某一类型的活动，而缺乏对于价值观教学的整体规划，没有将其视为一个完整的活动系统。比如，传统的美德袋教学模式基本上就只涉及了"静听"和"默记"这类被动输入式活动，至于情境体验、理性思辨、实践探究等其他活动类型则鲜有考虑，在这种活动残缺的教学系统之中，学生的学习必定也是不完善的。因此，他们往往只能建立一些表层的符号联结，却无

[①] ［奥］路·冯·贝塔朗菲：《普通系统论的历史与现状》，《国外社会科学》1978年第2期。

法形成真正的价值观念。而当人们为了改变价值观教学局限于认知层面的问题，而愈加重视情感体验的作用时，又出现了过分强调情感作用的偏差。诚然，与知识、技能教学相比，情感在价值观教学当中充当着更为重要的角色，没有了情感认同，一切信念都无从谈起，但如果在教学活动中仅仅考虑情感体验，而不组织一些交流分享、自我反思等活动的话，这种体验最终只能转瞬即逝，或是不明所以，并不足以支持学生获得相应的价值观念。以上这些失败的教训无不告诉我们，任何孤立的、单一的教学活动都不能成就真实的价值认识，同样的，当我们寻求理性共识时，如果仅仅强调理性思辨和对话交流，那么即使有共识达成，必然也是脆弱易变的。对此，柯申鲍姆在对西方价值观教育的经验教训进行反思时曾明确表示，价值观教育一定是综合性的方法效果更好。"学生价值观的形成应是这样的一个过程：通过讲授，让学生记住一些有关价值观的知识；然后通过演示和榜样宣传，学生可能会记住更多；在以上基础上再给学生提供一个自己处理信息、形成概念和判断的机会，学生将会记住更多的价值观知识，而且保留时间将会更长，对其行为的影响作用也会更大等。"[1] 由此可见，若想使学生真正在价值观教学中有所得，就要尽可能创设多样的主体活动，构建综合性的价值观教学模式，以还原学生价值学习的完整过程。要知道理性共识首先是一种价值认识，然后才是富有理性和一致性的价值认识，如果没有完整的学习过程作支持，就不会产生真正的价值认识，因此，以理性共识为追求的价值观教学务必具备完整的活动过程。

其次，从活动构建的协同性上看，不同类型的活动在促进学生价值观形成方面的作用各有侧重，理性共识的达成需要这些活动的相互支持与配合。主体作用于客体的方式以及投入的身心力量，决定了该活动对于学生发展发挥的不同作用。比如，在体验活动中，主体主要依托于移情机制与客体产生联系，不需要投入较多的认知资源，获得的认识也相对直观和感性；而在判断活动中，主体则需要借助分析机制对客体进行加工，此时对于理性思考的要求就比较高了，获得的认识一般也更为全面和深刻。也正是各类活动之间

---

[1] 陈晓晓、王熙、张森：《西方价值教育的四种取向》，《上海教育科研》2015年第10期。

存在的差异，决定了我们必须要构建各种不同的学生主体活动，以确保学生价值学习的完整性。然而，受制于教学活动的复杂性，以及教学时间的有限性，要求每一次教学都能将各种类型的活动充分展开，既不现实，也没必要。我们必须要清楚全面覆盖并不等于同等用力，在强调活动过程完整性的同时，也要关注活动结构的协调性，能够依据价值观教学的具体任务，合理规划各类活动的比例与次序，只有使其恰当配合，才能提升价值观教学的整体效能。关于价值观形成过程中设计的活动类型，王健敏在其所著的《道德学习论》一书中曾将"情境感受""活动体悟""价值辨析"和"道德反思"作为学生道德学习需要涉及的四个基本环节，并指出"在实际操作中，针对具体内容和学生的具体特点，某一堂课可以重点突出某一环节，适当结合其他几个环节"。[①] 很显然，这四类活动并不都直接指向学生理性共识的达成，那么，这是否意味着以"情境感受"为重点构建教学活动，理性共识就难以达成，或者效果较差呢？答案显然是否定的，因为理性共识并不是由某种特定类型的活动成就的，而是在各种活动有机配合下形成的。我们说价值观教学在多元文化的特定时代背景下，应当以构建理性共识作为自身的核心定位，只能说明直接关系到理性共识达成的活动，也就是价值理解环节在整个教学系统中具有主导作用，然而，主导并不一定会在比重上处于绝对优势，而是代表着一种方向和力量的指引，不是说增加对话辨析类活动的比重就一定有助于理性共识的达成，也不是说以情境感受，或者活动体验等其他基本活动为重点，就不能实现理性共识。实际上，某种单一活动的功能指向与活动系统的整体效果之间，并非简单的一一对应关系，如果在学生感性积累和事实认识尚不充分，或是理性认识发展水平较低的情况下，过分增加对话沟通、理性辨析类活动的比重，反而会收到适得其反的效果。因此，若想提升价值观教学在培养学生理性共识方面的效能，就不能只是片面地夸大"对话—理解—共识"这条方法路线，不能妄想借助单一的模式应对所有的情况，而是要思考如何协调各类活动的关系，使其服务于理性共识达成的目标。就以乔伊斯（Bruce Joyce）和韦尔（Marsha Weil）在《教学模式》中提到的价值观教学典型模式——角色扮演为例，角色模拟无疑是这一模式的主体部分，其他教学活动都

---

① 王健敏著：《道德学习论》，浙江教育出版社2002年版，第128页。

要围绕这一活动而展开,具体的教学环节以及对应的学生活动如图 5-3 所示。

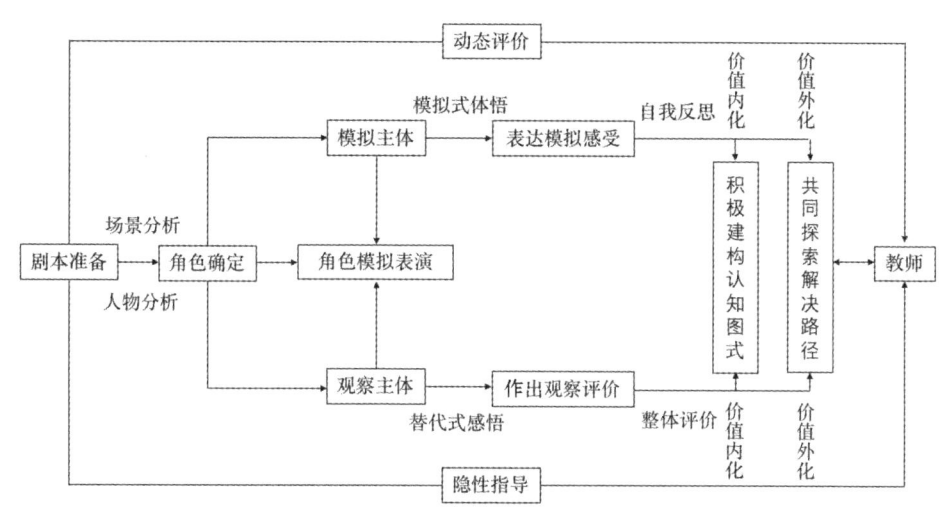

图 5-3 价值观教学角色扮演模式操作流程图

根据上图的完整流程可知,学生直接从角色扮演中获得的表演体验和观察感受,可以通过自我反思和评价交流,向着理智和共同性的方向转化,而在共同分析人物立场和探索解决方案的过程中,理性共识便可自然而然地形成了。因此,只要在突出角色扮演活动的同时,配合适当的观察、分析、反思与探讨活动,使学生的各种感悟得到聚合与升华,那么,虽然该模式的重点和特点在于角色扮演与体验,但依然可以实现帮助学生从不同的立场看待问题,促成理性共识这一教学目标。上述分析告诉我们,价值观教学并不是一个孤立的活动单元,而是由多个活动组成的有机系统,只有在各类活动涵盖范围完整,彼此之间结构协调的前提下,引导学生构建理性共识的目标才有可能顺利实现。因此,在构建价值观教学活动时,应当以理性共识的总体定位为指引,努力寻求各类活动的整体协同。

二、主体参与原则

自笛卡尔以"我思故我在"的论断正式将"主体"引入现代哲学领域以来,"主体"问题便得到了人们的持续关注,尊重并发展学生的主体性,强调学生在教学过程中主动参与已然成为了现代教学的关键特征与核心追求。对此，杜威在探讨现代学校教育问题时就曾指出，"教育并不是一个被'告诉'和被告知的事情，而是一个主动的和建设性的过程"，① 就像我们可以将马引到水边，却不能强迫它饮水一样，真正有益于主体发展的教学，必然也要使主体能够自觉、主动、积极地参与其中。上文已经明确指出，价值主体的觉醒是多元文化时代价值观教学与一元文化时代相比的显著转变，在当前背景下，任何价值引导都不可能在违背学生主体意愿、缺乏主体积极参与的情况下取得成功，无论是理性也好，共识也罢，都不能脱离主体而产生，理性就是主体本质力量的集中体现，因此，指向理性共识的价值观教学在活动构建中也要秉承主体参与这一原则。

一方面，教学活动的建构应当注意主体参与的真实性，而不只是满足于一种表面的配合行为。在探讨主体参与的真实性问题时，我们首先应当对参与行为和参与状态这两个概念加以辨析，通过对价值观教学实践的简单观察，不难发现，虽然有时候学生产生了一定的参与行为，但并不意味其进入了参与状态，因为参与行为既可以是主体主动发起的，也可以是主体被动配合的，但凡是能够使主体进入到参与状态之中活动，则必然是其自身主动发起的。有关二者的区别，正如有研究者指出的那样："参与不等于配合，参与中蕴含了主体能利用自己的能动性理解教学活动并对这一活动做出积极贡献的努力。"② 真实性的主体参与必然包含着"选择自由""自主合作""做出贡献""分担责任"等基本内涵，③ 如果不具备上述特点，那么，这样的参与行为通常只不过是一种虚假的配合行为。之所以对这一问题加以特别论述，是因为在当前的价值观教学活动中不仅存在着显在的强制灌输，同时还存在着限制选择、利益诱导等相对隐晦的控制方式，后面这类活动看似给了学生主体性发挥的空间，给了学生选择与参与的机会，但这种空间与机会大多不是从主

---

① ［美］约翰·杜威著，赵祥麟等译：《学校与社会·明日之学校》，人民教育出版社1994年版，第37页。

② 王芳芳：《自由·参与·共识——民主教学研究》，西南大学博士学位论文，2012年。

③ 方展画著：《罗杰斯以"学生为中心"教学理论述评》，教育科学出版社1990年版，第99页。

体出发考虑的,说到底还是暗含着"专制"倾向,和强制灌输相比并没有实质上的差异。对此,台湾学者黄建一在其《我国国民小学价值教学之研究》中就曾言明:"传统的道德教学大多采用说教、示范、订立规则、增强、惩罚、诉诸情感、限制选择和诉诸良心等,这些方法各有其学理依据,也都具有教育成效。可是却都忽略了儿童的主体意愿,没有提供多种选择途径,让儿童审慎思考,以欢愉的情感接受,并采取行动,因此难以培养有结构的价值体系,完成价值形成的过程。"① 那种在学生主体处于假性配合状态,而不是真实参与状态下所形成的一致意见,也不能算作是理性共识,因为理性共识一定是在排除了外在强制性力量的干扰,基于对学生主体性充分尊重的前提下才能获得的。所以说,在教学活动的实施过程中,教师可以发表自己的看法,或者给予学生建议,但切不可代替他们作出选择,无论在教师看来这种价值主张是多么的先进与合理,都需要创设相应的活动,让学生在参与过程中自觉产生认可。一般而言,学生的主体参与程度越高,形成的价值共识越有效,就越有可能在未来产生这一行为倾向。至于"那些冷冰冰的教条灌输、无情的规范惩罚、病理性的说服教育、不求甚解的应试模式",虽然能够较多地利用外部力量,较快地塑造价值共识,但是却不可避免地会"压抑了青春的激情,固化了思维,抑制了学生的主体性",致使"人的生命力得不到应得的发展"。② 对于这种"虚假共识",价值观教学务必要特别留心,并在活动构建的过程中努力加以回避。

另一方面,教学活动的构建应当注意主体参与的全面性,在知情互促的过程中推动主体的价值成长。虽然我们强调理性对于共识的规约,但作为一种价值认识,情感对于价值观形成的作用也非常关键。正如有研究者指出的那样:"道德作为一种'实践—精神'把握世界的特殊方式,它是一种理性的活动,但它又把人们的情感、意志、信念等非理性的因素包含于自身。"③ 相比于一般的认识活动,价值领域的认识活动中知情关系显然更为紧密,从认

---

① 黄建一著:《我国国民小学价值教学之研究》,复文图书出版社 1991 年版,第 3 页。
② 杨超著:《现代德育人本论》,广东人民出版社 2005 年版,第 29 页。
③ 唐凯麟:《道德思维引论》,《湖南师范大学社会科学学报》2002 年第 2 期。

识形成的内在机制上看,"对于逻辑和数学知识,可以存在超出情感的'运算结构'(皮亚杰语)","然而对社会问题,情况并非如此简单。因为认知结构具有社会性,所以不太可能存在超出情感的一般性结构",[1] 情感与认知的双重加工模式可以说是价值认识区别于事实性认识,以及科学性认识等其他认识活动的显著特点。因此,在价值观教学活动建构的过程中,还要特别注意主体知、情参与的全面性,在引导学生进行理性审视的同时,通过活动设计和环境塑造,营造富有人文气息的课堂氛围,更好地激发学生的情感因素,使其得以全面参与到价值观教学活动中来,在认知与情感相互推动与诱导的过程中,最终生发出理性的热情,或者热情的理性,以此来提升理性共识的稳固性与长久性。总而言之,真实而全面的参与作为价值观教学中主体性发挥的突出表现,最能充分反映"以人为本"的价值追求,也最能体现共识取向价值观教学注重培养学生价值自觉,引导学生价值选择,进而构建理性共识的时代追求。

三、多向互动原则

与一般的客观科学知识不同,价值观念作为一种关系性存在,反映的是个体对于自身在社会共同体中的基本定位,需要通过主体间的交往互动方能形成。无论是哈贝马斯也好,马克思也罢,都特别强调"主体间的自主的、平等的、双向的互动"之意义,[2] 唯有"当所有参与者都进入平等对话,并就同一话语对象进行理性的探讨与论证,最后达成共识时,该共识才被认为是有效的",[3] 才是可以被承认的。学生的理性共识不可能经由个体孤独的玄思冥想而产生,其获得必定要建立在主体间交往互动的基础之上,为此,价值观教学活动的构建也必须满足主体互动的要求。冯忠良、冯姬在其《教学新

---

[1] 刘春琼著:《领域理论的道德心理学研究》,上海教育出版社2011年版,第154页。

[2] 肖川著:《主体性道德人格教育》,北京师范大学出版社2002年版,第184页。

[3] 晁乐红:《商谈伦理对德育课的启示——以〈思想道德修养与法律基础〉的教学为例》,《伦理学研究》2011年第3期。

论——结构化与定向化教学心理学原理》一书中就明确将"双主体协同互动原则"作为了社会规范教学活动系统优化的重要原则之一。而在实际教学活动中,除了师生双方,还有生生之间的交往互动,以及学生与文本背后隐藏主体的互动也都深刻影响着学生价值观的形成,而且这些互动有时也不只局限在两个主体之间,完全有可能发生在多个主体之间,因此,将这一原则概括为"多向互动"或许更为全面而准确。

为保证教学活动中多向互动的充分性,一方面要提升活动设计的开放性,另一方面还要确保活动开展的民主性与平等性。教学活动中的每一个个体都"不是纯然被规定、被决定、被改造、被驯服的客体、对象,而是自我生成的主体,是拥有同等价值与尊严的人",[①] 都有着同等的表达权与参与权,只有在活动组织的过程中切实赋予他们这样的权利,才能使多向互动从一种潜在的可能性变为显在的现实性。为了实现这一目标,可以从物理条件、法理条件和心理条件入手,对活动的组织和开展加以优化。

首先,从物理条件上看,桌椅布局作为教室空间的重要组成,若是安排得当,便可以成为促进师生以及生生之间协作交流的关键力量。有关这一问题,当前不少研究者都就空间位置之于师生交往的影响进行过专门研究,结果发现由于圆周形、马蹄形(也称为U字形),以及小组式座位编排方式,更方便学生的目光接触和相互交流,因而可以作为引发课堂对话的理想座位排列方式。[②] 相比之下,那种全体学生面向教师和讲台,横纵有序的"秧田式"座位排列方式,虽然可以确保学生同时接收到教师传递的信息,便于教师的课堂管理,但却极易造成单一的权力中心格局,限制师生、生生之间的多线互动交流,因此,并不利于教学活动中互动交往行为的发生。从自身的属性特点与目标追求出发,价值观教学应当尽可能为学生创设有利于交流互动的开放式空间。当然,这并不代表凡开展价值观教学就要打破传统的座位排列方式,在有限的条件下,若教学活动主要涉及简单的个人感悟分享或是常规的小组观点交流,那么就完全可以保持"秧田式"座位排列方式,而如果需

[①] 刘铁芳:《试论对话性道德教育模式的建构》,《高等师范教育研究》2003年第5期。

[②] 张莉莉:《走向对话:德育课程的有效路径》,《中国教育学刊》2018年第11期。

要学生就某个价值问题进行论辩或者角色扮演之时,最好还是要进行相应的座位调整。此外,除了空间样态,人员规模也会影响到互动效果。按照戴维·伯姆的说法,"如果一个群体的人数在20~40的话,它就构成了大社会中的一个小社会。而在这样的一个小社会中存在着众多不同的想法意见和思维假设",① 互动交流的效果最佳。但是,受人口基数和教育普及条件的制约,我国还有很多城市和地区的公立学校存在着班级规模过大的问题,此时,可以采取分组互动、责任分割的方式加以调和,以便在有限的条件下尽可能为价值观教学中的主体互动创造最为有利的物理空间。

其次,从法理条件上看,理性共识的达成需要以每个潜在参与者遵守相应的互动规则为前提。这种互动规则,从教师的角度来看,最重要的就是要克服自身"理所当然"的权威思想与训导倾向,将学生视为有着独立思想和责任意识的主体,以平等的姿态去交流彼此关于社会生活的真实体验与看法,基于理性而不是权威来商讨、选择并确定最终的意见,同时避免因为学业成绩、家庭背景、性格特征、教师偏好等任何一种因素将某些学生排除在外,或区别对待的现象发生。从学生自身的角度来看,他们应当时刻谨记自己需要对发表的言论负责,并确保自己的言论符合客观事实和内心的真实想法,同时还要作出愿意接受他人意见,或者因真理而作出改变的承诺。而从主体间的角度来看,则要确保各个主体都能够对其他主体的意见和观点表示尊重,认真倾听他人想法,不去刻意贬低和恶意攻击持有不同意见之人,学会包容那些"异己"的声音。关于上述要求,特拉西·戴维(Tracy David)就曾指出对话与交往就像游戏一样,有着严格的规则限制,在互动的过程中需要保证"只说你想说的话;尽你所能地准确地说;倾听和尊重别人所说的话,无论有何种差异或不同;如果对话的同伴挑战你的观点,要乐于改正你的观点或为其辩护;必要时要乐于争论,如果有需要要敢于面对,勇于忍受必要的冲突,如果有迹象暗示你需要改变你的想法要乐于这样做"。② 价值观教学活

---

① [英]戴维·伯姆著,王松涛译:《论对话》,教育科学出版社2004年版,第13页。

② Tracy David. Plurality and Ambiguity: Hermeneutics, Religion, Hope [M]. New York: Harper & Row, 1987: 19.

动的构建自然也要内含上述规则要求,唯有如此,主体间达成的共识才是符合理性要求、满足"互识"条件的。

最后,从心理条件上看,建立主体间相互信任的情感联结更有利于多向互动的产生与深入。关于教学中心理环境的重要意义,日本广岛大学教授片冈德雄曾表示,在"支持型气氛"中,师生以及生生之间是一种彼此信赖、相互包容的关系,学生可以无需担心集体压力与他人眼光,甚至不必拘泥于惯例与常规,进行一些富有创造性的思考,作出一些多元化的回答;而在"防卫型气氛"中,师生以及生生之间并未建立起相互信任的心理联结,班级成员则通常"处于不安状态,担心遭到攻击,倾向于较为安全的常规活动"。[①]可见,只有当参与对话的潜在主体建立了相互信任的情感联结之后,他们才有可能放下思想包袱,开诚布公地进行沟通交流。特别是在价值问题的探讨过程中,受这类问题性质的影响,更容易产生社会称许效应,即主体为了获得认可,以被社会中绝大多数人赞赏的意识或行为代替自我真实的想法对问题作出回应的现象,因此,让学生处于自由而安全的心理状态之中就显得尤其重要。

而以上三类条件的作用并不是等量齐观的,其中物理条件对于多向互动起到的更多是辅助性作用,规则条件体现的主要是支持性功能,而心理条件则发挥着决定性影响,毕竟没有人可以"仅靠改变教室桌椅就能除去班级里的权力系统,学生也不可能就自然放松并相信你",[②] 物理条件与规则条件的影响只有转化为主体的心理条件才是有意义的,在创设活动条件时,我们也要充分考虑到这一问题,切忌"舍本逐末"现象的发生。

[①] 肖玺:《课堂心理环境建设刍议》,《教学与管理》2005 年第 10 期。
[②] [美]布鲁克菲尔德、普瑞斯基尔著,罗静、褚保堂译:《讨论式教学法:实现民主课堂的方法与技巧》,中国轻工业出版社 2002 年版,第 90 页。

第六章 价值引领者：教师在价值观教学中的角色定位

"教师的存在,是教育教学活动存在的基础,没有教师,也就没有了教学活动。"[1] 在价值观教学中,教师同样占据着举足轻重的地位,任何对于价值观教学的设定与期待都需要经由教师才能从理想变为现实。在有关教师角色定位的诸种典型认识中,整合立场之下的价值引领者可以说是立足于教师职业的固有特点,以及多元文化时代价值观教学特定需求而得出的综合研判结果,能够较好地概括当前教师在价值观教学中担负的职责与使命。解析教师作为价值引领者的内在规定性,解决教师作为价值引领者的角色践履困境,塑造教师作为价值引领者的理想面貌,是多元文化时代价值观教学目标追求实现过程中不可或缺的主体保障。

---

[1] 黄甫全、王本陆主编:《现代教学论学程》(修订版),教育科学出版社2003年版,第131页。

第六章 价值引领者：教师在价值观教学中的角色定位

第一节 多元文化时代价值观教学教师的角色定位探析

角色定位规定了教师在教学中的责任担当，关系着教学任务的达成效果。在价值观教学实践的历史进程中，人们分别基于不同立场，形成了有关教师角色定位的不同认识。那么，在多元文化的时代背景下，以及对于理性共识的特定追求下，我们应当如何理解教师在价值观教学中的角色定位，便构成了本节需要探讨的核心内容。

一、价值观教学中教师角色的典型认识

教师在价值观教学中的角色定位具有动态变化性，在社会文化发展，以及学术研究进展的不同阶段，人们对于教师角色定位的认识倾向也有所不同。在经历了价值权威者、价值中立者的论争之后，教师作为价值引领者的主张作为对上述两类角色定位的整合，逐渐成为了当前人们对待这一问题的普遍看法。

（一）教师作为价值权威者的相关主张

将教师视为教育教学活动中的"权威"无疑是一种最为传统，影响最为广泛，同时也是最富争议的观点。所谓"权威"就其词源来看，主要包含有尊严、权力和力量等意思，而教师权威则是指教师基于其职业角色所获得的"控制或约束学生的权力"。[①] 按照 R. 克利弗顿（Clifton，R. A.）与 L. 罗伯特（Roberts，L. W.）的观点，教师权威主要来源于两大因素，一是制度因

---

① 教育大辞典编纂委员会编：《教育大辞典》（第六卷），上海教育出版社1992年版，第452页。

素，二是个人因素，其中前者主要通过外部的制度架构赋予教师以法定权威，而后者则表明教师可以凭借自身的知识占有优势而获致知识权威。具体到价值观教学活动中，教师角色定位的权威立场主要代表着这样一种思维模式，即教师作为社会主流价值的代言人和社会秩序的维护者，需要将自己所掌握的"价值真理"如其所是地传授给学生，并确保学生价值观念的高度统一，对于教师而言，这既是他的权力，同时也是他的责任。而从行为方式上看，"权威"总是与"教化"密切相关的，教师一方面通过系统讲解和有力说服，帮助学生理解并认可既定的价值观念，知道这些价值观念的准确表述以及相应的行为要求，另一方面则通过自身的言行示范，促使学生在潜移默化的过程中，自然而然地信服其所倡导的价值观念。在教学方法的使用上，为了高效而直接地完成社会赋予的价值传递任务，教师通常采用抄写、背诵，以及惩罚的方式，避免学生对所教内容产生任何不必要的质疑。正如有研究者指出的那样，带着权威角色的立场假设，教师"欢迎权力、权威；为了将这种假设付诸实践，他认为必须采用惩罚和训练的方法"。[①] 在西方中世纪的学校，教师就"经常使用体罚以维持纪律，有的学生甚至被打成残疾，同时还广泛使用罚跪、罚站等侮辱学生的方法使学生失去自尊"，[②] 甚至对学生实施监禁和禁食等，教师之所以这样做就是希望能够借助严格的惩罚，在学生心中建立起对"上帝"的敬畏，并时刻牢记以基督教义来约束自己的行为。

在奴隶制和封建社会中，教师角色定位的权威立场长期以一种天然的合理性，支配着价值观教学的实践，正是这种教化维护着社会的稳定，有效避免了各种激烈的价值冲突，引导学生向着社会所期待的善好方向发展。雅斯贝尔斯也曾明确指出，"对权威的信仰是教育的唯一来源和教育的实质"，[③]权威的存在可以有效地引起学生的"敬畏之心"，从这个角度上看，权威可以说是价值观教学实现的合理性基础。但是"权威"本身与"权力"的暧昧关系，

---

① [美] 约翰·威尔逊著，蒋一芝译：《道德教育新论》，浙江教育出版社2003年版，第24页。

② 朱永康主编：《中外学校道德教育比较研究》，福建教育出版社1998年版，第56—57页。

③ [德] 雅斯贝尔斯著，邹进译：《什么是教育》，生活·读书·新知三联书店1991年版，第80页。

以及其中包含的"控制—服从"机制又令其极易走向权威主义的渊薮,演变为对学生主体理性的漠视,肆意剥夺学生的思考空间与机会,最终使其彻底陷入一种被动的依附性生存状态。所谓依附性生存从精神层面上看就是指"人自身思想的独立性欠缺,以至于没有思想,没有精神生活,没有想法和主见。甚至由于自身对所遭遇的事情毫无分析、概括、反思和判断能力,便将所有的自主权利转交给他人,奉行他人的观点、意见甚至思想为自己的思考标准"。[①] 教师权威的这种两面性与复杂性,使得人们对于能否以其作为教师在价值观教学中的角色定位争论不休,不少研究者都认为应当将内在的理性权威与外在的强制权威区分开来,在肯定前者的同时,警惕后者的出现,而不能因为教师作为价值权威者存在潜在风险便对这一角色定位的合理性全盘否定。

(二)教师作为价值中立者的相关主张

基于多元文化的社会现实,以及对权威型教师角色的反思,一些研究者主张教师在价值观教学过程中,应当以价值中立者的角色自居。所谓"中立"就是指居中,不带有任何倾向性,而"价值中立"则表示"无差别地对待所有价值,达到无好无坏、一视同仁的境界"。[②] 从思维模式上看,以"价值中立者"规定教师的角色,意味着教师和学生之间是完全平等的关系,教师不能以"领袖"的高位姿态去干涉学生的选择,也不能公开倡导某种价值理念,不能将自己的意见加诸学生,无论这些观点在其看来是多么的合理与完备。价值澄清学派以及人本主义课程理论学家劳伦斯·斯腾豪斯(Lawrence Stenhouse)等人都是这一观点的积极倡导者。而从行为方式上看,按照价值中立的基本主张,教师首先需要时刻谨记自己的"中立者"身份,其任务就在于准确回答事实层面的问题,在价值判断方面,则不可对学生的意见进行评价与比较。其次,为了帮助学生更好地作出价值选择,教师应当教会他们进行

[①] 方蕾蕾:《道德教育的使命:对人之依附性生存的超越》,《中国教育学刊》2017年第6期。

[②] 孙茂泉:《试论道德教育中教师的"价值中立"及其限度》,《教育理论与实践》2006年第9期。

价值判断和理性思考的基本方法,并在教学的过程中设定好价值澄清的标准与程序。最后,教师还要鼓励学生自主自由地表达自己的意见,维持讨论的秩序,确保学生之间能够相互倾听与尊重。概而言之,作为中立者的教师在价值观教学中需要做的就是为学生安排一个自我发现学习的过程,在这一过程中,学生只要确定和遵从内心最为真实的想法即可,无须听从任何所谓的权威教诲。

价值中立者的主张作为对外在权威控制的反叛,其积极意义可谓显而易见。它充分体现了当代教学对于学生主体性的尊重,展现了师生间民主平等的和谐关系,"权威主义的狭隘和偏颇在这种师生关系中很难有机会冒头,多元社会中的包容和自由得到应有的释放"。[1] 但尽管如此,我们说"价值中立"的角色定位在整体上还是站不住脚的。一方面,让教师在价值观教学中完全保持中立的态度并不现实,任何人在交往过程中都没办法完全隐瞒自己对于社会、对于生活以及他人的看法,正如纽森报告(Newson Report)告诉我们的那样,"除非封闭了学校,教师是不可能逃避对学生精神和道德发展发生影响的",[2] 而且即便教师能做到"袖手旁观""不予置评",也不过是在传递着另一种"相对主义"的价值主张,全然真实的"价值中立"本身就是一种无法达成的悖论。另一方面,"价值中立"在某种程度上也代表着对教师职能的消解,"中立"在疏远教师与"权威"的关系之时,也会剥离掉教师自身的责任。对此,马克斯·范梅南(Max van Manen)就曾提出过质疑,他表示:"诚然,成人的意向和用心很容易被误导,变成一种忽视或虐待。但是,放任孩子,让他们自己挣扎,将他们遗弃在更广泛的社会或同伴群体的引诱和强暴力量之中,不是更应该受到谴责吗?"[3] 可见,对于价值观教学这样一项直接关系到学生价值成长方向与质量的教学活动,以"价值中立"限定教师的角色表现出了明显缺陷,时至今日,虽然在实践中还存在着面对学生驳杂纷

---

[1] 王培远、艾明江:《试论教师在高校德育过程中的三种角色范式》,《高教探索》2015年第2期。

[2] [英] M. Downey, A. V. Kelly 著,王箭等译:《教育的理论与实践:引论》,江西教育出版社1989年版,第192—193页。

[3] [加] 马克斯·范梅南著,李树英译:《教学机智——教育智慧的意蕴》,教育科学出版社2001年版,第24—25页。

乱的价值主张而不作任何评价与干涉的现象，但在理论上已鲜有人会对这一角色定位表示支持了。

（三）教师作为价值引领者的相关主张

通过上面的分析不难发现，无论是将教师视为价值权威者，还是价值中立者，都有着各自难以克服的缺陷，尤其是在当前这个价值多元的民主社会里，可以说"教师不管是坚持传统的社会代言人角色，还是以一种价值相对论者的角色出现，都面临着无法解决的困局"。① 因此，越来越多的研究者开始在两种立场之间寻求可行的调和之道。像克里夫·贝克和约翰·威尔逊等人就认为可以用运动教练来比喻教师在价值观教学中的角色，这一观点一方面表明了教师对学生的价值成长富有不可推卸的责任，并不是一般意义上的参与者和"友伴"，他们必须拥有清晰而坚定的价值立场，明确而积极的是非善恶标准，另一方面该观点也显示了，学生的选择与发展最终还是要由其自己负责，教师的意见可以作为参考和引导，但却不是绝对和唯一的。荷兰阿姆斯特丹大学学者威尔·韦格勒斯（Wiel Veugelers）也认为在价值观教学活动中，教师既是参与者也是教练，他不能像中立者那样置身事外，表明特定的价值立场，并激发学生的价值信念才是其职业特点所在。② 英国杜伦大学教育学院的伊丽莎白·阿什顿（Ashton Elizabeth）和布雷德·沃森（Watson Brenda）两位学者还基于对教师作为价值中立者这一角色定位的反思，提出了应以"批判肯定法"中的导师型教师角色对其加以修正的观点，而其所主张的教师角色可以说与杜威口中"公正体谅的见证人"非常类似，即一个"朝着能激励其他人的潜在的目标和目的，尽量理解他们的观点和行为，而不是仅仅支持他们或者因不同意他们的观点而表示歉意"的演绎者角色。③ 对于这一问题，我国学者通常更倾向于以"引领"一词来界定教师在价值观教学

---

① 余维武著：《冲突与和谐：价值多元背景下的西方德育改革》，江苏教育出版社2009年版，第105页。

② Wiel Veugelers. Different Ways of Teaching Values [J]. Educational Review, 2000, 52 (1): 37—46.

③ 王培远、艾明江：《试论教师在高校德育过程中的三种角色范式》，《高教探索》2015年第2期。

中的地位,如丁锦宏、朱小蔓提出教师在课堂教学中应以"德行博物馆"之"看守人"的身份自居,时刻铭记自己负有引领学生成长的使命。① 黎琼锋也在其博士论文中表示"教学有责任把学生培养成理解和拥有人类基本价值、品性优良的人,而教师首先必须是一个价值守护者和价值引领者"。②

虽然"教练""导师",以及"引领者"的命名方式有所别异,但从其所持有的基本立场上看,却是极其相似的,它们体现的均是对价值权威者和价值中立者这两种极端教师角色定位的整合,这种整合一是要保留权威主义立场中对于教师责任的要求,二是要维持价值中立立场中民主平等的师生关系之内在精神。在对应的行为方式上,教师一方面要对学生的观点作出积极应答,凭借自身对于先进社会文化的领悟,对学生进行明确的价值引导,另一方面,教师的价值引导还必须以尊重学生主体性为前提,教师可以将自己以及社会的有益价值经验提供给学生,与学生一同进行理性的分析与选择,但却不能越俎代庖,直接为学生作出决断。正如沃夫冈·布雷钦卡指出的那样:"教师在教学中不能扮演法官的角色,而是应该让学生尽可能感觉到他们的道德和信仰受到了尊重,并尽可能与这些道德和信仰建立联系。"③ 就目前研究来看,几乎没有人会单纯地支持教师作为价值权威者,或者作为价值中立者,整合的立场已经得到了人们的普遍认可,教师作为价值引领者也成了当前教师角色定位的首选。

二、教师作为价值引领者的合理性探析

在当今时代,以价值引领者作为教师在价值观教学中的角色定位已得到了人们的普遍认可和支持,但这只能表明一种认识的倾向性,至于这一命题的合理性则需要进一步的论证与说明。针对教师的角色定位分析,研究者认

---

① 丁锦宏、朱小蔓:《教师是"德行博物馆"的"看守人"——关于教师教学中主导价值传递的思考》,《人民教育》2006年第15期。

② 黎琼锋:《导向美好生活——教学过程的价值追寻》,华中师范大学博士学位论文,2008年。

③ [德]布雷钦卡著,彭正梅、张坤译:《信仰、道德和教育:规范哲学的考察》,华东师范大学出版社2008年版,第200页。

为可以从宏观、中观和微观三个层面着手。其中宏观分析是指社会需要、文化环境、传统习俗等对教师角色定位提出的总体要求；中观分析关注的是在学校场域内，教师与校长、同事、学生、家长等不同主体的交往关系对其角色定位产生的影响；而微观分析则侧重于教师个人素质结构对其角色意识和行为的支持与制约问题。就三者的作用方式和影响力度而言，宏观因素在教师的角色定位上起着决定性作用，中观因素对于教师角色的形成负有监督和协调功能，而微观因素限定了教师角色践履的现实可能和最终效果。[①] 对于教师作为价值引领者这一角色定位的合理性论证也可以按照上述分析框架展开。

（一）教师作为价值引领者体现了社会对其赋予的责任要求

学校教师的角色是社会赋予的，"作为一种社会角色来说，教师不是受家长的邀约或者按学生的意愿，而是受社会的委托来教育学生的"，[②] 按照社会的基本要求，完成人类文化传承的重要任务，是教师一职最为基本的社会责任。"教师的出现既是人类文明发展的成果，但同时也意味着人类成果继承的一部分重要责任已历史性地落在他们身上，他们的工作是在延续人类总体的生命。"[③] 在我国古代，教师就自觉承担起了为"圣贤文化"代言的职责，正所谓"师者，所以传道授业解惑也"，这种对于道统的坚决维护充分展现出了我国古代教师极强的社会责任感和较高的思想追求。而随着近代学校制度的完善，教师与社会，或者说是国家之间的"契约关系"也愈加完善，《中华人民共和国教师法》就明确规定："教师是履行教育教学职责的专业人员，承担教书育人、培养社会主义事业建设者和接班人、提高民族素质的使命。"因此，在现代学校教育体系之中，教师更需要明白，他并不是作为一个个体在发声，而是作为社会群体的委托者而存在，其一言一行都需要从公共立场出发，需要为公共利益负责。通过上面的简单梳理可以认为："从历史上看，无

---

① 张爱琴、谢利民：《教师角色定位的本质透析》，《教育评论》2002年第5期。
② 吴康宁：《教师是"社会代表者"吗——作为教师的"我"的困惑》，《教育研究与实验》2002年第2期。
③ 刘徐湘：《论"教师是社会的代表者"——兼与吴康宁教授商榷》，《辽宁教育研究》2007年第9期。

论是'长师、能师'(学校教师出现以前，人们以长者为师)，还是'吏师、官师'(中国古代社会以吏为师，以官为师)，以及'经师、人师'(学高为师，身正为范)，无不是作为社会主流价值取向的代表者而存在，无不是作为统治阶级意志的国家的代表者而存在。"① 而在当前的多元文化时代，教师同样应当受到这一社会角色的约束，依据核心价值观的内在精神，对学生的各种多元主张进行甄别和引导。所谓的核心价值观即"体现着国家意志和社会价值系统的基本价值取向"，② 充当着整个社会文化发展存续的"主心骨"，具有普遍性、先进性和稳定性等特征，对其他一般性的价值观起着整合和支配的作用，从这个角度上看，基于核心价值的引领与对于多元价值主张的尊重，二者之间本身并不冲突，一个良性的社会价值体系必然是"多元一体"的，借此来推卸和否定教师对于学生的价值引领职责也是站不住脚的。

总而言之，对于学生的价值引领，既不是教师个人意愿的展现，也不是学生个人偏好的选择，而是社会责任的必然要求，尤其在直接指向学生价值完善与发展的价值观教学活动中，教师更应当提升自身的使命感，随时准备将学生引向积极合理的价值轨道。正如有研究者指出的那样："一个诚实和负责的教师不能放弃自己作为学生价值成长的引导者的使命。而所谓'引导者的使命'意味着教师不仅是学生道德成长之路上的'同志''朋友'，而且应当是学生的'指导者''帮助者'。教师有责任将自己个体和整个人类社会的道德经验提供给学生参考。"③ 而那些认为教师应当以价值中立者自居的主张，显然并没有看到宏观层面的社会因素，更多只是在学校教学的有限空间内对教师的角色定位进行考察。于当今时代，无论是从教师职责的历史演变，还是价值诉求上来看，站在社会核心价值观的立场上，对学生进行价值引导，将价值引领者作为教师的角色定位都是毋庸置疑的，我们所要思考的只是教师应当通过何种途径将学生的价值受纳性与价值自主性统一起来而已。

---

① 郭兴举：《论教师作为社会代表者——与吴康宁教授商榷》，《教育研究与实验》2003年第1期。
② 张峰著：《社会主义核心价值观与大学生价值观教育》，湖北人民出版社2015年版，第37页。
③ 檀传宝：《对德育主体及其作用的几点认识》，《湖南师范大学教育科学学报》2002年第2期。

（二）教师作为价值引领者符合师生间共生关系的内在精神

"角色"作为一种关系的展现，只有在一定的关系之中对其进行讨论才有意义，① 而在教师所面临的诸种人际关系当中，师生关系无疑是其中最为基本和活跃的一对，其状态与性质直接关系到教学的质量、学生的成长以及教师的专业发展，合理的教师角色建构自然也要同当时师生关系的总体状态保持一致。纵观师生关系的发展历程，可以说长期存在着"教师中心"和"学生中心"的两极摇摆。所谓的"教师中心"一般与以传递为主的传统教学范式相关，认为教师是支配整个教学进程的主体，具有绝对权威和完全责任，学生只需要严格执行教师的安排即可；而"学生中心"则通常与以建构为主的现代教学范式相关，该范式认为学生并不是教师指令的被动接收者，任何外部的教学影响都要通过学生的主动建构才有意义，教师的职责就在于激发学生的主观能动性。教师作为价值权威者以及价值中立者的角色定位就分别对应着上述两种关系状态，这两种关系状态虽然从表面上看是截然相反的，但究其实质，却都是"主体—客体"二元对立关系模式的显现，反映的是师生间的对峙状态。在这种关系模式下，不论是将教师，还是学生作为主体，另一方都会被视为为了满足主体需要而存在的工具或手段，会不可避免地造成师生间关系的异化。因此，建立在此基础上的价值权威和价值中立的教师角色自然也与现代教学理想追求相背离。

为了改变这一状态，越来越多的研究者意识到，应当以主体间的互动交往对师生关系进行优化，在教学活动中突出"主体—主体"的关系向度。对于"主体—客体"与"主体—主体"这两类关系模式，马克思在其《德意志意识形态》一书中曾有过专门论述。一方面，他表示人对自然世界的改造活动，以及人与人之间的社会交往活动，是人类实践活动的两大组成部分，分别体现了"主体—客体"和"主体—主体"两种关系向度。另一方面，这两类实践活动并非相互独立，而是有机统一的，而且从某种程度上看，"主体—主体"关系本身就蕴含着更加微观的"主体—客体"向度，因为只有在人与

---

① 舒定志著：《教师角色辩护——走向基础教育课程改革》，浙江大学出版社2006年版，第12页。

人之间建构的社会联系和社会关系范围内，他们对于自然界的影响才可能起作用。① 可见，提倡"主体—主体"的关系向度，与"主体—客体"关系的存续二者之间并不矛盾，它们可以融合统一为一种关系模式，即"主体—客体—主体"的共生关系模式，也只有在这一模式下，教师和学生的主体性才能得到充分展现。一方面，在教师中心的关系模式中，教师更多只是社会意志的传达者，并没有对学生的主体性加以关照，也就不能从学生的成长中确证自身的价值，因此，当人们试图消解学生主体性时，实际上也在消解着教师的主体性。对于这一点，有研究者曾敏锐地觉察到："在传统道德教育中，教师的主体性只是一种极其片面（工具性）的主体性，不是真正意义上的主体性。"② 另一方面，任何外部影响都需要经由学生内部的主动转化才能产生效果，皮亚杰、柯尔伯格的道德认知发展理论，拉思斯、西蒙的价值澄清教学方法，威尔逊的道德符号理论等现代道德教育理论都给予了学生主体以充分尊重，但是"我们也应当看到学生所拥有的是一种处于萌芽状态，且亟待发展的主体性"，③ 如果没有教师的引导，这种主体性必然会沦为虚假的主体性。综合上述观点，可以认为单纯强调一方的主体性，不仅会对另一主体造成戕害，甚至连自身的主体性都无法保全，哈贝马斯所谓的人的主体性必然是一项"社会的成就"便表达了这个意思。

总而言之，"主体—客体—主体"的交往模式突破了以单一主体为中心的关系状态，承认了多元主体的存在，以及主体间的共促共生关系，是一种超越了主客二分模式的新态度和思路，④ 成为了当前教学活动中师生关系的理想状态。而将教师视为价值引领者正好切合了师生间共生关系的内在精神，在共生关系的建构上有两个关键点，一是要确保师生双方的主体性，二是要加强各个主体之间的有机关联。就第一点而言，与作为价值权威者的教师不同，作为价值引领者的教师并不会假借强权向学生"灌输"既定的价值观念，他

---

① ［德］马克思、恩格斯著，中共中央马克思恩格斯列宁斯大林著作编译局编译：《马克思恩格斯选集》（第 1 卷），人民出版社 1995 年版，第 344 页。
② 陈志兴著：《理解德育论》，中国社会科学出版社 2013 年版，第 8 页。
③ 贾彦琪、汪明：《教师主导：摒弃抑或深化》，《江苏高教》2017 年第 6 期。
④ 郭湛著：《主体性哲学——人的存在及其意义》，中国人民大学出版社 2011 年版，第 201 页。

们对学生的影响重点体现在一个"引"上,是对学生的一种"价值启蒙",即"教育者利用自身文化和生活经验上的优势,引导和辅助学生获得对于人生和社会的基本价值判断的意识和能力",其目的在于"有效地启迪、敞开学生的价值世界","敞开他们通向可能生活的价值路径,让他们面对开放的、无限沟通的社会生活空间,能从容、自主地建构个人的价值世界,成为生活的主体"。①《礼记·学记》中的"道而弗牵,强而弗抑,开而弗达"就是对教师引导作用发挥的精妙概括,从中不难看出,价值引领本身就蕴含着"启"与"发"的和谐统一,是对学生主体意识的唤醒和主体能力的牵引,可以为学生主体舒展创造充分的空间。对于教师而言,"引领"不同于"传递",不是简单地将社会所倡导的价值观念告知学生,并确保其能够识记与遵守,而是一种教学智慧和自身魅力的展现,同时"引领"也表现出对"价值有涉"的肯定,允许教师个人意见和倾向的表达,使得教师可以超越社会代言人的简单设定,诠释自身的主体价值。就第二点而言,作为价值引领者的教师一方面要清楚学生的不同价值需求和经验基础,因为只有了解了学生的价值生活状态,才能对其进行有效的唤醒和引导,另一方面,教师也必须承担起对于学生价值成长负有的责任,他不可作为旁观者,任学生在各种价值选择中迷茫无措,或者在偏误之路上渐行渐远,而是要基于自己的生活经验和社会的主流导向,给予学生必要的建议。总而言之,价值引领活动将教师和学生这两个教学活动的关键主体紧密结合在了一起,与价值权威和价值中立相比,更符合当代师生关系的理想状态,更适合作为价值观教学中的教师角色定位。

(三)个人经历与专业素质使教师作为价值引领者成为可能

"一种教育角色能不能被实现,以何种方式实现以及最终实现的程度如何,外部因素上取决于社会需要和社会环境,内部因素上则取决于角色主体的整体素质。"② 这就是说,教师在价值观教学中的价值引领角色能否成立,不能仅仅考虑社会以及学校对其的角色期待,同时还要结合教师群体的整体

---

① 唐凯麟、刘铁芳:《价值启蒙与生活养成——开放社会中的德性养成教育》,《教育科学研究》2005年第2期。

② 张爱琴、谢利民:《教师角色定位的本质透析》,《教育评论》2002年第5期。

情况而作出判定。

　　首先，作为一般的成人群体，教师成熟的价值判断能力以及丰富的价值经验体悟，均为其成为价值引领者奠定了基础。根据上文提到的道德认知发展理论可知，个体的道德判断能力一般会随着年龄的增长而产生阶段性变化，相对于学生，尤其是中小学生而言，教师的价值认识水平和判断能力显然居于更高的层次，这种能力上的优势可以帮助教师进行更为全面和理性的价值思考，并引导尚未成熟的学生向着更高的发展阶段跃升。除此之外，教师个人丰富的生活经历也可以作为其进行价值引领的有利资源。在价值学习方面，小学高年级的学生其实就已经具备了进行价值推理和选择的基本能力，正如威尔逊指出的那样："研究结果清楚地表明，道德学科所需的推理类型年幼儿童即已具备。如果逐一考虑一下道德的要素，就会发现，绝大多数儿童甚至小学阶段的儿童都能理解每一个道德要素，理解这些要素是如何与一个人可能发生的道德行为联系在一起的。"[①] 但是，教师通过长期的社会交往和实践反思而获得的价值体悟却是学生难以在短时间内获得的，这些生活智慧可以确保教师敏锐地察觉到情境中所包含的价值问题及其本质，并依据业已掌握的正反经验，对各种可能的解决方案作出相对合理的预判，这说明即使当学生成长到一定年龄以后，教师在能力方面的优势已逐步丧失，但是其在阅历上的优势却无法轻易消解。

　　其次，作为特殊的职业群体，教师的专业素质，尤其是其中的专业伦理要求，为其成为价值引领者提供了保障。教师并非人人可以为之，能够成为教师，说明其至少具备了相应的专业素质，在这些素质中除了知识基础、教学技能之外，教师个人的人格修养和伦理责任，也是其中的重要组成部分，凭借这些素质，教师自然有资格承担起价值引领的重任。如果说由于古代社会教师的入职标准相对模糊，管理较为随意，以致教师"良莠不齐"的情况还十分普遍的话，那么，到了近现代，学校教育的制度化便在一定程度上缓解了这一问题。在近现代社会，教师不仅要经过系统的培训，同时还要接受严格的考评，教师准入和管理制度的日趋规范极大地确保了教师群体的整体

[①] 戚万学著：《冲突与整合——20世纪西方道德教育理论》，山东教育出版社1995年版，第245—246页。

质量，尤其是随着 20 世纪 30 年代教师专业化运动的开展，人们对于教师专业素质及其培养投注了更多的精力，极大地促进了教师在教育理念、知识、能力、职业道德、个性品质方面的发展与完善。进入 21 世纪以来，各个国家都纷纷在制度层面，对教师专业素质提出了较为明确和全面的要求，比如"英国规定，只有具备适当人格品质、适当的学业水平、足够的教育专业和实践方面的知识与技能等条件的教师才是合格的教师。在美国则要求中小学教师不但必须具有广博的文理知识，还要有较高的文化修养等素质。在日本，只有具备全面而广泛的素质才是合格的教师"。[1] 这些制度层面的规定，皆表明了在当今时代，专门而系统的职业训练，使得教师，尤其是那些经常需要和价值问题打交道的教师，比一般人具有更高的道德洞察力，成为了伦理和道德教育方面的专家，[2] 完全满足作为价值引领者的素质要求。当然，我们同样并不否认在价值观的教学实践中，仍存在着各种教师价值引领失当和失职的问题，但这一方面并不能影响我们整体的判断结果，另一方面也正预示着目前还需要进一步加强教师的价值引领能力，完善教师的培养和考核机制。

三、价值观教学中教师价值引领的多重表现

"当人们在生活中取得某种身份时，就会有一组与该身份有关的角色产生，这组角色被称为'角色丛'。"[3] 在价值观教学组织与实施的过程中，教师的价值引领者角色同样需要通过这样一个"角色丛"来展现。对此，我们可以对照教学活动开展的起始、过程和结果三个时间点，将教师的价值引领者身份具体分解为学生价值成长方向的引导者、价值建构过程的回应者以及价值共识边界的守护者。当然，由于价值观教学活动是一个不可分割的整体，因此，依据价值观教学进程阶段作出的角色划分，更多只能说明角色表现的一种侧重，而不代表着绝对意义上的归属，事实上，在价值观教学进行的各

---

[1] 宫作民、张贵芸主编：《新世纪教师素质论稿》，天津教育出版社 1999 年版，第 17—27 页。
[2] 欧阳文珍著：《品德心理学》，安徽大学出版社 2005 年版，第 234 页。
[3] 李海英：《协商课程研究》，华东师范大学博士学位论文，2009 年。

个时间节点,都需要教师引领者角色多重表现的综合作用。

(一)价值成长方向的指引者

在影响个体价值成长的诸多要素之中,价值建构的方向性显然居于首要位置,若是缺乏正确的方向指引,那么,学生对于某些价值观念的认同越是强烈,建立的意义联结越是稳固,反而会产生越大的麻烦。作为价值引领者,教师首先要依据社会的文化积累、国家的政策要求,对学生的价值成长进行方向性指引,确保其朝向积极的方向运行。在具体的践行上,教师一方面可以通过教学目标的厘定以及教学内容的设计等显在方式,对学生的价值认识路径加以规划,以避免其思想发展偏离合理的轨道。关于这一点的实现过程,上文已经作出了较为详细的论述。而此处需要强调的是,教师作为直接与学生真实价值生活相接触的教育主体,具备实时把握学生价值成长动向的天然优势,因此,超越预定的教学计划,针对学生的成长困惑与偏差随时作出调整同样是其价值引领角色的应有之义。在访谈中就有教师表示当自己了解到最近班上有同学通过给其他学生讲作业,收取一定报酬时,马上意识到了在这一行为背后隐藏着一些市场经济带来的狭隘价值倾向,为了帮助同学建立起更高的价值追求,该教师调整教学进度,围绕着同学关系以及市场交易问题组织学生进行系统讨论,这就很好地体现出了教师对于学生价值成长方向指引的针对性与及时性。

另一方面,教师还可以利用自身人格的感召力,对学生的价值成长进行隐性的方向指引。心理学研究显示,在社会观念和行为的获得方面,观察学习一直占据着十分重要的位置,这表明学生的价值学习既可以经由教学内容这一中介而进行,同时还可以在与教师直接交往的过程中发生。对此,英国学者莫妮卡·泰勒(Monica Taylor)就曾明确表示,在价值观教育的过程中,"教师自然充当了一种'道德的媒介'。教师教授学生的方式方法,教师个人的衣着打扮、惯用语言,他们投入工作的努力程度都暗含一些价值观念"。[1]当然,在任何一种教育教学活动中,教师自身的言行表现和人格品质都是其

---

[1] [英]莫妮卡·泰勒,杨韶刚等译:《价值观教育与教育中的价值观(中)》,《教育研究》2003年第6期。

履行职业责任的重要手段,"亲其师,信其道"的说法在我国可谓古已有之,但是与一般的客观知识和技能教学相比,教师个人品质在价值观教学中不仅充当着激励学生学习的动力因素,同时也是学生价值学习的实质性资源,教师的一言一行都极大地影响着学生的价值成长方向。但是强调教师的人格品质并不等于要求每位教师都成为道德高尚的圣人君子,国外学者奥斯古索普(Osguthorpe,R. D.)就在其研究中表示,当前人们对于教师个人品格的影响力明显有着过高的估计,事实上"我们对于教师个人品格与学生品行之间这种因果关系的期许,却依然只是一个理论假设",没有人可以找到令人完全信服的有力证据。[①] 我国学者也指出:"相对于教师个人的高尚美德,教师对教育所持的基本观念对于形成和促进学生的道德品质具有更为基础性的作用。"[②] 综合来看,教师高尚品格对于学生潜移默化的影响无疑是我们所欲求的,但也无须过分苛求,不可将这种过高的期待变为压抑教师的镣铐。对此,有研究者明确表示:"学校生活的一种现实,是孩子们通过观察教师来发现成年人是如何行为的。但是我们不是说教师必须是圣人、俗人或者其他什么。我的意思是他们应该是严肃对待道德生活的人。这就像教师应该是脑力劳动者的榜样一样,他们也应该被看作过理想的道德生活的人的榜样。"[③] 相信教师只要可以坚守住基本的社会价值规范,并愿意在此基础上寻求不断的提升,那么这种积极向上的活力同样也可以转化为一种教学感召力,最终作用于学生的价值成长方向。

(二)价值建构需求的回应者

价值观归根结底就是个体在外部影响下,调动自身价值经验进行自主建构的过程,这个建构过程通常并不是一帆风顺的,学生可能会遇到各种不同的障碍,或者产生不同程度的偏差,此时,就需要教师针对学生的具体需求

[①] Osguthorpe, R. D.. On the Relationship Between the Moral Character of a Student [D]. PhD. Thesis. University of Michigan, 2005.

[②] 王晓莉:《"立德树人"何以可能——从道德教育角度的审思与建议》,《全球教育展望》2014年第2期。

[③] Ryan, K.. In Defense of Character Education [C] //Moral Development and Character Education. Berkeley, CA: McCutchan, 1989: 10.

和表现作出及时而有效的回应。所谓"回应",简而言之就是"对于他者呼求的应答",在价值观教学中,"学生是无声的命令者,而教师则是积极的回应者,是责任的勇敢承担者"。① 对于学生价值建构需求的应答,是教师作为价值引领者这一角色在教学过程中的集中展现,其目的主要在于帮助学生更为顺利地完成自身的价值建构。采用"回应"一词概括教师在学生价值建构过程中的角色表征,一方面凸显了教师在促进学生价值成长方面的责任,根据词源学考察,回应(respond)与责任(responsibility)在拉丁文中拥有共同的词根,这说明回应行为自其产生之日起,便自然带有了责任指向,强调教师在价值观教学中的回应,就是重申其"帮助学生成人的美好承诺"。② 另一方面,"回应"一词还可以较好地体现出教师在教学过程中发挥价值引领作用的时机和方式特点,正可谓"有求有应""应随求定",教师在价值观教学过程中不能随意干涉学生的思考与建构,其对于学生的指导应当源于学生的需求,一定是先有了学生的呼求,才有教师的回应,而且,教师在教学过程中的回应也要视学生的具体需求和个人情况而定。回应的这种服务性特征既可以增强教师价值指引的针对性,同时还可以有效避免权力的僭越。

那么,教师应当在何时予以回应呢?就某一具体的价值观教学实践活动而言,学生的认识陷入困顿之时就是教师回应的最佳时机。对于这种困顿,学生有时候会主动提出并向教师寻求帮助,此时,无论学生的问题尖锐与否,教师都必须有所回应,若实在棘手,可以选择暂时悬置,但绝不能冷淡处之。比如,当教师谈到"奉献可以体现人的真正价值"这一命题时,就有同学提出"既然如此,那么老师可不可以把您的工资给我们"的质疑。在不少教师眼中,这类问题只不过是学生对自己的"刁难",因此往往会以"这和我们讨论的无关"或者"别瞎说"等说辞简单搪塞过去。这便是无视学生需求的错误做法,这种做法不仅无益于学生价值认识的提升,同时还会破坏师生间的信任关系。面对这一情况,作为一名合格的价值引领者,教师应当就学生对

---

① 吴先伍:《独白・对话・回应——历史视野中的道德教育走向》,《湖南师范大学教育科学学报》2015年第3期。
② 吴先伍:《独白・对话・回应——历史视野中的道德教育走向》,《湖南师范大学教育科学学报》2015年第3期。

于"奉献"的理解偏差这一真实困惑作出回应,只有这样才能帮助学生跨越价值建构过程中遇到的认知障碍、意义障碍,乃至情感障碍。然而,更多时候学生自己也无法意识到自身价值建构困惑的存在,这就需要教师凭借敏锐的观察力和果决的判断力,去感知和发掘学生的潜在需求,并据此作出指导,以免学生在错误的方向或者无意义的点上耗费过多精力。比如,在之前提到的【"个人""集体"难两全】教学案例中,当学生分别陈述了支持"个人优先"和"集体优先"的理由之后,继续让他们沿着这一思路讨论,往往只会带来双方观点的简单重复,此时,将学生的思考视角转换到是否存在令二者得以统一的解决办法上,实际上就是对于学生思维困境的积极回应。至于回应的方式,我国古代教育家孔子因材施教的做法堪称典范,孔子对于学生的回应就总是视学生的不同情况而定。同样是"问孝",孔子告诉孟懿子所谓"孝"就是"无违",这是针对他违背周礼的问题提出的;对于孟武伯,孔子则表示"父母唯其疾之忧",也就是对父母尽孝要做到像关心自己孩子疾病时的那种程度,直指其不关心父母健康状况的做法;子游问孝,孔子则回答"今之孝者是谓能养。至于犬马皆能有养,不敬何以别乎",这是针对子游虽然能够照顾父母的生活,但缺乏恭敬之心的情况而言的,希望他在对待父母的方式上有所改变;子夏问孝,孔子则表示,"色难,有事,弟子服其劳,有酒食,先生馔,曾是以为孝乎",就是说知道为父母做事,供给父母酒食,做好表面功夫并不困难,难的是对待父母要和颜悦色,拥有恳切的敬爱之心。(《论语·为政》)基于对学生情况的充分了解,孔子的"回应"总是能够切中他们的"要害"。可见,回应与一般化的指导不同,是一种极具针对性和个性化的指导方式,只有视具体情况而定才能体现出"求"与"应"之间的因果关联,而当前教师在对学生价值建构的困惑加以回应时,同样也要遵循这一原则。

(三)价值共识边界的守护者

就通常的意义而言,只要人们通过沟通与交往形成了相对一致的意见,就可以视作达成了价值共识。至于"一致性"的衡量标准,政治学领域的学者曾有过详细探讨,在麦克劳斯基(Mc Closky)那里,共识的达成应以全体成员中的 75% 为最低要求，而普洛斯罗和格里格（Prothro & Grigg）则将这一比率提升到了 90%，虽然具体的数字并不相同，但二者却有着一致的前提假设，即凡是达到了某一既定人数比率，对于共识的寻求便可顺利告一段落。然而，一旦进入了教育教学领域，该问题就会变得复杂许多，因为作为一项"教人成人""引人向善"的活动，在特定的时间范围内完成构建一致性认识的任务只是其有效性的一个方面，最终的共识结果是否符合教育性的基本要求，同样不可罔顾，甚至可以说与能否达成共识相比，共识的达成过程以及达成的共识结果是否蕴含教育性，即是否能够对学生的思想产生正向影响，对于价值观教学而言显然更为重要。然而，在价值观教学实践活动中，受到学生认识水平、价值问题复杂程度，以及社会流行观念的影响，那种虽有共同认识形成，却缺乏必要教育意义，或者存在指向偏差的价值观教学实践并不鲜见，此时就需要教师基于教育性标准的核心宗旨，依据人类基本价值、民族优秀传统价值、社会主导价值的具体指向以及各种不同取向之间合理的价值排序，对学生达成的价值共识进行整体判断，在尊重学生自主建构的同时，守住共识的边界。下面这个案例，就可以很好地说明教师这一角色表征的重要性。

【危险的多元——当"白骨精也值得学习"】[1]

师：课文中有三个主要人物——唐僧、孙悟空、白骨精。大家对这个故事都很熟悉，我们就不多讲情节了。这节课我们主要来研究一下这三个人物的性格特点。请同学们选择其中一个人物，找找有关的描写内容，想一想，然后说说他是一个怎样的人。

（学生自学，然后讨论）

生：我想评价一下白骨精。就像课文里说的，她诡计多端，残害百姓……（接下来列举了不少文中内容来加以证明）不过我觉得白骨精也有好的地方，至少她很孝顺嘛。你看，她抓到唐僧之后，就派人去请自己的母亲一起来吃，这不是很有孝心的表现吗？

---

[1] 案例引自《危险的多元——"当白骨精也值得学习"》，《中国教育报》2007 年 3 月 30 日。

师：其他同学认为呢？

（许多同学愕然。有人在微微点头）

生：我听了刚才同学说的，觉得也有点道理，有好处时能马上想到母亲，这总是一件好事。

生：不过她请母亲来吃唐僧，却使得母亲也被孙悟空打死了呀。

生：可是她一开始也并没有想到会这样嘛。她只是想要母亲也长生不老。所以母亲被孙悟空打死，不是白骨精的错误嘛。她的出发点还是好的。

（学生继续发表意见，教师不作干预，意见趋向于肯定白骨精的"孝心"）

师：大家说得真好，听了同学们的发言，我也很有启发。是啊，我们从来都说白骨精怎么坏怎么坏，可是经过大家的讨论，我们发现，她的身上也有闪光点值得学习呢！

不难看出，对于"白骨精也很有孝心"这一观点，同学们在经过一番探讨和论证之后，从最初的"感到愕然"，到后来的"略微同意"，再到最后的"基本支持"，便是一个典型的价值共识达成过程。如果单从共识达成的效果来看，这次教学显然是成功的，但稍加分析便可发现，这一结论实际上存在着明显的指向偏差，甚至可以说连基本的道德要求都不符合。具体而言，学生通过白骨精得到了珍贵的唐僧肉，首先想到与母亲分享这一孤立事实，便认定她是有"孝心"的，是值得学习的，看似有理有据，其实却是非常狭隘和片面的，因为我们不能忽视这一看似"高尚"的行为背后所负载的血淋淋的代价，更不能忽视在个人道德层面之上还有公德、正义和人性等更具普遍意义和约束作用的价值观念。如果学生真的将这样的价值共识变为自己的价值信念，那么，当他们今后面对类似情况时，就很可能无法明辨大是大非，为了满足自己的欲望，成就自己的"美德"，而不择手段，做出侵害他人利益的举动。要知道一些欠缺理性的价值共识在日常生活中或许无伤大雅，但在价值观教学中，却是需要加以明确规避的，一个称职的价值引领者，决不能被共识达成的表面效率所蒙蔽，更要从全局出发，以"善"的维度对达成共识的过程以及结果质量进行深入分析,警惕共识的庸俗性、功利性和片面性,严守价值共识的合理边界,避免那些潜藏在不当共识之中的负面倾向侵蚀学生的思想。

第二节 多元文化时代价值观教学教师的角色践履问题

教师作为价值引领者不仅代表着一种理念定位,更是一个真实的实践问题,如何帮助教师更好地认同自身的价值引领使命,克服各种实践障碍,通常比提出一种角色期待更为重要。

一、教师作为价值引领者的实践阻抗

教师的角色践履情况直接关系着价值观教学的效能,我们都期望教师可以承担起价值引领者的角色,带领学生冲破各种流俗的迷障,进而实现塑造理性共识的理想追求。但是从应然的角色定位到实然的角色践履从来都不是一个线性的通达过程,其间总不可避免地会出现各种来自于教师内部或者外部的阻抗因素,厘清这些阻抗因素的来源和表现,是塑造教师作为价值引领者理想面貌的前提条件。

(一)教师作为价值引领者的意向迷失

任何角色的实现都需要以清晰而强烈的意向为前提,意向作为"人类区别于动物无意识的、被动性的本能活动的重要标志",[1] 在个体角色的践履过程中发挥着关键的价值指示作用。然而,就当前的价值观教学实践而言,教

---

[1] 余宏亮:《教师作为知识分子的角色重构研究》,西南大学博士学位论文,2014年。

师作为价值引领者的意向迷失问题在教学实践中还较为普遍，直接引发了教师对待自身应有角色职能方面的无视与无措问题，极大地干扰了教师的角色践履。根据价值观教学的现实情况，可以将教师作为价值引领者的意向迷失问题归纳为角色意识的模糊、践履意图的衰弱以及自由意志的缺失三种典型表现。

首先，教师在价值观教学活动中多种类型角色的并存状况，造成了教师角色定位的模糊，妨碍了教师作为价值引领者的践履意识。关于价值观教学中教师角色定位的理论争议，也是对这一实践困惑的一种反映。在教师本人的角色认知方面，挪威教育学者伯盖姆（Trygve Bergem）曾对当地 286 名职前中小学教师进行了长期的调查研究，发现有 49% 的职前教师认同自己应当成为学术道德的示范者（Role-modles），而 29% 的教师不确定自己的道德角色，剩下 22% 的教师则不认同自己的道德角色。[1] 通过数据统计在某种程度上证明了教师对于自身角色定位混乱的客观现实。而在研究者接触到的访谈对象中，也有不少教师表示自己对于价值观教学中的角色定位仍然处于探索与尝试阶段，尚不清楚在价值观教学中应当负有怎样的责任，对于这种责任的履行应该达到何种程度，以及这一角色定位与自身其他工作角色之间的关系。不难想见，当教师没有完全理解作为价值引领者的责任要求，并产生发自内心的承认之时，其角色践履的自觉性和敏感性也只能停留在较低的层次水平，极易错失珍贵的价值引领机会。

其次，教学的工具性和功利化倾向，湮没了价值引领的重要意义，降低了教师作为价值引领者的践履意愿。进入现代社会以来，"科学主义导致片面强调知识、技能的传授，忽视了对身心素质健康发展的关注；功利主义导致学校教育仅仅以升学率或就业率为其最终目标和主要评价标准，而缺失了对良好价值品质养成的关注和重视"。[2] 虽然当前人们已经察觉到了工具性与功利化所引起的教学异化问题，也作出了一些适当的调整，像我国当前对于学生核心素养的培育，以及对于立德树人任务的强调便体现了这一努力，但不

---

[1] Bergem, T.. The Teacher as Moral Agent [J]. Journal of Moral Education, 1990, 19 (2): 88—100.

[2] 胡萨：《现象学视域中的"价值教育意识"》，《浙江学刊》2013 年第 4 期。

得不承认的是，理想与现实之间的鸿沟总是客观存在的，在不少学校当中，学生的学业成绩与升学率仍然是衡量学生素质水平以及教师工作质量的首要甚至是"唯一"标准，"一些地方'高考工厂''神话中学'这类巨型高中的出现，某中学为考上名校的学生立塑像等则是其中的极端案例"。① 在这种片面的教学追求下，教师的确很难将引领学生的价值成长视为自身的重要使命，关于此，访谈中就有教师坦言：

> 结合自己教的学科的相关内容，去组织价值观教学，促进学生的人格发展，这个很重要，国家现在也在提倡这个东西，但实际情况是我们都有自己的教学任务，还得关注学生的成绩，就算是政治课教师也是这样的，知识都是首要的，价值观这个东西，在学生的卷子上是体现不出来的，家长不关心，学校无所谓，当然要说它可以转化为学生的学习动力，那又是另外一回事了。所以，这么说吧，我觉得我们生存的问题还没有解决好，做这个事情就有点不切实际了。②

最后，教师在价值观教学中自主性的缺失，破坏了教师自身的完整性，消解了教师作为价值引领者的践履意志。正如有研究者指出的那样："意向性的基础是'意志自由'，只有意志自由的人才有真正的意向性，也才能成为一个真正意义上的人。"③ 然而，在价值观教学活动中，教师的主体性却长期处于被遮蔽的状态中。在传统的价值观教学模式中，教师的主体性以及主导作用看似已经得到了极大程度的张扬，但真实的情况却恰恰相反，"教师作为真实主体的意义被外在压力所驱散，教师在教学中的自主权被异化为灌输、控制的行为，知识、经验的学习都以单向传递的方式进行"，④ 教师的主体性早已被外部控制所肢解。而在现代的价值观教学改革下，人们将关注的重心放到了对学生主体性的尊重上，这无疑是一种极具时代意义的转变，然而令人

---

① 索磊：《教学价值理性的迷失与恢复》，《教育科学》2014年第6期。
② 资料出自研究者对吉林省长春市某中学历史教师的访谈记录。
③ 石中英著：《教育哲学》，北京师范大学出版社2007年版，第69页。
④ 黎琼锋著：《教学价值与美好生活》，人民教育出版社2012年版，第8页。

遗憾的是，在对教师价值灌输与强制认同反叛的过程中，教师出于主体自觉的引领作用也同样被人们弃之不顾。我们说教师的自由意志实际上就是其完整主体性的一种展现，而自由意志的缺乏必然会导致主体责任的让渡，我们显然不能寄希望于一个丧失了主体自由意志的人能够自觉承担起价值引领者的责任。对此，也有研究者尖锐地指出，在当前的教学实践中，很多教师"缺乏对于课堂之外的教学延伸，也缺乏对于价值观教学上的思考与责任意识，忽视或缺乏激励引导学生形成正确的求知习惯和社会责任感"，① 这说明主体自由意志的缺失确在事实上影响了其价值引领角色的践履。

（二）教师作为价值引领者的角色焦虑

从价值权威者，到价值中立者，再到价值引领者，随着社会文化状态以及教学理解立场的变化，人们对于价值观教学中教师角色定位的认识也呈现出了明显的阶段性变化。在角色转变的过程中，如果教师不能很好地适应新角色对其提出的期待，便会产生强烈的焦虑感。所谓焦虑，简而言之就是一种"体验为紧张、担忧、烦乱和恐慌的不良状态"，② 而与自身角色认同及践履相关的焦虑问题便可以称之为"角色焦虑"。在存在主义心理学家罗洛·梅（Rollo May）看来，当人感到自身存在和价值受到威胁时，便会产生焦虑反应，这种反应存在正常与病态两种不同水平。前者意指人们可以采取积极、正确的态度面对焦虑并将其限制在可控的限度之内，进而逐步将其化解；而后者则意味着个体以消极、变态的行为方式，如压抑、禁止等防御手段去抑制焦虑，由此引发个人的病态心理。对于教师而言，角色焦虑可以说是普遍存在的，正像罗洛·梅指出的那样，"焦虑是人类的基本处境"，③ 不论是在一元文化统领的历史时期，还是多元文化共存的当今时代，作为学生价值成长道路上的重要他人，教师都不可能完全排除角色焦虑的干扰，只不过在价值

---

① 侯静：《教师作为价值观教育主体的本质论析》，《东北师大学报（哲学社会科学版）》2015年第3期。

② Burger, J. M.. Personality [M]. Brooks/Cole Publishing Company, 1997: 2000.

③ [美]罗洛·梅著，朱侃如译：《焦虑的意义》，广西师范大学出版社2010年版，序。

引领的角色定位之下，教师的角色焦虑还会有一些特别表现。

从角色焦虑的生成上看，教师作为价值引领者的角色焦虑主要来源于以下三点。

一是面对繁杂的多元价值，教师自身也有许多难以化解的价值困惑，这些困惑的存在直接损害了其践行引领职能的自信心。"引领"一词本身就包含着"由低到高""由浅入深"的指向，这说明凡是配得上引领者之名的人必然会有其超越被引领者的过人之处，正是这种优势赋予了引领行为以合法性。然而，多元纷扰不仅影响着学生的价值成长，同样也侵入了教师的精神世界，加剧了其内部的价值冲突，"这种冲突有时会使教师出现言行不一、自相矛盾的举动"，[①]而上述表现不仅会对学生的价值成长造成负面影响，同样也会引起教师对其价值引领角色的质疑。在访谈中，就有教师表示：

> 我觉得进行价值观教学最大的困难就是我也无法保证我自己的价值观就是正确的。知识因为还是很客观的，就基本上不会犯什么错，毕竟学了这么多年，教了这么多年，当然，有时候可能会说因为马虎大意，或者理解不够而犯错，这都很正常，我也能很快意识到，及时改正。但是，价值观这个东西，说实话我自己有时候都很难作出正确判断，还有教科书中倡导的那些，我倒是不反对，可是做得大概也不够好。比如教《船长》那篇课文时，我就给学生出了个问题，让他们谈谈船长指挥乘客和船员脱险后，选择和客轮一起沉入深渊是否值得。没想到学生讨论了一番后就反问我会不会这样做，虽然我还是表示了肯定，顺着这篇文章的主旨走了，但当时心里确实还是比较犹豫的，毕竟这是关乎生死的大事。所以吧，我有时候就觉得没信心给学生教好，这点算是我在课上教价值观时体会比较深的吧。[②]

二是价值观教学内容以及教学过程较强的不确定性，降低了教师对于课

[①] 曹荣誉：《多元价值观对学校德育的挑战及对策》，《西南民族大学学报（人文社科版）》2004年第5期。

[②] 资料出自研究者对福建省厦门市某小学语文教师的访谈记录。

堂教学的整体把控，使其丧失了进行价值引领的兴趣。我们说"无论教育教学理论多么全面、深刻，教育实践都不是按照某种既定的教育教学理论来机械施工的。其原因在于教育教学理论作为一种系统的知识，是一个'去情境化'的归纳和提炼，而教育教学作为一种实践活动，有其特定的时间、地点和对象，历来都是一门'缺憾'的艺术，需要实践者综合运用各种知识、能力创造性地实施"。① 教学的这种不确定性既是其迷人之处，同时也容易令人手足无措。事实上，任何一项教学活动都带有不确定性，只不过对于价值观而言，由于其内容的松散性，以及结果的开放性，更进一步增加了这种不确定性的程度。一项国外调查研究显示，在教师看来，单元与单元之间，主题与主题之间缺乏密切联系，可以说是他们在开展价值观教学活动时面临的最大问题。② 与此同时，学生在教学过程中各种对于价值的独特看法，也常常令教师始料不及，进而产生不知如何是好的焦虑表现。

三是价值观教学效果显现的延迟性与反复性，消解了教学反馈的即时性，不利于教师自我效能感的产生。我们从事任何一项工作，并不仅仅是为了谋求物质报酬，同时也希望它能带给我们长期的精神滋养。"工作为我们的生活增添意义，我们除了希望为它奉献出最大的能力外，也从中获得我们最强烈的满足，满足我们内在的召唤。"③ 教师总是期望在教学中取得好成绩，看到自己的努力给学生带来积极的变化，但是与一般的知识相比，教师给予学生的价值影响通常需要经过长期的积累才能显现出来，我们不可能像教给学生数学四则运算，或者语文拼音读写那样，看到立竿见影的效果，因为一方面，价值观需要在一定的生活情境中才能显现出来，而这些情境显然不是都能由教学活动创造的，另一方面，价值观还需要一定的时间发酵，需要学生在生活中细细品味，慢慢感受，那些想要通过一节课，或者几节课便看到价值观教学对于学生观念与人格之影响的想法注定只能成为一种奢望。也许教师当

---

① 王海涛、李润洲：《人学视野的教师焦虑》，《中国教育学刊》2011 年第 12 期。
② Y Şahinkayasi, Özge Kelleci. Elementary School Teachers' Views on Value Education [J]. Procedia-Social and Behavioral Science, 2013, 93: 116—120.
③ 转引自李学书、范国睿：《生命哲学视域中教师生存境遇研究》，《教师教育研究》2016 年第 1 期。

时一番看似毫无波澜的教诲，就会变为他日成就学生发展的转机，然而，这些喜人的成果却经常为人们所忽视。在访谈中就有教师提到了自己的这种无奈，他表示按照国家和学校的要求，以及教科书上规定的内容，自己也给学生讲了很多关于价值观的内容，但是他只能保证自己确实讲了这些内容，至于讲了有什么用就不得而知了，这使其在教授学生价值观方面感觉十分受挫。除此之外，个体的价值观形成过程还充满了反复，经常会在某个阶段出现退行表现，这更容易向教师传达出教学失败的错误信号。

至于教师角色焦虑的危害，可以归结为以下两方面。一方面，教师会因角色焦虑不断滋生出倦怠情绪。所谓"倦怠"，从心理学上看，就是指"从事助人行业的工作者无法应付外界超出个人能量和资源的过度要求，而产生的生理、心智、情绪情感、行为等方面的身心耗竭状态"。[①] 这种消极情绪既会影响教师的教学质量，同时也会通过师生交往传染给学生，直接影响到学生解决价值问题、进行价值探讨的热情。另一方面，为了强行抑制角色焦虑的产生，教师更可能会选择那些简单粗暴的引领方式以规避风险。卡伦·荷妮（Karen Horney）就认为，"正常人追求权力是出于力量"，而"病态地追求权力则是出于焦虑、仇视和自卑感"，[②] 是一种软弱的表现。为了掩盖这种焦虑和自卑，教师在开展价值观教学时，就会选择"灌输""惩罚"等强控制的方式，以此为自己寻求必要的安全感，而就访谈的情况而言，这一现象在初任教师中表现得最为突出，需要特别加以注意。

（三）教师作为价值引领者的支持缺位

教师的角色践履情况不仅与其本人对于角色的认知、态度和体验有关，同时还受到外部支持条件的深刻影响。研究显示，外部支持系统的匹配度以及力度直接关系着教师的教学意向。而从目前情况来看，教师作为价值引领者的角色践履尚未得到充分的外部支持，我们可以将这种支持缺位的现象分

[①] R. L. Schwab. Teacher Stress and Burnout [C] //Handbook of Research Education. Sikulan Editor, Macmillan, 1996: 17—28.

[②] [美] 卡伦·荷妮著，陈收译：《我们时代的病态人格》，国际文化出版公司 2007 年版，第 110 页。

第六章 价值引领者：教师在价值观教学中的角色定位

为两大类。

一是指导缺位，即教师很少得到在价值观教学中如何践履自身角色的有效指导。一位英国学者在其研究中曾明确指出："即使赞同进行道德教育的教师仍然感到他们在教育实践中没有准备好承担起道德教育的角色，事实上这是真实的，他们在这方面没有接受到特定的训练。"① 访谈中也有教师表达了类似的看法：

> 如果问我在价值观教学方面遇到的最大困难是什么，可能还是缺乏这方面的专业知识吧。你比如说我教的语文学科，在本科、研究生的学习阶段，都设置了语文教学论这样的专门课程，然后入职之后也会有各种研讨和培训活动，教师们会一起分享经验，包括教研员，还有其他专家也会直接给你讲，在什么情况下应当怎么做会更好，会有一些比较细致的东西来提升你的教学。但是对于价值观教学，当然我也知道要给学生讲理，也知道大面儿的，但是怎样讲，讲爱国、讲合作的时候，到底有没有什么不同，这些好像就没有人告诉我们，所以在给学生讲价值观的时候，那种心有余而力不足的感觉就特别强烈。当然这可能也是因为我是新教师，老教师有经验了，情况也许就不同了，我们主任教价值观的时候就不像我这么生硬。但就我个人而言，我感觉还是需要在这方面得到一些帮助，这样自己在进行教学的时候也能更加从容，能真的为学生解决他们遇到的价值困惑。②

以上看法都表明，虽然教师有进行价值观教学，对学生进行价值引领的愿望，但却并没有获得相应的教育支持和实践指点，不仅如此，教师甚至对于自己需要传达的价值观都处于一知半解的状态。我国学者就围绕着"思想品德课教师如何看待社会主义核心价值观"这一问题对湖北省部分市区的24所乡镇中小学进行过问卷调查，结果显示教师对于社会主义核心价值观的了

---

① Graham Haydon. Teaching about Values: A New Approach [M]. London: Continuum Intl Pub Group, 1997: 5.
② 资料出自研究者对北京市海淀区某小学语文教师的访谈记录。

207

解状况不佳，且大多都是在电视、网络等社会媒体的宣传中获得的，学校以及其他教育相关部门的指导非常不到位。[①] 以上皆展现出了教师作为价值引领者的角色践履对于相关指导的迫切需求。

二是资源缺位。首先，从时间资源上看，与语文、数学等学科教学不同，在学校的教学安排中，并没有专门属于价值观教学的时间，而且对于某些价值问题的讨论往往需要持续的沟通，反复的协商，有时候还需要开展相关的社会实践，但这部分时间需求显然没有被予以特别考虑。受此影响，即使教师具备了作为价值引领者的角色意识，也会因为受限于教学进度，而不得不放弃这一使命。其次，从空间资源上看，虽然作为一项教学活动，价值观教学绝大部分时间还是发生在学校课堂内部的，但它同时具有极强的实践指向性，因此，与一般性知识内容相比，更需要社区、实践基地等相关场所的密切配合，然而，这些校外空间资源还远远没有得到充分的利用，学校同这些组织之间的联系也相对松散，教师通常并不能从中获得有力的教学支持。最后，从素材资源上看，任何一项教学活动都不能凭空开展，素材的充分性是教学有效性的重要影响因素。一项对于瑞典和土耳其小学教师的深度访谈显示，在大多数教师看来，相对于客观知识而言，课本上提供的与价值观教学相关的内容无论是在质上，还是在量上都显得很不充分；为了更好地开展价值观教学，对学生进行价值引领，教师希望能够得到更为丰富的多样化资源供自己选用。[②] 可见，教学素材的缺乏已经使教师在践行其价值引领者角色时受到掣肘。综上所述，正如克里夫·贝克指出的那样，"人们常常对教师不愿意承担价值教育责任而感到失望。除了许多人仍然质疑价值教育作为学校活动的合理性之外，还有教师缺乏培训以及这一领域的资源要比学校传统学科少得多的问题"，[③] 外部支持的缺乏同样严重阻碍着教师作为价值引领者的角色践履效能。

---

① 刘任丰：《思想品德课教师如何看待社会主义核心价值观教育》，《教育研究与实验》2017 年第 5 期。

② Y Şahinkayasi, Özge Kelleci. Elementary School Teachers' Views on Value Education [J]. Procedia-Social and Behavioral Science，2013，93：116—120.

③ [加] 克里夫·贝克著，詹万生等译：《学会过美好生活——人的价值世界》，中央编译出版社 1997 年版，第 155 页。

二、教师作为价值引领者的塑造路径

在多元文化背景下,确立价值引领者的教师角色无疑非常艰难。从角色素质上看,一个合格的价值引领者至少应当具备明确的价值引领意识、全面的价值引领能力和充盈的价值引领底蕴,而这些均需要教师、学校以及其他教育相关机构的共同努力。

(一)创造良好的实践环境,强化教师的价值引领意识

明确而坚定的价值引领意识,可以促使教师自觉、主动地关注学生的价值成长状态,并努力维护自身价值实现过程的持恒性,进而产生高质量的价值引领行为,因此,塑造教师作为价值引领者的理想面貌,不能不从强化其价值引领意识着手。鉴于思想意识具有较强的个体性与潜隐性特点,诉之于外部环境潜移默化的影响,可以说是唤醒并强化教师价值引领意识的可行路径。考虑到学校课堂是教师发挥其价值引领作用的主要空间,因此,应当以学校文化氛围的营造以及课堂教学制度的设计为重点对其角色践履的实践环境加以优化。

首先,转变学校文化的整体导向,凸显教师价值引领使命的重要意义。学校文化简而言之就是"学校内有关教学及其他一切活动的价值观念及行为形态",[①] 它关系着教师发展的方向、空间和资源,是教师教育教学生活的重要精神依托。就当前的学校文化而言,考试文化和成功文化还占据着非常重要的位置,不少学校和教师仍然以考试成绩和升学率为共享目标,或者坚持着效能优先的片面成才观,对于学生的价值引领则被逼退为一种"务虚"之举。因此,学校必须对自身的教学价值导向进行审视与调整,并鼓励教师共同完成学校文化的澄清与厘定,尤其是要引导教师对学校教学功能与学生价值成长之间的关系进行深刻反思,就其自身应有的角色定位、相关的践履标准、面临的实际困难,以及所需的外部支持等内容发表自己的看法;而在学校倡导、同伴商谈以及自身反省相互交织的过程中,教师的价值引领意识自

[①] 顾明远主编:《教育大词典·第六卷》,上海教育出版社1992年版,第240页。

然也会得到稳固与提升。

　　其次，对优秀教师成功的价值观教学经验和事例进行表彰与宣传，为其他教师提供学习的典范。我们说人的思想意识与行为方式除了受其自身惯性的推动之外，同样也会为他人的意识及行为所感召。正像克里夫·贝克所说的那样，在学校教学实践中，总有一批教师在引领他人价值成长方面表现得极为出色，他们能够较为敏锐地觉察到学生所面临的价值困惑，并愿意花费心思通过教学等各种教育方式去帮助学生处理这些问题。还有一些教师，他们本身就表现出了卓越的价值品质，学生可以直接从他们身上获得成长的指引。对于这些优秀教师突出表现的宣传，可以令教师更为充分地认识到不管自己所教学科为何，他们在学生价值观的养成与完善方面均负有不可推卸的责任，而且当教师意识到自己与优秀教师在引领学生价值成长方面存在的差异之后，通常也更容易激发出提升自身价值引领意识的愿望，① 这些无疑都有利于其对自身价值引领角色的认同。此外，需要特别指出的是，对于典范人物的树立，切忌采用过于直白的成绩陈述与成就渲染，较宜选取其中的温馨事迹作生动讲述，以拉近教师与典范之间的距离，避免因生疏隔离而造成的排斥。

　　再次，在教学制度设计方面给予一定倾斜，增强教师的价值引领动力。显性的制度设计直接规定了教师的角色定位与行为方向，在学校的诸多制度之中，教学评价制度对于教师教学实践的引导作用无疑最为明显，为了确保教师能够清晰地接收到价值引领的信号，应当对教学评价体系加以完善，既要对可量化的知识、技能指标加以考察，同时也要对难以量化的情感、态度和价值观进行了解。为此，除了在宏观政策层面上将价值观作为教学必须要达成的重要目标之外，更要在微观的课堂实施上将对于学生价值观的关注落到实处。学校管理者以及相关教育专家，在组织听评课的过程中，就可以重点关注教师在价值观教学方面的设计与处理是否得当和充分，此时教师若想满足这种评价制度的要求，势必会对学生的价值观教学引起足够的重视，不断强化自身的价值引领意识。此外，在教师的教学管理制度上，也可以作出

---

　　① 张慧敏、曲建武：《高校青年教师价值引领意识提升路向探析》，《中国大学教学》2019 年第 6 期。

相应的调整，建立相应的激励机制，如对教师的价值观教学设计进行评比，对教师在价值引领方面作出的努力表示肯定等。与此同时，由于责任的自觉担当总是源于自由的充分享有，因此，还需要赋予教师更多的教学自主权，为其价值引领意识提供必要的生长空间。

最后，还要关注教师的精神世界与价值成长，解除其价值引领的后顾之忧。多元文化时代引发的价值迷茫与信仰危机不仅存在于儿童世界，同样也侵袭着成人的思想；当我们强调教师对于学生价值成长所负有的责任之时，也要看到教师自身所面临的各种困境，守望教师的精神世界和心理健康。只有当教师的自我得以完整之时，他们才有足够的力量在教学活动中引领学生的价值成长，正如帕克·帕尔默（Parker J. Palmer）所洞悉的那般，"真正好的教学不能降低到技术层面，真正好的教学来自于教师的自身认同和自身完整"。[①] 但就目前的情况而言，学校中还有相当一部分教师的身心呈亚健康状态，并患有不同类型的职业病，而这在很大程度上就是由于其无法适应教学对其提出的要求进而产生的心理压力所致。[②] 此时就需要学校管理者给予教师必要的"情感支持"和"精神福利"，对教师经受的价值困惑与心理障碍表示充分的关心与理解，并就这些问题与其进行及时的沟通，或者直接为他们提供更为专业的咨询服务。像有的学校就成立了专门的教师心理辅导室，帮助教师排解压力、正视自我、重塑理想；还有的学校则在教师群体中成立了致力于精神成长的学习型组织，经常就教师的生活困扰、价值困惑、教学困境等问题进行讨论，有效构建起了同伴间的相互支持。这些精神上的支持不仅能帮助教师解决心理上的困扰和麻烦，使教师感受到来自学校和同伴的关怀，同时，还可以转化为一种示范效应，将其中凝结的责任意识传递给教师，促使其更好地反观自身，更为自觉地承担起负有的价值引领使命。

（二）给予恰当的教育支持，提升教师的价值引领能力

教师对于学生的价值引领不仅需要信念的支撑，更需要能力的保障。在

[①] ［美］帕克·帕尔默著，吴国珍等译：《教学勇气：漫步教师心灵》，华东师范大学出版社 2005 年版，第 10 页。

[②] 方健华：《给教师专业发展以生命关怀——基于苏北农村教师生存状态调查的思考》，《教育理论与实践》2008 年第 3 期。

多元文化的时代背景下，一个合格的价值引领者至少应当具备较强的伦理敏感性、较高的价值推理能力以及高超的价值传达技巧。这些与教师价值引领角色践履密切相关的能力，固然包含一定的先天成分，但是对于大多数教师而言，系统且富有针对性的教育培养还是其价值引领能力提升的基本途径。至于现有的教师教育课程与培训，虽然也会涉及与价值观教学以及价值引领相关的内容，但由于其关注的核心还是教师学科专业知识和技能的提升，一般也不会对其价值引领能力的提升问题作系统规划，尚需要进行一定的补充与调整。

首先，从关涉内容上看，应尽可能全面地涵盖教师价值引领能力生成所需的领域。一是与价值观本体知识相关的内容。关于这类内容的重要性，坎普贝尔（Elizabeth Campbell）曾明确指出，"伦理知识是专业知识中最重要但被忽视的方面之一"，"教师需要运用这种知识理解专业判断和指导他们与儿童、同事或其他人建立关系"。[1] 对于伦理理论，包括义务论、功利论、美德伦理以及关怀伦理等内容的熟练掌握，有利于教师更为自觉地从伦理价值维度去澄清和重构原先的经验性认识，并更为充分地了解学生持有某种价值主张所依据的深层理由。在挪威的师资教育体系中，宗教、价值观与伦理课程（简称 RLE）就被作为了师范生的必修科目。二是与学生价值成长规律相关的内容。杜威表示"如果对个人的心理结构和活动缺乏深入的观察，教育的过程将会变成偶然的、独断的"，[2] 会对学生的天性造成抑制。有效的价值引领必须建立在对学生品德心理以及价值观形成过程的了解之上，只有掌握了这些知识，教师才能更好地理解学生的内心感受，并对其各个阶段的不同发展需求作出恰当回应。三是与价值观教学技能相关的内容。访谈中就有教师提到，自己并不清楚是否存在开展价值观教学的专门方法。实际上同学科知识的教学一样，价值观教学也有一套适用方法，如故事讲述法、角色扮演法、价值澄清法、案例分析法、议题论辩法等，了解这些方法的理论基础和操作

---

[1] ［加］伊丽莎白·坎普贝尔著，王凯、杜芳芳译：《伦理型教师》，华东师范大学出版社 2011 年版，序言。

[2] ［美］约翰·杜威著，王承绪等译：《道德教育原理》，浙江教育出版社 2003 年版，第 355 页。

要点，一般可以使教师的价值引领能力在短时间内获得显著提升。

其次，从开展方式上看，应着重增强教师价值引领能力培养过程的实践指向性。教师教育对于其价值引领能力的提升效果，不仅取决于内容设计的精细化程度，同时也与具体的实施方式密切相关。舒尔曼（Lee S. Shulman）就曾对传统教师教育那种"我讲你听"的灌输式实施方式提出过批评，表示："若教师教育课程以驯化式、独白式、理论掌握式的方式培养未来教师，势必难以应对复杂的教育教学'生活世界'。"[①] 价值引领能力说到底还是教师实践智慧的一种体现，需要落实到实践层面才有意义，因此，可以选用一些实践指向性较强的教学方法，帮助教师在理论与实践之间建立起有效连接。就目前的研究进展来看，可以广泛运用案例分析法，通过对具体情境问题的共同探讨，提升教师对于教育教学活动常见价值问题的分析能力、诊断能力、决策能力和统筹能力；而且，为了使这一方法发挥理想的效果，在案例分析的过程中绝不能简单局限于"案例＋解释"的线性逻辑，而是要尽量展示不同的可能性以及相应的理论限度，以此来打开教师之于伦理问题以及教学预设的思维空间。

（三）激发持续的自我修炼，充盈教师的价值引领底蕴

在价值观教学中，教师自身就是其价值引领作用发挥的重要媒介。对此，第斯多惠（F. A. W. Diesterweg）曾明确指出过："正如没有人能把自己没有的东西给予人一样，谁要是自己还没有发展、培养和教育好，他就不能发展、培养和教育别人。"[②] 虽然相对于学生而言，教师的受教育水平更高，生活经历也更为丰富，再加上长期的系统培养，从整体上看已经具备了进行价值引领的素质，但"只要我们身处教育情景之中，身处师生交往过程之中，教师的生命就将永远是一种持续向着学生开放的姿态，教师的生涯就是一场旷日

[①] 付光槐：《解放旨趣之教师教育课程的内涵、价值与实现》，《高教探索》2018年第4期。

[②] 张廷焕著：《西方资产阶级教育论著选》，人民教育出版社1964年版，第341页。

持久的自我修炼"。① 尤其是当前的多元文化时代，教师自身的人生观、价值观也在经受着强烈的冲击，通过持续的自我修炼，充盈自身的精神世界，并将这种修养转化到价值观教育教学实践中，转化为引领学生价值成长的现实力量，就显得更为迫切。

首先，引导教师在阅读深思中提升自身的人文素养。价值观指向的并非某一特定知识领域，而是跨越了主客体世界的广泛追问，因此，专于一域并不足以帮助教师解决价值观教学中可能遇到的各种问题，他们还需要更为深邃的人文积淀，而阅读无疑是教师在闲暇时提升自身修养的便捷方式。苏霍姆林斯基（В. А. Сухомлинский）就非常关注教师的阅读，认为："真正的教师必是读书爱好者：这是我校集体生活的一条金科玉律，而且已成为传统。一种热爱书、尊重书、崇拜书的气氛，乃是学校和教育工作的实质所在。"② 透过一本本经典著作，教师可以看到广阔的世界，结识崇高的灵魂，不断突破自身当下的狭隘。具体到价值观教学中，无论是在上文提到的那项有关瑞典和土耳其教师的调查中，还是在研究者对于我国中小学教师的访谈中，素材的缺乏都是制约其价值观教学开展的重要因素，此时，除了等待学校或者相关教育部门的外部支持外，扩大自身的阅读范围，也可以帮助教师克服这一困难。在实施上，学校可以指定阅读主题，引导教师加强对于价值问题的关注，还可以以学科或年级为单位定期组织阅读分享，进一步激发教师的阅读热情，增加教师的阅读深度，帮助其更好地将阅读成果转化为进行价值引领的能力。

其次，支持教师在实践反思中生成自身的教学智慧。在多元文化时代，价值观教学活动中潜藏的矛盾冲突与不确定性可以说与历史上任何时期相比都更加复杂，更需要教师运用教学智慧加以应对。所谓教学智慧就是指教师基于对完整教学过程的理性把握，经由体验、分析与理解等心理过程而形成的一种个性化观念和艺术，它可以帮助教师准确判断教学中可能生成的各种

---

① 刘铁芳：《你就是你的教育学：教师的自我修炼》，《教育发展研究》2018 年第 8 期。

② ［苏］苏霍姆林斯基著，赵玮等译：《帕夫雷什中学》，教育科学出版社 1983 年版，第 28 页。

第六章 价值引领者：教师在价值观教学中的角色定位

新问题与新情况，并根据具体的教学情境以及学生的价值发展状态迅速作出决策，以此来抓住最佳的价值引领时机。与教学理论不同，教学智慧生成很难通过有意识、系统的训练来完成，其形成更多需要教师在具体的实践活动中进行自主摸索与探求，① 通过实践反思的方式将各种经验加以整合与提升。而具体到价值引领角色的践履问题上，"教师不仅要反思他们与学生的关系，也要反思支配他们教学的价值观"，② 以及在教学过程中表现出来的价值倾向，尽量避免庸俗以及消极价值观念对学生的侵染，同时还要检视自己是否在学生需要的时候进行了价值引领，这些引领行为是否收到了预期效果等，并以此为依据改进教学活动。至于具体的反思方式，一是可以建议教师撰写反思日记，作为其发掘问题、深入反思的原材料。为了减轻教师的工作负担，日记并不一定要涵盖完整的教学过程，可以是其中的一个情节。调查过程中，就有教师展示了自己针对价值观教学中引领不到位的问题所撰写的教学日志，并表示该方式可以很好地督促其进行严肃的教学反思，部分内容如下：

【《七色花》教学反思日记节选】③

本节课对于"如果你有一朵七色花，你想实现什么愿望？"这一价值问题的讨论效果并不好。学习过课文后，还是有学生不能做到替他人着想。经过反思发现，在教学中我有两点引导得并不到位。一是在学生回答时，我没有及时发现问题并通过评价引导学生。比如当时有一个学生回答"希望她爱的人都能健康"，我应该及时鼓励："你看，她说得多好，她就像珍妮一样，能够想着别人，用七色花给更多的人带来幸福。"引导其他学生思考，她的想法对自己有什么影响，为什么她能这样想，她和别人有什么不同。这样，其他学生听了就会思考，就会知道要用七色花给他人带来幸福，而不是只自私地满足自己的需求，利用七色花不劳而

---

① 徐继存：《论教学智慧及其养成》，《西北师大学报（社会科学版）》2001年第1期。
② Wiel Veugelers. Different Ways of Teaching Values [J]. Educational Review，2000，52（1）：37—46.
③ 资料出自北京市海淀区某小学语文教师撰写的教学日记。

获。这节课其实难就难在要让学生体会和理解为什么要替别人着想。第二，学生这里回答得不好，主要还是因为我在前面的教学中，特别是引导学生体会前六个愿望和第七个愿望有什么不同时还不够充分、扎实，当时应该让学生先分小组讨论、分享，说一说这两类愿望之间到底有什么区别，每个学生都来思考、交流，学生可能会结合自己的生活经历、阅读经验来谈，讲出不一样的观点，这之后同伴之间会相互评价，如果有些同学理解有偏差，同伴之间也能相互纠正。充分讨论之后再找学生代表和全班同学交流，达成共识。有这样一个共同探索的过程，学生对"满足自己"和"帮助他人"的理解会更深刻、丰富，而不是只停留在表面。

二是辅助教师进行一些与价值观教学相关的行动研究。在研究的过程中，教师可以围绕着某一个问题进行长时间的持续性思考，与撰写教学日记相比，这样的反思通常更为系统和深入，也更容易激发教师专业发展的主动性与创造性，进而帮助教师更为自信从容地开展价值观教学，实现其价值引领使命。

最后，鼓励教师在生命哲思中坚定自身的价值追求。作为一名价值引领者，必须首先澄清并确立自身的价值追求，才能免于被假象所迷惑，或者为庸俗所诱导，在纷繁的多元文化时代保持心灵的自主与自由，确保其自身价值引领的一致性，而经常性的哲学思考则有助于坚定教师的价值追求，提升教师的精神境界。正如乔治·F. 奈勒（George F. Kneller）在其《教育哲学导论》中指出的那样："无论你干哪一行业，个人的哲学信念是认清自己生活方向的唯一有效的手段。"[①] 哲学并不都是高深的学问，也不只是贵族的特权，它就存在于教师的教学生活中，存在于教师的自我问询中，也存在于教师对于教学问题的辩证审视中，并将这些行动转化为教师实实在在的人格与个性，转化为教师进行价值引领的精神底蕴。为此，在日常教学活动中，最好鼓励教师多进行一些哲学方面的研习，多作一些哲学层面的思考，并尝试建立个人的教学哲学，用以指导自身价值引领作用的发挥。

---

① [美] 乔治·F. 奈勒：《教育哲学导论》，陈友松：《当代西方教育哲学》，教育科学出版社1982年版，第135页。

结　语

多元文化时代的到来，不仅改变了人们的价值生活状态，同时也对价值观教学的发展提出了新的挑战。经过20世纪中期的集中探索，越来越多的研究者开始深刻地认识到，在价值观教授方面，既不能"强迫年轻人接受一套道德规则，也不能给他们这样一种印象，即作出决定完全是一件个人主张或想入非非的事情"，[①] 而是要寻找一条能够使二者有机联系起来的中间路线。在此背景下，本书提出了以构建理性共识作为多元文化时代价值观教学价值定位的核心主张，强调以理性规约共识，以共识引导理性，一方面突出了塑造价值共识对于个体价值成长以及社会和谐稳定的重要意义，肯定了价值观教学的文化传承使命，另一方面，则彰显了价值观教学在提升学生价值理性上的独特优势，确证了其作为价值观教育重要实现途径的不可替代性。与此同时，以理性共识作为价值观教学的时代定位，还可以有效避免折中调和思维下可能产生的暧昧不清问题，更好地明确价值观教学在多元文化时代的发展方向。

对于将"理性共识"作为多元文化时代价值观教学的理想追求，有人可能会心存疑虑。一是认为价值观作为一种主体意识，具有较强的个体差异性，追求共识有悖于价值观自身的特点。这一担忧其实是完全没有必要的，因为共识从不否认差异，尤其是价值领域的共识，更是如此。首先，从形成过程上看，对于不同价值倾向与信念的接洽与融合正是价值共识产生的基本出发点，而追寻共识的过程，在某种程度上也就是个体价值观念升华与转化的过程。其次，从形成结果上看，价值共识通常表现为得到了广泛认可的一般协定，与那种内容精细的具体协定不同，它允许人们在侧重点和细节上保留不

[①] Hall, R. T.. Moral Education: A Handbook for Teachers [M]. Winston Press, Inc., 1979: 14.

同的意见。① 换言之，我们所追求的共识主要是一种包含着差异的平衡状态，在共识当中依然可以存有异见。最后，从价值观教学的特点上看，尊重学生的主体性可以说是其作为现代教学活动的基本特征，因此，理想的价值观教学并不会将经过历史积淀，或者占据主流地位的社会共识直接"灌输"给学生，强迫学生以共识替代自己的想法，而是会充当起沟通学生个体差异与社会整体共识之间的桥梁，让学生以各自真实的生活为起点，逐渐向已有的共识靠近，而且，在这一过程中，学生也完全可以基于自身的情况形成阶段性共识，或者超越已有的共识范围形成创新性认识，具有相当的灵活性。可见，价值观教学对于共识的追寻，与价值观本身的主体性特点并不存在真正的矛盾，现实中的这种冲突一般都是由于共识的扭曲和误用造成的。

二是认为价值观教学属于情意领域的教育活动，过分关注"理性"，会造成对情感等"非理性"因素的忽视，致使价值观教学沦为"知识教学"的变式，迷失了自身的本质特征。对于这一质疑，首先，我们必须承认，在我国当前的价值观教学实践中确实存在着"知识化"的误区。对此，有研究者批评道，"教师在讲台上讲以传授知识，学生坐在下面静静地听以记住知识；教师通过考试检查学生是否记住，学生背课文以应对考试"，这样一来，"学生得到的只是价值观的相关知识，犹如建筑工地只运进砖头、水泥、钢筋而没有建起大楼一样，学生也没有形成我们所期望的价值观"。② 但是，关注价值观教学中的"理性"维度，重视学生价值理性的提升，与价值观教学的"知识化"困境之间并不存在必然的因果联系，因为价值观教学的"知识化"究其根源还是出在人们将价值问题等同于事实问题，仅仅看到了其表层的符号形式，而没有深入挖掘其意义内核。这并不是对理性的过度关注，反倒体现了对"理性"关注的不足，毕竟在这样的教学过程中实际上并不包含任何"深思熟虑"和"反躬自问"的理性审查。其次，将价值观教学归属于情意领域的活动这是毋庸置疑的，但既然是自觉的、系统的教学活动，就必然要"讲理"。试想一下，如果连教学都放弃了"理性"的阵地，我们又该希求何

---

① ［英］安德鲁·海伍德著，吴勇译：《政治学核心概念》，天津人民出版社 2008 年版，第 21 页。
② 陈金香：《我国价值观教育的错位与改进策略》，《中国教育学刊》2016 年第 3 期。

种途径承担起发展人之理性的职责呢?而且,稍加分析便可发现,在个体价值观念的形成过程中,"价值心理会成为个体心理和行为的习惯,使他的实践不仅不像是理性的选择,倒更像是情感的偏好,但是这种情感和偏好实际上是奠基于理性之上的"。① "理性"与"非理性"之间本来就不是什么非此即彼的对立性关系,而是一种相反相成的支持性关系,关注"理性"并不意味着贬低"非理性",只是意味在教学这一路径中,我们应当以培养学生的价值理性、促成学生的理性共识为主导任务。

对待类似的质疑,一方面要破除因认识的表层化而造成的误解,重申"理性共识"的深刻内涵,在回应的过程中,为"理性共识"这一时代追求正名,进一步勾勒出多元文化时代下价值观教学发展路径的应有样态。另一方面,我们也应当清楚,就价值观教学的当代发展而言,追寻"理性共识"并不是一个尽善尽美的答案,实际上,我们也不可能找到一个完美无缺的结论。因为任何理论主张的构建都要有所"取舍",既然有所"舍"就必然会存在难以兼顾的地方,这是极其正常的。至于那些看似毫无破绽,不论何时何地,处于怎样的情境中,都令人无可辩驳的观点,大多数情况下不过是一种无关紧要的"废话",很难引发富有进步意义的变革。从这个意义上看,恰是理论主张的有限性,成就了其精彩性,而"理性共识"便是这样一种内蕴着有限性的理论,它当然不能解决价值观教学在多元文化时代中遇到的所有问题,但这并不影响其在总体上的正确性与积极性。在当前的价值观教学实践过程中,我们理应坚持构建"理性共识"的时代追求,不断提升学生的价值理性,充实学生的精神世界,帮助学生找到自身存在的意义框架,即"我们赖以使自己的生活在精神上有意义的东西",② 以此来对抗多元文化的纷乱与干扰。

本书正是抓住了"理性共识"这一核心任务,基于此对价值观教学的内容加工原理、活动构建原则以及教师角色定位等问题进行了系统探讨,提出了一些富有现实意义的模型和观点。此外,需要特别说明的是,一些研究者敏锐地察觉到,"教学理论中长期存在一个十分尴尬的问题。当学者界定教学

---

① 高政:《价值理性与价值教育》,北京师范大学博士学位论文,2012年。
② [加]查尔斯·泰勒著,韩震等译:《自我的根源:现代认同的形成》,译林出版社2001年版,第24页。

概念时，没有人不承认教学内涵的德育目的，即教学应该培养学生的道德品行。但是，我国教学理论著作中几乎少有研究教学中的德育问题"，[1] 学生思想品德的教育与培养问题长期以来都被排除在教学论研究的范畴之外。[2] 为了弥补这一缺憾，本书站在教学论的立场上，尝试以教学认识论为理论框架，对学生的价值成长问题进行分析。但是，作为一种初步的整体构想，在细节把握上尚存有明显不足，比如，没能充分考虑到学生价值理性发展的年龄差异，对此只是在内容加工部分进行了简略说明，而且，在"理性"与"非理性"、"共识"与"异识"的关系处理方面也缺乏更为详细的解释。凡此种种皆需要未来研究的进一步补充与深化。

---

[1] 王凯：《教学作为德性实践：价值多元背景下的思考》，华东师范大学博士学位论文，2008年。

[2] 石鸥：《面对德育论的教学论——再论教育学边界：边界何在？》，《湖南师范大学社会科学学报》1999年第6期。

参考文献

【中文文献】

【著作类】

[1]［苏］阿·尼·列昂捷夫著，李沂等译：《活动·意识·个性》，上海译文出版社1980年版。

[2]［美］艾伦·洛克伍德著，孙彩平、周艳培译：《人格教育之辩：一个发展性视角》，教育科学出版社2012年版。

[3]［苏］巴赫金著，白春仁等译：《文本对话与人文》，河北教育出版社1998年版。

[4]［德］布雷钦卡著，彭正梅、张坤译：《信仰、道德和教育：规范哲学的考察》，华东师范大学出版社2008年版。

[5]［古希腊］柏拉图著，郭斌和、张竹明译：《理想国》，商务印书馆1986年版。

[6]［美］布鲁斯·乔伊斯、玛莎·韦尔、艾米莉·卡尔霍恩著，荆建华等译：《教学模式》，中国轻工业出版社2009年版。

[7]车丽娜著：《教师文化的嬗变与建设》，中国社会科学出版社2015年版。

[8]陈默著：《荀子的道德认识论》，中国社会科学出版社2016年版。

[9]陈琦、刘儒德著：《当代教育心理学》，北京师范大学出版社1997年版。

[10]陈佑清著：《教育活动论》，江苏教育出版社2000年版。

[11] 陈佑清著：《教学论新编》，人民教育出版社 2011 年版。

[12] 陈新汉著：《评价论导论：认识论的一个新领域》，上海社会科学院出版社 1995 年版。

[13] 陈章龙、周莉著：《价值观研究》，南京师范大学出版社 2004 年版。

[14] 陈志兴著：《理解德育论》，中国社会科学出版社 2013 年版。

[15] [美] D. R. 克拉斯沃尔、B. S. 布卢姆等编，施良方等译：《教育目标分类学：情感领域》，华东师范大学出版社 1989 年版。

[16] [英] 戴维·伯姆著，王松涛译：《论对话》，教育科学出版社 2004 年版。

[17] 丁钢主编：《历史与现实之间：中国教育传统的理论探索》，教育科学出版社 2002 年版。

[18] 丁锦宏著：《品格教育论》，人民教育出版社 2005 年版。

[19] 董礼著：《道德与政治：罗尔斯政治自由主义批判》，中国社会科学出版社 2016 年版。

[20] 杜齐才著：《价值与价值观》，广东人民出版社 1987 年版。

[21] 杜时忠、卢旭著：《多元化背景下的德育课程建设》，江苏教育出版社 2009 年版。

[22] [美] E. P. 克伯雷选编，任宝祥、任钟印主译：《外国教育史料》，华中师范大学出版社 1991 年版。

[23] 冯建军著：《差异与共生：多元文化下学生生活方式与价值观教育》，四川教育出版社 2010 年版。

[24] 冯忠良、冯姬著：《教学新论——结构化与定向化教学心理学原理》，北京师范大学出版社 2011 年版。

[25] [南斯拉夫] 弗·鲍良克著，叶澜译：《教学论》，福建人民出版社 1984 年版。

[26] 高德胜著：《知性德育引论——现代德育困境研究》，教育科学出版社 2003 年版。

[27] 高谦民著：《中国小学思想教学史》，山东教育出版社 1995 年版。

[28] 郭湛著：《主体性哲学——人的存在及其意义》，中国人民大学出

社 2011 年版。

[29]［德］哈贝马斯著，曹卫东译：《交往行为理论》（第 1 卷），上海人民出版社 2004 年版。

[30]［英］海姆伦著，夏甄陶等译：《西方认识论简史》，中国人民大学出版社 1987 年版。

[31] 韩桥生著：《道德价值共识论》，人民出版社 2015 年版。

[32]［德］赫尔巴特著，李其龙译：《普通教育学·教育学讲授纲要》，人民教育出版社 1989 年版。

[33] 和学新、徐文彬主编：《教育研究方法》，北京师范大学出版社 2015 年版。

[34]［德］黑格尔著，贺麟、王玖兴译：《精神现象学》（上卷），商务印书馆 1997 年版。

[35] 洪汉鼎主编：《理解与解释——诠释学经典文选》，东方出版社 2001 年版。

[36] 侯怀银著：《德育传统的当代价值》，湖北教育出版社 1996 年版。

[37] 黄济、王策三主编：《现代教育论》（第三版），人民教育出版社 2012 年版。

[38] 黄建一著：《我国国民小学价值教学之研究》，复文图书出版社 1991 年版。

[39] 黄凯锋著：《当代中国价值观研究新取向》，学林出版社 2007 年版。

[40] 黄甫全、王本陆主编：《现代教学论》，教育科学出版社 1998 年版。

[41] 黄甫全、王本陆主编：《现代教学论学程》（修订版），教育科学出版社 2003 年版。

[42] 黄希庭、张进辅、李红等著：《当代中国青年价值观与教育》，四川教育出版社 1994 年版。

[43] 黄向阳著：《德育原理》，华东师范大学出版社 2000 年版。

[44]［英］吉尔伯特·赖尔著，刘建荣译：《心的概念》，上海译文出版社 1988 年版。

[45] 季萍著：《教什么知识——对教学的知识论基础的认识》，教育科学

出版社 2009 年版。

[46]［德］伽达默尔著，夏振平、宋建平译：《哲学解释学》，上海译文出版社 1994 年版。

[47]［德］伽达默尔著，洪汉鼎译：《真理与方法》，上海译文出版社 2004 年版。

[48] 金生鈜著：《理解与教育——走向哲学解释学的教育哲学导论》，教育科学出版社 1997 年版。

[49] 金生鈜著：《德性与教化——从苏格拉底到尼采：西方道德教育哲学思想研究》，湖南大学出版社 2003 年版。

[50]［德］卡西尔著，甘阳译：《人论》，上海译文出版社 1985 年版。

[51]［美］凯文·瑞安、卡伦·博林著，苏静译：《在学校中培养品德：将德育引入生活的实践策略》，教育科学出版社 2010 年版。

[52]［美］柯尔伯格著，魏贤超、柯森等译：《道德教育的哲学》，浙江教育出版社 2000 年版。

[53]［加］克里夫·贝克著，詹万生等译：《学会过美好生活——人的价值世界》，中央编译出版社 1997 年版。

[54]［美］克里夫·贝克著，戚万学、赵文静、唐汉卫等译：《优化学校教育——一种价值的观点》，华东师范大学出版社 2003 年版。

[55]［美］拉瑞·P. 纳希著，刘春琼等译：《道德领域中的教育》，黑龙江人民出版社 2002 年版。

[56] 兰久富著：《社会转型时期的价值观念》，北京师范大学出版社 1999 年版。

[57] 李德顺著：《价值论：一种主体性的研究》，中国人民大学出版社 2013 年版。

[58] 李建国著：《教化与超越：中国道德教育价值取向的历史嬗变》，中国社会科学出版社 2014 年版。

[59] 李楠明著：《价值主体性——主体性研究的新视域》，社会科学文献出版社 2005 年版。

[60] 黎琼锋著：《教学价值与美好生活》，人民教育出版社 2012 年版。

[61] 李森、伍叶琴主编：《有效对话教学——理论、策略及案例》，福建教育出版社 2012 年版。

[62] 李维著：《学习心理学》，四川人民出版社 2000 年版。

[63] 李颖著：《基于哲学解释学视角的思想政治教育接受研究》，浙江大学出版社 2013 年版。

[64] 廖小平著：《道德认识论引论》，湖南教育出版社 1996 年版。

[65] [美] 列奥·施特劳斯著，彭刚译：《自然权利与历史》，生活·读书·新知三联书店 2003 年版。

[66] 刘济良著：《青少年价值观教育》，广东教育出版社 2003 年版。

[67] 刘济良著：《价值观教育》，教育科学出版社 2007 年版。

[68] 林滨等著：《全球化时代的价值教育》，人民出版社 2011 年版。

[69] 鲁洁著：《道德教育的当代论域》，人民出版社 2005 年版。

[70] 鲁洁、王逢贤主编：《德育新论》，江苏教育出版社 2010 年版。

[71] [美] 路易斯·拉思斯著，谭松贤译：《价值与教学》，浙江教育出版社 2003 年版。

[72] [美] 罗伯特·霍尔、约翰·戴维斯著，陆有铨、魏贤超译：《道德教育的理论与实践》，浙江教育出版社 2003 年版。

[73] [德] 马丁·布伯著，陈维纲译：《我与你》，生活·读书·新知三联书店 2002 年版。

[74] [美] 玛多娜·墨菲著，周玲、张学文译：《美国"蓝带学校"的品性教育——应对挑战的最佳实践》，中国轻工业出版社 2002 年版。

[75] [加] 马克斯·范梅南著，李树英译：《教学机智——教育智慧的意蕴》，教育科学出版社 2001 年版。

[76] [德] 马克斯·韦伯著，冯克利译：《学术与政治》，生活·读书·新知三联书店 1998 年版。

[77] [美] 麦金太尔著，龚群等译：《德性之后》，中国社会科学出版社 1997 年版。

[78] 牟永生著：《走向价值的深处》，世界华人艺术出版社 2000 年版。

[79] [美] 曼纽尔·卡斯特著，夏铸九、黄丽玲等译：《认同的力量》，

社会科学文献出版社 2003 年版。

[80] 欧阳文珍著：《品德心理学》，安徽大学出版社 2005 年版。

[81] 彭未名著：《交往德育论》，山西教育出版社 2010 年版。

[82] 皮连生主编：《教育心理学》，上海教育出版社 2011 年版。

[83] 戚万学著：《活动道德教育论》，南开大学出版社 1994 年版。

[84] 戚万学著：《冲突与整合——20 世纪西方道德教育理论》，山东教育出版社 1995 年版。

[85] 乔建中等著：《道德教育的情绪基础》，南京师范大学出版社 2006 年版。

[86] 邱吉著：《道德内化论》，民族出版社 2004 年版。

[87] 瞿葆奎主编：《教育学文集：教学（上）》，人民教育出版社 1988 年版。

[88] [美] R. M. 加涅著，王小明等译：《教学设计原理》，华东师范大学出版社 2007 年版。

[89] 石海兵著：《青年价值观教育研究》，安徽人民出版社 2007 年版。

[90] 石鸥著：《教学病理学》，湖南教育出版社 1999 年版。

[91] 石中英著：《知识转型与教育改革》，教育科学出版社 2001 年版。

[92] 石中英著：《教育哲学》，北京师范大学出版社 2007 年版。

[93] 孙正聿著：《哲学修养十五讲》，北京大学出版社 2004 年版。

[94] 檀传宝著：《学校道德教育原理》，教育科学出版社 2000 年版。

[95] [美] 托马斯·里克纳著，刘冰、董晓航、邓海平译：《美式课堂：品质教育学校方略》，海南出版社 2001 年版。

[96] 汪凤炎、郑红、陈浩彬著：《品德心理学》，开明出版社 2012 年版。

[97] 王策三主编：《教学认识论》（修订本），北京师范大学出版社 2002 年版。

[98] 王策三著：《教学论稿》，人民教育出版社 2005 年版。

[99] 王道俊、王汉澜主编：《教育学》（修订本），人民教育出版社 1989 年版。

[100] 王道俊、郭文安主编：《教育学》，人民教育出版社 2009 年版。

［101］王建著：《教学实践理性及其合理化》，南京师范大学出版社2009年版。

［102］王健敏著：《道德学习论》，浙江教育出版社2002年版。

［103］王坤庆著：《精神与教育》，上海教育出版社2002年版。

［104］王葎著：《价值观教育的合法性》，北京师范大学出版社2009年版。

［105］王学风著：《多元文化社会的学校德育研究——以新加坡为个案》，广东人民出版社2005年版。

［106］王玉樑著：《21世纪价值哲学：从自发到自觉》，人民出版社2006年版。

［107］王玉樑著：《价值哲学新探》，陕西人民出版社1993年版。

［108］王志红著：《差异性社会共识理论研究》，社会科学文献出版社2016年版。

［109］文兵著：《理性：传统与重建》，当代中国出版社2004年版。

［110］吴瑾菁著：《道德认识论》，社会科学文献出版社2011年版。

［111］吴增基、张之沧、钱再见等著：《理性精神的呼唤》，上海人民出版社2001年版。

［112］吴亚林著：《价值与教育》，北京师范大学出版社2009年版。

［113］武怀堂主编：《思想教育心理学》，华夏出版社1987年版。

［114］夏伟东著：《道德本质论》，中国人民大学出版社1991年版。

［115］肖川著：《主体性道德人格教育》，北京师范大学出版社2002年版。

［116］［美］肖恩·加拉格尔著，张光陆译：《解释学与教育》，华东师范大学出版社2009年版。

［117］谢明昆著：《道德教学法》，心理出版社1994年版。

［118］徐蓉著：《现代性语境下的中国价值观建设》，复旦大学出版社2014年版。

［119］薛华著：《哈贝马斯的商谈伦理学》，辽宁教育出版社1988年版。

［120］［德］雅斯贝尔斯著，邹进译：《什么是教育》，生活·读书·新知

三联书店1991年版。

[121]［德］雅斯贝尔斯著，王德峰译：《时代的精神状况》，上海译文出版社2003年版。

[122]严开宏著：《价值多元与道德教育》，福建教育出版社2016年版。

[123]杨超著：《当代西方价值教育思潮》，中山大学出版社2011年版。

[124]杨国荣著：《理性与价值——智慧的历程》，上海三联书店1998年版。

[125]杨小微著：《价值多元背景下的课堂重建：课例研究》，江苏教育出版社2009年版。

[126]杨宗元著：《道德理由的追寻：道德推理理论研究》，中国人民大学出版社2019年版。

[127]姚新中著：《道德活动论》，中国人民大学出版社1990年版。

[128]叶澜著：《教育研究及其方法》，中国科学技术出版社1990年版。

[129]衣俊卿著：《文化哲学》，云南人民出版社2001年版。

[130]［加］伊丽莎白·坎普贝尔著，王凯、杜芳芳译：《伦理型教师》，华东师范大学出版社2011年版。

[131]殷鼎著：《理解的命运》，生活·读书·新知三联书店1988年版。

[132]于洪波著：《西方道德教育思想史比较研究》，山东人民出版社2013年版。

[133]余清臣等著：《现代学校价值教育》，北京师范大学出版社2015年版。

[134]余维武著：《冲突与和谐：价值多元背景下的西方德育改革》，江苏教育出版社2009年版。

[135]袁桂林著：《当代西方道德教育理论》，福建教育出版社2005年版。

[136]袁贵仁著：《价值学引论》，北京师范大学出版社1991年版。

[137]袁贵仁著：《价值观的理论与实践：价值观若干问题的思考》，北京师范大学出版社2006年版。

[138]［美］约翰·杜威著，王承绪译：《民主主义与教育》，人民教育出

版社 1990 年版。

[139][美]约翰·杜威著,姜文闵译:《我们怎样思维·经验与教育》,人民教育出版社 1991 年版。

[140][美]约翰·杜威著,赵祥麟等译:《学校与社会·明日之学校》,人民教育出版社 1994 年版。

[141][美]约翰·杜威著,王承绪等译:《道德教育原理》,浙江教育出版社 2003 年版。

[142][美]约翰·罗尔斯著,万俊人等译:《政治自由主义》,译林出版社 2000 年版。

[143][美]约翰·威尔逊著,蒋一芝译:《道德教育新论》,浙江教育出版社 2003 年版。

[144]张楚廷著:《教学论纲》,高等教育出版社 2008 年版。

[145]张光陆著:《解释学视域下的对话教学》,中国社会科学出版社 2012 年版。

[146]张立昌、郝文武著:《教学哲学》,中国社会科学出版社 2009 年版。

[147]张宁娟著:《论批判型教师及其成长》,山西教育出版社 2009 年版。

[148]张澍军著:《德育哲学引论》,中国社会科学出版社 2008 年版。

[149]张正江著:《多元时代的德育:理性德育论》,西南大学出版社 2017 年版。

[150]赵馥洁著:《价值的历程——中国传统价值观的历史演变》,中国社会科学出版社 2006 年版。

[151]赵汀阳著:《论可能生活》(修订版),中国人民大学出版社 2004 年版。

[152]周建平著:《追寻教学道德——当代中国教学道德价值问题研究》,教育科学出版社 2006 年版。

[153]朱海林著:《伦理关系论》,光明日报出版社 2011 年版。

[154]竹立家著:《道德价值论》,中国人民大学出版社 1998 年版。

[155] 朱小蔓著：《情感德育论》，人民教育出版社 2005 年版。

[156] 朱小蔓著：《情感教育论纲》，人民出版社 2007 年版。

【期刊论文类】

[1] 班华：《近十年来德育思想现代化的进展》，《教育研究》1999 年第 2 期。

[2] 班建武：《基于学生经验的学校价值教育有效性基础及其实现途径——以社会主义核心价值观教育为例》，《国家教育行政学院学报》2016 年第 5 期。

[3] 蔡连玉：《道德教育中的编码、解码与抵制：提升德育有效性的分析》，《湖南师范大学教育科学学报》2012 年第 2 期。

[4] 曹宝静：《人生价值观教学的"情感—自教"模式》，《课程·教材·教法》2002 年第 5 期。

[5] 曹荣誉：《多元价值观对学校德育的挑战及对策》，《西南民族大学学报（人文社科版）》2004 年第 5 期。

[6] 曹永国：《超越二元对立论：现时代学校价值教育的思考方式》，《湖南师范大学教育科学学报》2015 年第 5 期。

[7] 陈迪英：《道德可"教"与不可"教"：多学科的视野》，《湖北大学学报（哲学社会科学版）》2006 年第 5 期。

[8] 陈金香：《我国价值观教育的错位与改进策略》，《中国教育学刊》2016 年第 3 期。

[9] 陈理宣：《价值观教育与道德教育的关系》，《学校党建与思想教育》2009 年第 10 期。

[10] 陈强：《学生道德品质形成机制探析》，《现代教育科学》2003 年第 5 期。

[11] 陈婷婷：《指向核心素养培育的学生主体活动构建》，《教育理论与实践》2019 年第 10 期。

[12] 陈先达：《论普世价值与价值共识》，《哲学研究》2009 年第 4 期。

[13] 陈晓晓、王熙、张森：《西方价值教育的四种取向》，《上海教育科

研》2015 年第 10 期。

［14］陈学军：《从"教育共识"到"共识教育"》，《教育学报》2007 年第 2 期。

［15］崔振成：《拯救孱弱的灵魂——我国当前青少年价值观教育的危机与救赎》，《教育理论与实践》2009 年第 31 期。

［16］丁锦宏、朱小蔓：《教师是"德行博物馆"的"看守人"——关于教师教学中主导价值传递的思考》，《人民教育》2006 年第 15 期。

［17］董雅华：《论思想政治教育中的知识性与价值性》，《贵州社会科学》2017 年第 2 期。

［18］董应龙：《中美核心价值观教育比较研究》，《继续教育研究》2015 年第 8 期。

［19］范树成：《当代德育由重限制到重发展的转向》，《教育科学研究》2011 年第 6 期。

［20］方蕾蕾：《道德教育的使命：对人之依附性生存的超越》，《中国教育学刊》2017 年第 6 期。

［21］冯建军、王俊卿：《论道德学习》，《江西教育科研》2002 年第 8 期。

［22］高洁：《课堂教学组织管理行为中蕴含的价值教育及实践》，《教育研究》2015 年第 8 期。

［23］高政：《课堂教学中学生价值理性的培育》，《教育科学研究》2013 年第 2 期。

［24］葛全胜：《学校道德教育的知识变革》，《教育科学研究》2006 年第 11 期。

［25］辜玲红、刘石成：《"一例到底"教学法——以"诚实守信"为例》，《中学政治教学参考》2018 年第 9 期。

［26］郭华：《"教学认识论"在中国的确立及其贡献》，《山西大学学报（哲学社会科学版）》2015 年第 4 期。

［27］郭兴举：《论教师作为社会代表者——与吴康宁教授商榷》，《教育研究与实验》2003 年第 1 期。

［28］韩茂源：《当前价值观教育模式的探讨》，《教学与管理》2010 年第

9期。

[29] 郝园园：《社会主义核心价值观教育的课堂教学理念更新》，《江苏高教》2018年第6期。

[30] 侯静：《教师作为价值观教育主体的本质论析》，《东北师大学报（哲学社会科学版）》2015年第3期。

[31] 贺静霞：《国外价值教育研究现状及其前沿演进分析》，《教育学术月刊》2018年第8期。

[32] 贺来：《"道德共识"与现代社会的命运》，《哲学研究》2001年第5期。

[33] 胡敏中：《论规范的科学性和价值性》，《宁夏社会科学》2010年第6期。

[34] 胡萨：《现象学视域中的"价值教育意识"》，《浙江学刊》2013年第4期。

[35] 胡玉萍：《西方多元文化主义价值困境及实践特征》，《中共中央党校学报》2018年第2期。

[36] 黄祖辉：《论未成年人价值观教育有效性论题的假设前提》，《武汉科技学院学报》2006年第5期。

[37] 贾彦琪、汪明：《教师主导：摒弃抑或深化》，《江苏高教》2017年第6期。

[38] 姜永志、白晓丽：《文化变迁中的价值观发展：概念、结构与方法》，《心理学进展》2015年第5期。

[39] [日] 金井肇：《活用结构化方式的教学原理创建生动活泼的道德教育》，《中小学教师培训》2002年第1期。

[40] [日] 金井肇：《培养道德性的原理》，《中小学教师培训》2002年第2期。

[41] [日] 金井肇：《加深价值自觉的原理》，《中小学教师培训》2002年第3期。

[42] [日] 金井肇：《基于人的自然性加深对道德价值的自觉》，《中小学教师培训》2002年第4期。

[43] 金生鈜：《教育为什么要培养理性精神》，《教育研究与实验》2003年第3期。

[44] 琚亮：《基于视域融合的情境教学》，《思想政治课教学》2015年第11期。

[45] 赖金良：《人道价值的概念及其意义》，《天津社会科学》1997年第3期。

[46] 冷雪梅：《选择与灌输：当代美国价值观培育的双重模式》，《复旦学报（社会科学版）》2014年第3期。

[47] 李斌雄：《论知识教育·价值教育·思想政治教育》，《思想教育研究》2001年第6期。

[48] 李红：《道德价值观的结构及其教育模式》，《教育研究》1994年第10期。

[49] 黎琼锋、王坤庆：《引导选择：让教学成为丰富的价值世界》，《华东师范大学学报（教育科学版）》2005年第4期。

[50] 黎琼锋：《价值引领：教师的道德责任》，《思想理论教育》2008年第9期。

[51] 廖小平：《价值观的分化、整合与核心价值体系建设》，《道德与文明》2013年第4期。

[52] 刘怀光、季文君：《多元价值观时代的价值共识》，《山西师大学报（社会科学版）》2012年第3期。

[53] 刘济良：《论价值理性的迷失及教育对策》，《现代教育论丛》2002年第1期。

[54] 刘任丰：《思想品德课教师如何看待社会主义核心价值观教育》，《教育研究与实验》2017年第5期。

[55] 刘铁芳：《古典人文教育——教育的走向与现代教育的反思（上）》，《教育理论与实践》1998年第4期。

[56] 刘铁芳：《试论对话性道德教育模式的建构》，《高等师范教育研究》2003年第5期。

[57] 刘新龙：《论教师道德成长中的价值回归》，《教育理论与实践》

233

2013年第19期。

［58］刘徐湘：《论"教师是社会的代表者"——兼与吴康宁教授商榷》，《辽宁教育研究》2007年第9期。

［59］刘燕楠、王坤庆：《多元文化背景下我国价值教育的路向选择》，《教育研究与实验》2016年第6期。

［60］刘义民、杨艳波：《情感、态度与价值观教学设计中的问题与对策》，《教学与管理》2017年第1期。

［61］鲁洁：《一个值得反思的教育信条：塑造"知识人"》，《教育研究》2004年第8期。

［62］卢艳红：《意义世界形成的特点及其对道德教育的启示》，《教育科学》2008年第4期。

［63］［美］罗蒂：《理性、文化在西方哲学中的几种含义》，《现代外国哲学社会科学文摘》1994年第1期。

［64］［英］莫妮卡·泰勒：《价值观教育与教育中的价值观（上、中、下）》，《教育研究》2003年第5、6、7期。

［65］马进：《论道德行为形成的四要素、四阶段模式》，《道德与文明》2009年第2期。

［66］欧阳康：《合理性与当代人文社会科学》，《中国社会科学》2001年第4期。

［67］潘希武：《重建道德可教的涵义》，《教育学术月刊》2015年第6期。

［68］潘自勉：《论价值规范》，《现代哲学》2002年第1期。

［69］裴娣娜：《中小学生生存的文化环境与价值观教育》，《中国教育学刊》2005年第6期。

［70］冉亚辉：《论德育的发展流派：理性与关怀》，《全球教育展望》2009年第2期。

［71］饶从满：《愉快有效的道德教学何以可能——结构化方式道德教学新解》，《教育研究》2009年第6期。

［72］石鸥：《面对德育论的教学论——再论教育学边界：边界何在？》，《湖南师范大学社会科学学报》1999年第6期。

［73］石中英：《价值教育的时代使命》，《中国民族教育》2009 年第 1 期。

［74］石中英：《关于当前我国中小学价值教育几个问题的思考》，《人民教育》2010 年第 8 期。

［75］沈湘平：《价值共识是否及如何可能》，《哲学研究》2007 年第 2 期。

［76］宋兵波：《价值教育者：教师在价值教育中的角色与使命》，《教育科学研究》2013 年第 2 期。

［77］宋媛：《人生价值观教学中建构情感课堂的尝试》，《中国教育学刊》2012 年第 S1 期。

［78］孙茂泉：《试论道德教育中教师的"价值中立"及其限度》，《教育理论与实践》2006 年第 9 期。

［79］索磊：《教学价值理性的迷失与恢复》，《教育科学》2014 年第 6 期。

［80］檀传宝：《对德育主体及其作用的几点认识》，《湖南师范大学教育科学学报》2002 年第 2 期。

［81］谭咏梅、王山：《多学科视角下的价值观概念和内涵》，《辽宁大学学报（哲学社会科学版）》2008 年第 5 期。

［82］唐凯麟：《道德思维引论》，《湖南师范大学社会科学学报》2002 年第 2 期。

［83］唐凯麟、刘铁芳：《价值启蒙与生活养成——开放社会中的德性养成教育》，《教育科学研究》2005 年第 2 期。

［84］万作芳、任海宾：《问题情境的类型与设计——以初中道德与法治教科书为例》，《思想政治课教学》2017 年第 11 期。

［85］王本陆：《简论发展性教学》，《现代教育论丛》2001 年第 5 期。

［86］王本陆：《教学认识论三题》，《教育研究》2001 年第 11 期。

［87］王本陆：《教学基本理论研究四十年的进展与成就》，《教育学报》2018 年第 3 期。

［88］王海涛、李润洲：《人学视野的教师焦虑》，《中国教育学刊》2011 年第 12 期。

［89］王鉴：《论中国特色的教学论学派》，《华中师范大学学报（人文社会科学版）》2011 年第 1 期。

［90］王坤庆：《论价值、教育价值与价值教育》，《华中师范大学学报（人文社会科学版）》2003年第4期。

［91］王攀峰：《论走向生活世界的教学目的观》，《教育研究》2007年第1期。

［92］王培远、艾明江：《试论教师在高校德育过程中的三种角色范式》，《高教探索》2015年第2期。

［93］王熙：《以沟通为中介的价值观教育实践研究——来自国际学校的经验》，《中国教育学刊》2014年第1期。

［94］王熙、陈晓晓：《试论价值教育中教师的话语能力》，《全球教育展望》2014年第9期。

［95］王晓莉：《"立德树人"何以可能——从道德教育角度的审思与建议》，《全球教育展望》2014年第2期。

［96］王晓升：《强意识形态、弱意识形态与理性共识——从哈贝马斯公共领域理论看意识形态斗争策略》，《学术研究》2011年第4期。

［97］王振存：《青少年价值观教育的问题及对策》，《教育科学研究》2010年第2期。

［98］魏宏聚：《论课堂教学中的价值教育》，《教育研究与实验》2010年第5期。

［99］魏宏聚：《价值教育在课堂——英美两国有关教学中实施价值教育研究的述评》，《外国教育研究》2012年第3期。

［100］魏宏聚：《论理科课堂中的价值教育》，《教育研究》2012年第5期。

［101］魏宏聚：《课堂教学中实施价值教育的途径与策略》，《教育科学研究》2013年第2期。

［102］魏宏聚：《何为价值——价值教育中价值的内涵、特征与分类辨析》，《教育理论与实践》2013年第19期。

［103］魏宏聚：《情感态度与价值观目标预设与达成的实证研究——基于25节高中课堂的课堂观察》，《课程·教材·教法》2014年第5期。

［104］吴倬：《论"以知识教育为依托实现科学价值观教育"的德育规

律》,《教学与研究》2002 年第 9 期。

[105] 吴倬:《关于价值观与价值观教育问题的若干理论思考》,《思想政治教育研究》2009 年第 3 期。

[106] 吴康宁:《教师是"社会代表者"吗——作为教师的"我"的困惑》,《教育研究与实验》2002 年第 2 期。

[107] 吴先伍:《对话抑或回应——比较视野中的孔子道德教育正名》,《湖南师范大学教育科学学报》2014 年第 3 期。

[108] 吴先伍:《独白·对话·回应——历史视野中的道德教育走向》,《湖南师范大学教育科学学报》2015 年第 3 期。

[109] 吴向东:《论价值观的形成与选择》,《哲学研究》2008 年第 5 期。

[110] 项贤明:《回归生活世界的道德教育》,《高等师范教育研究》2001 年第 1 期。

[111] 肖前国、朱毅、何华敏:《道德直觉分析:内涵、形成机制与加工判断机制》,《心理科学》2014 年第 6 期。

[112] 辛志勇、金盛华:《论心理学视野中的价值观教育》,《教育理论与实践》2002 年第 4 期。

[113] 辛志勇、金盛华:《西方学校价值观教育方法的发展及其启示》,《比较教育研究》2002 年第 4 期。

[114] 徐朝旭:《论孔子的对话德育模式》,《教育研究》2003 年第 8 期。

[115] 徐贵权:《论价值理性》,《南京师大学报(社会科学版)》2003 年第 5 期。

[116] 徐继存:《论教学智慧及其养成》,《西北师大学报(社会科学版)》2001 年第 1 期。

[117] 徐继存、车丽娜:《教学理解的意义之维》,《教育研究》2017 年第 9 期。

[118] 杨发:《论价值冲突》,《理论探索》1995 年第 4 期。

[119] 杨国荣:《论伦理共识》,《探索与争鸣》2019 年第 2 期。

[120] 杨启华:《价值无涉与价值有涉:教师的价值观与德育课程的实施》,《教学与管理》2010 年第 7 期。

[121] 杨启亮：《教学的教育性与教育的教学性》，《教育研究》2008 年第 10 期。

[122] 杨小微：《教学中的价值引导与价值商谈》，《教育科学研究》2004 年第 10 期。

[123] 杨宜音：《社会心理领域的价值观研究述要》，《中国社会科学》1998 年第 2 期。

[124] 姚林群：《论课堂教学中价值观目标的达成》，《中国教育学刊》2014 年第 4 期。

[125] 叶冬连、万昆、庄玲：《中美"价值教育"公开课的师生言语互动比较》，《现代教育技术》2016 年第 1 期。

[126] 叶飞：《当代道德教育的三重理性向度——兼论如何培养理性的道德人》，《南京社会科学》2019 年第 7 期。

[127] 余清臣：《课堂教学中价值观目标设计的原则》，《教育科学研究》2012 年第 7 期。

[128] 余清臣：《现代学校价值教育核心内容体系及其教育策略——以社会和谐—人生幸福为中心》，《教育学报》2013 年第 1 期。

[129] 余清臣、高洁：《面向生活复杂性的价值观教育——基于生活世界多维二重性结构的探讨》，《教育研究》2018 年第 9 期。

[130] 袁贵仁：《价值观念与价值认识——兼论价值真理概念的科学性》，《人文杂志》1987 年第 3 期。

[131] 袁贵仁：《价值与认识》，《北京师范大学学报》1985 年第 6 期。

[132] 张爱琴、谢利民：《教师角色定位的本质透析》，《教育评论》2002 年第 5 期。

[133] 张慧敏、曲建武：《高校青年教师价值引领意识提升路向探析》，《中国大学教学》2019 年第 6 期。

[134] 张茂聪：《品德与社会课程的价值教学策略》，《当代教育科学》2005 年第 24 期。

[135] 张诗雅：《深度学习中的价值观培养：理念、模式与实践》，《课程·教材·教法》2017 年第 2 期。

[136] 张正江：《辩证对待直接道德教学与间接道德教学》，《上海教育科研》2008 年第 9 期。

[137] 朱玲琳、欧阳康：《一元与多元之间的共识问题——引入"共识度"概念的考察》，《学习与实践》2013 年第 11 期。

[138] 朱晓宏：《论教师的价值引领：从志向到行动——基于舍勒的价值伦理学视域》，《教育研究》2017 年第 10 期。

[139] 朱小蔓、刘巧利：《尊重价值观学习特性及学习者》，《中国教育学刊》2016 年第 3 期。

[140] 邹绍清、方开学：《论价值澄清模式及其对我国学校德育的启示》，《道德与文明》2006 年第 6 期。

【学位论文类】

[1] 崔振成：《现代性社会与价值观教育》，东北师范大学博士学位论文，2011 年。

[2] 高明英：《论证与可接受性》，河北工业大学硕士学位论文，2017 年。

[3] 宫瑜：《交往理性与道德共识——哈贝马斯话语伦理学研究》，吉林大学博士学位论文，2011 年。

[4] 郭晓娜：《理解性学习论》，华东师范大学博士学位论文，2010 年。

[5] 李海英：《协商课程研究》，华东师范大学博士学位论文，2009 年。

[6] 李亚玲：《哈贝马斯对理性的批判与重构》，西北大学硕士学位论文，2018 年。

[7] 石芳：《论多元文化背景下的核心价值观教育》，北京师范大学博士学位论文，2012 年。

[8] 王秀娜：《多元社会的共识理论研究》，吉林大学博士学位论文，2013 年。

[9] 王芳芳：《自由·参与·共识——民主教学研究》，西南大学博士学位论文，2012 年。

[10] 王凯：《教学作为德性实践：价值多元背景下的思考》，华东师范大学博士学位论文，2008 年。

［11］姚林群：《课堂中的价值观教学》，华中师范大学博士学位论文，2011年。

［12］朱玲琳：《社会共识论》，华中科技大学博士学位论文，2016年。

【英文文献】

【著作类】

［1］Eva Burman, Joan Stephenson. Values in Education [M]. New York: Routledge, 1998.

［2］Graham Haydon. Teaching about Values: A New Approach [M]. London: Continuum Intl Pub Group, 1997.

［3］Habermas, J.. The Philosophical Discourse of Modernity [M]. Cambridge: Polity Press, 1987.

［4］I. A. Snook. Introduction and Education [M]. London and Boston: Routledge & Kegan Paul, 1972.

［5］Jarret, J. L.. The Teaching of Values: Caring and Appreciation [M]. London: Routledge, 1991.

［6］J. M. E. Halstead, M. J. E. Taylor. Values in Education and Education in Values [M]. London: Falmer Press, 1996.

［7］Jo Gairns, Denis Lawton and Roy Gardner. Values, Culture and Education [M]. Kogan Page Limited. 2001.

［8］Kemmis, S., Cole, P. & Suggett, D.. Orientations to Curriculum and Transition: Towards the Socially Critical School [M]. Melbourne: Victorian Inatitute of Secondary Education, 1983.

［9］Kirshenbaum, H.. 100 Ways to Enhance Values and Morality in Schools and Youth Settings [M]. Allyn & Bacon Simon & Schuster company, 1995.

［10］Lovat, T. J. & Toomey, R.. Values Education and Quality

Teaching: The Double Helix Effect [M]. Sydney: David Barlow Publishing, 2007.

[11] Neil Hawkes. How to Inspire and Develop Positive Values in Your Classroom [M]. Abbeygate House, East Road, 2003.

[12] Perry, R. B.. General Theory of Value [M]. Cambridge, MA: Harvard University Press, 1926.

[13] R. S. Peters. Authority, Responsibility and Education [M]. London: Allen and Unwin, 1973.

[14] Rokeach, M.. Beliefs, Attitude and Values: A Theory of Organization and Change [M]. San Francisco: Jossey Bass, 1976.

[15] Thomas Lickona. Education for Character—How Our Schools Can Teach Respect and Responsibility [M]. Bantam Books, 1992.

[16] Tracy David. Plurality and Ambiguity: Hermeneutics, Religion, Hope [M]. New York: Harper & Row, 1987.

【论文类】

[1] A. Cornelius Benjamin. Some Techniques for Teaching Values [J]. The Journal of General Education, 1951, 5 (3): 181—185.

[2] Alfie Kohn. How Not to Teach Values: A Critical Look at Character Education [J]. The Phi Delta Kappan, 1997 (6): 428—439.

[3] Amardeep Singh. Evaluation the Impact of Value Education: Some Case Studies [J]. International Journal of Educational Planning & Administration, 2011, 1 (1): 1—8.

[4] Bardi, A. & Schwartz, S. H.. Values and Behavior: Strength and Structure of Relations [J]. Personality and Social Psychology Bulletin, 2003, 29: 1207—1220.

[5] Bergem, T.. The Teacher as Moral Agent [J]. Journal of Moral Education, 1990, 19 (2) : 88—100.

[6] Burbules, N. C. & Rice, S.. Dialogue Across Difference: Continuing

the Conver-sation [J]. Harvard Education Review, 1991, 61: 393—416.

[7] Carr, D.. Personal and Interpersonal Relationships in Education and Teaching: A Virtue Ethical Perspective [J]. British Journal of Educational Studies, 2005, 53 (3): 255—271.

[8] Charles M. Stanton. A Perception-based Model for Evaluation of Career and Value Education Within the Liberal Arts [J]. The Journal of Higher Education, 1978, 49 (1): 70—81.

[9] Christian, B. J.. Using Assessment Tasks to Develop a Greater Sense of Values Literacy in Pre-service Teachers [J]. Australian Journal of Teacher Education, 2014, 39 (2): 34—44.

[10] Elmer J. Clark. The Evaluation of Learning in Citizenship Education [J]. The Yearbook of National Council on Measurements Used in Education, 1954 (11): 51—53.

[11] Fallding, N. T.. A Proposal for the Empirical Study of Values [J]. American Sociological Review, 1965, 30: 223—233.

[12] Geeta Bawa, Mudita Bhatnagar. Effectiveness of Value Education: The Promotion of Nationalism & Internationalism among Higher Secondary Students in District Yamuna Nagar [J]. International Journal of Advanced Education and Research, 2016, 1 (11): 23—28.

[13] Hitlin, S. & Piliavin, A. J.. Values: Reviving a Dormant Concept [J]. Annual of Review Sociology, 2004, 30: 359—393.

[14] J. Mark Halstead & Monica Taylor. Learning and Teaching about Values: A Review of Recent Research [J]. Cambridge Journal of Education, 2000, 30 (2): 169—202.

[15] Kluckhohn, C.. Values and Value-Orientation in the Theory of Action: An Exploration in Definition and Clas-sification [C] //T. Parsons & E. Shills. Towards a General Theory of Action. Cambridge, MA: Harvard University Press, 1951: 388—433.

[16] Kohlberg, L.. Moral Education Reappraised [J]. The Human-

ist，1978（38）：1—20.

[17] Lockwood，A. L.. The Effect of Value Clarification and Moral Development Curricula on School-age Subject：A Critical Review of Recent Research [J]. Review of Educational Research，1978，48（3）：325—364.

[18] MacIntyre，A. & Dunne，J.. Alasdair MacIntyre on Education：In Dialogue with Joseph Dunne [J]. Journal of Philosophy of Education，2006，36（1）：1—19.

[19] Michael S. Merry. Indoctrination，Moral Instruction，and Nonrational Beliefs：A Place for Autonomy [J]. Educational Theory，2005，55（4）：399—420.

[20] N. Maslovaty. Teaching in Moral and Democratic Education [J]. Journal of Research in Character Education，2004（2）：954—958.

[21] R. J. Campbell，L. Kyriakides，R. D. Muijs & W. Robinson. Teaching and Values：Some Implication for Research and Teacher Appraisal [J]. Oxford Review of Education，2004，30（4）：451—465.

[22] Robert Thornberg. The Lack of Professional Knowledge in Values Education [J]. Teaching and Teacher Education，2008，24：1791—1798.

[23] Schwartz，S. H. & Bilsky，W.. Toward a Psychology Structure of Human Values [J]. Journal of Personality on Social Psychology，1987（53）：556—562.

[24] Terence Lovat，Neville Clement. Quality Teaching and Values Education：Coalescing for Effective Learning [J]. Journal of Moral Education，2008，37（1）：1—16.

[25] Terence J. Lovat & Neville D. Clement. The Pedagogical Imperative of Values Education [J]. Journal of Beliefs & Values，2008，29（3）：273—285.

[26] Thornberg，R. & Oguz，E.. Moral and Citizenship Educational Goals in Values Education：A Cross-cultural Study of Swedish and Turkish Student Teachers' Preferences [J]. Teaching and Teacher Education，2016

(55): 110—121.

[27] Wakefleld D.. Who's Teaching Teachers about Character Education Instruction? [EB/OL]. (1997-09-08) [2020-3-20]. https: //files. eric. ed. gov/fulltext/ED429068. pdf.

[28] Wiel Veugelers. Different Ways of Teaching Values [J]. Educational Review, 2000, 52 (1): 37—46.

[29] Y Şahinkayasi, Özge Kelleci. Elementary School Teachers' Views on Value Education [J]. Procedia-Social and Behavioral Science, 2013, 93: 116—120.

[30] Yildirim, K.. Values Education Experiences of Turkish Class Teachers: A Phenomenological Approach [J]. Egitim Arastirmalari-Eurasian Journal of Educational Research, 2009, 35: 165—184.